Selbstverpflichtung zum nachhaltigen Publizieren

Nicht nur publizistisch, sondern auch als Unternehmen setzt sich der oekom verlag konsequent für Nachhaltigkeit ein. Dieses Buch wurde auf FSC®-zertifiziertem Papier gedruckt. Alle durch diese Publikation verursachten CO_2-Emissionen werden durch Investitionen in ein Gold-Standard-Projekt kompensiert. Die Mehrkosten hierfür trägt der Verlag. Mehr Informationen finden Sie unter: www.oekom.de/nachhaltiger-verlag.

Bibliografische Information der Deutschen Nationalbibliothek: Die Deutsche Nationalbibliothek verzeichnet diese Publikation in der Deutschen Nationalbibliografie; detaillierte bibliografische Daten sind im Internet über http://dnb.d-nb.de abrufbar.

Sonderausgabe für die Zentralen für politische Bildung
Landeszentrale für politische Bildung Nordrhein-Westfalen
Hessische Landeszentrale für politische Bildung
Sächsische Landeszentrale für politische Bildung
Berliner Landeszentrale für politische Bildung
Brandenburgische Landeszentrale für politische Bildung
Landeszentrale für politische Bildung Schleswig-Holstein
Landeszentrale für politische Bildung Hamburg
Landeszentrale für politische Bildung des Landes Mecklenburg-Vorpommern

© 2020 oekom verlag München
Gesellschaft für ökologische Kommunikation mbH
Waltherstraße 29, 80337 München

Lektorat: Sybille Schulze
Layout und Satz: Tim Schulze ‖ Sybille Schulze
Korrektorat: Maike Specht
Illustration und Coverbild: Bastian Klamke
Umschlaggestaltung: Mirjam Höschl, oekom
Druck: Friedrich Pustet GmbH & Co. KG, Regensburg

ISBN 978-3-96238-219-3

Tim Schulze

In Zukunft hitzefrei?

Das Jugendbuch zum Klimawandel

mit Illustrationen von
Bastian Klamke

Für Ben, Lino und Jona

Inhalt

Vorwort

Du hast sicher schon oft davon gehört: Klimawandel, Treibhauseffekt, Erderwärmung. Vielleicht hast du bemerkt, dass einige das ganz schlimm finden und andere mit den Augen rollen, so als wollten sie sagen: Ach, lass mich damit in Ruhe.

Du weißt wahrscheinlich bereits ungefähr, was der Klimawandel ist: Es wird heißer auf der Erde, die Polkappen schmelzen, der Meeresspiegel steigt, und Stürme nehmen zu. Die letzten Sommer in Deutschland waren ungewöhnlich warm, und Schnee sehen wir hier kaum noch. Aber trotzdem: So richtig bekommen wir von diesen Veränderungen bisher nichts mit, außer dass ständig darüber geredet und diskutiert wird.

Dennoch: Wir zerstören gerade eine der Grundlagen für unser Leben auf diesem Planeten. Wir haben das lange Zeit nicht mit Absicht getan, und eigentlich tun wir es auch nicht aktiv. Wir tun es einfach nur, indem wir nichts tun. Indem wir nichts tun und weiter so leben wie vorher, machen wir die Erde langsam, aber sicher immer weniger lebenswert für dich und deine Kinder. Wir merken es schon heute, und du wirst es in deinem Leben noch viel stärker merken.

Vielleicht hängt dir das Thema selbst schon zum Hals heraus, weil deine Lehrer, Eltern oder Freunde dich damit nerven. Vielleicht beunruhigt dich das Ganze auch, und du würdest gern mehr darüber wissen. Oder du engagierst dich bereits für den Klimaschutz, warst vielleicht schon einmal auf einer Demonstration oder versuchst, ein paar Sachen anders zu machen. Wie auch immer du zu dem Thema stehst: Sicher ist auf jeden Fall, dass du in deinem Leben noch sehr viel damit zu tun haben wirst. Du kommst sozusagen gar nicht daran vorbei.

Das hat zwei Gründe: Erstens bedroht der Klimawandel unsere Zukunft als Menschen auf der Erde. Nicht so wie Kriege oder Krankheiten das tun, von heute auf morgen, sondern ganz schleichend. Tag für Tag und Jahr für Jahr wird er schlimmer durch unser Nichtstun, aber wir merken es kaum. Dadurch ist es so schwer, ihn zu bekämpfen. Verantwortlich sind vor allem wir Erwachsenen und die Generationen vor uns. Die Folgen aber werden während deines Lebens erst mehr und mehr spürbar. Du bist Teil der ersten Generation, die wirklich von den Folgen betroffen sein wird.

Zweitens, und das ist eigentlich der wichtigere Grund, gehörst du zur letzten Generation, die den Klimawandel noch aufhalten kann, oder besser gesagt, auf ein erträgliches

Maß begrenzen. Dafür müsstest du mit deinen Freunden und deiner Familie anders leben, als wir das heute tun. Du müsstest andere Dinge wichtig finden und manches sein lassen, was wir toll fanden. Du müsstest vor allem neu darüber nachdenken, wie ein Leben aussehen kann, das nicht nebenbei die Zerstörung unserer Lebensgrundlagen zur Folge hat, und diese Ideen in die Tat umsetzen.

Das klingt nun alles ganz dramatisch. Darin liegt aber auch etwas Positives, eine Chance: Du und die anderen Menschen deines Alters haben es in der Hand. Ihr habt die Möglichkeit, einen unserer größten Fehler zu korrigieren: Kohle, Öl und Gas zur Grundlage unserer Zivilisation zu machen.

Dieses Buch soll dir dabei helfen zu verstehen, wie die Lage unseres Klimas heute ist und wie wir dahin gekommen sind. Wo unsere Fehler bisher gelegen haben, welche Gründe hinter unserem langen Zögern stehen und wie die Bausteine einer zukünftigen Lösung aussehen könnten. Es soll dir zeigen, wie ernst es ist. Aber auch Mut machen, die Dinge anders, besser zu machen als die Generationen vor dir. Denn noch ist es nicht zu spät.

Kurz nachdem ich angefangen hatte, dieses Buch zu schreiben, hat sich Greta Thunberg das erste Mal vor den schwedischen Reichstag gesetzt und ihren „Schulstreik für das Klima" begonnen. Inzwischen ist daraus die weltweite „Fridays for Future"-Bewegung entstanden, der sich viele Jugendliche angeschlossen haben und der Medien und Politik zuhören. Man sieht daran, dass man auch als einzelne Person viel bewegen kann.

Während dieses Buch illustriert wird und wir es fertigstellen, stecken wir mitten in der „Corona-Krise", und plötzlich sieht es so aus, als würde Deutschland die Klimaziele für das Jahr 2020 doch noch einhalten können. Einfach weil die Politik uns zwingen muss, zu Hause zu bleiben, um uns selbst und unsere Gesellschaft zu schützen. Die Welt ist in Schockstarre, aber zugleich sieht man, was möglich ist, wenn Regierungen entschlossen handeln und die Bürger*innen mitmachen.

Ich wünsche mir sehr, dass wir diese Erkenntnisse mitnehmen und mit derselben Entschlossenheit an die Bekämpfung des Klimawandels herangehen. Und dass wir ein gutes Mittelmaß finden können zwischen persönlichem Engagement und sinnvollen, mutigen politischen Maßnahmen.

Teil 1:
Was ist mit dem Klima los?

1.1   Da stimmt doch was nicht!

Du kannst fast jeden Tag im Netz und in der Zeitung lesen, dass etwas mit dem Klima unserer Erde nicht stimmt: Hitzerekorde werden von überall und fast jedes Jahr aufs Neue gemeldet, unsere Winter sind meist milde oder fallen komplett aus, die Polkappen und Gletscher des Planeten schmelzen. Nach jeder Überschwemmung, jedem Wirbelsturm heißt es: „Ist der Klimawandel daran schuld?", und danach fragt man sich, ob das nun der nächste Beweis ist oder doch nur Panikmache.

Diese Frage ist aber nicht so einfach zu beantworten, denn das Wetter ist jeden Tag, jede Woche und jeden Monat anders. Manchmal gibt es eben extremes Wetter, Stürme, Trockenheit, Überschwemmungen. Auch wenn wir einzelne Jahre vergleichen, sehen diese immer anders aus, und nicht jedes Jahr ist heißer als das zuvor. Um vom Wetter zum Klima zu kommen, muss man also größere Zeiträume und mehr als nur einen Ort anschauen.

Seit ungefähr 230 Jahren zeichnen die Menschen bei uns das Wetter genau auf. Wir wissen also zum Beispiel, wie warm es am 3. August 1907 in Leipzig war oder wie viel Schnee am 13. Februar 1952 in Köln gefallen ist. Später werden wir sehen, dass man auch noch etwas über das Wetter und das Klima viel früherer Zeiten herausfinden kann, aber hier begnügen wir uns erst einmal mit den letzten 170 Jahren.

Wenn wir das Wetter sozusagen „aus der Distanz" betrachten, dann lernen wir daraus über das Klima. Aber wie macht man das genau? Man schaut sich vor allem die Durchschnittswerte über längere Zeiträume an. Zum Beispiel wie warm es in Potsdam durchschnittlich in einem Jahr war, und das über viele Jahre betrachtet. Vielleicht war 1996 ungewöhnlich kalt, 1997 dafür sehr warm. Wenn wir also die Durchschnittstemperatur über längere Zeiten anschauen, dann fallen solche Extreme nicht so ins Gewicht.

Betrachten wir nun die jährlichen weltweiten Durchschnittstemperaturen über die letzten 170 Jahre, dann sehen wir eine deutliche Veränderung des Klimas: Seit ungefähr 100 Jahren steigt die Temperatur der Erde merklich an. Seit etwa 1980 hat sich der Anstieg nochmals

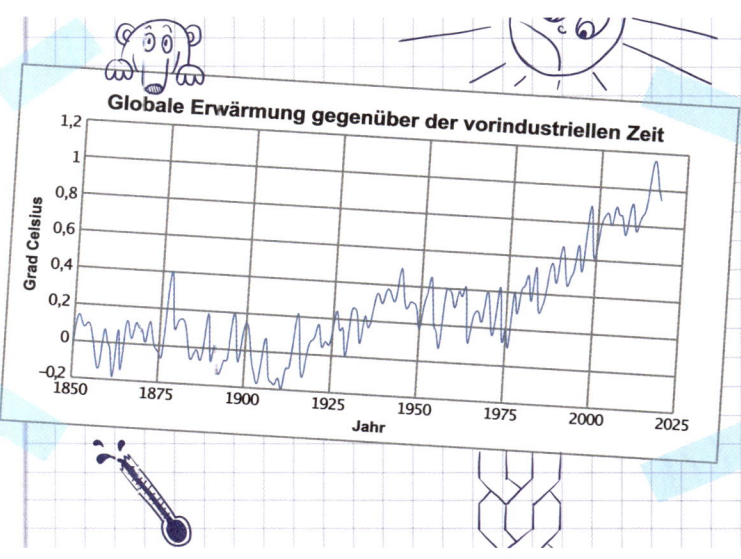

sehr beschleunigt, und im Moment liegt die weltweite Durchschnittstemperatur ungefähr 1 °C über dem Durchschnittswert für den Zeitraum 1850 bis 1900. Wir werden später sehen, dass dies mit großer Wahrscheinlichkeit der schnellste Temperaturanstieg ist, den die Welt jemals gesehen hat.

Veränderung der weltweiten Durchschnittstemperatur in den Jahren 1850-2018. Die Nulllinie beschreibt den Mittelwert der Temperatur in den Jahren 1850-1900, d. h. zu Beginn der Industrialisierung.

Nun mag 1 °C erst einmal nicht bedrohlich klingen. Allerdings reicht ein Blick in die Vergangenheit, um dann doch besorgt zu sein. Vor ungefähr 12 000 Jahren endete auf der Welt die letzte Kaltzeit. Nordeuropa war damals komplett mit Eis bedeckt, die Gletscher reichten bis südlich von Berlin. Damals lag die Durchschnittstemperatur gerade einmal 5 °C unter der heutigen! Wir sehen also, dass kleine Abweichungen im Klima schon große Auswirkungen auf unser Leben auf der Erde haben können.

* Die Durchschnittstemperatur auf der Erde steigt gegenüber dem Mittelwert der letzten Jahrhunderte sehr deutlich an.
* Sie liegt momentan ungefähr 1 °C über dem langjährigen Mittel der Zeit vor der Industrialisierung.

1.2   Wie entsteht die Temperatur auf der Erde?

Woran liegt es, dass die Temperatur in der jüngeren Vergangenheit so stark angestiegen ist und noch weiter ansteigt? Dazu schauen wir uns einmal an, wie die Temperatur auf der Erde überhaupt entsteht.

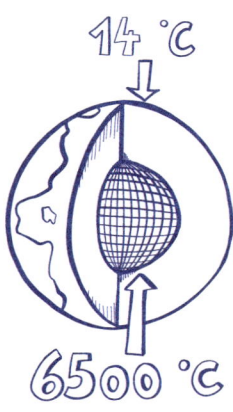

Die Erde ist eine Kugel aus Gestein mit einem Kern aus Eisen. Die Temperatur im Inneren der Erde beträgt ungefähr 6500 °C. Nach außen hin nimmt sie ab, und für die Temperatur auf der Erdoberfläche spielt es praktisch keine Rolle mehr, dass es innen heiß ist. Die Erdkruste kannst du dir ein bisschen vorstellen wie eine Thermoskanne: Auch wenn heißer Tee drinnen ist, fühlt sich die Kanne außen kalt an, da die Wärme nicht nach draußen dringt. Das ist im Wesentlichen auch der Grund, warum das Erdinnere 4,5 Milliarden Jahre nach der Entstehung der Erde überhaupt noch so heiß ist, obwohl dort so gut wie keine Energiequelle für die Wärmeerzeugung zur Verfügung steht. Das Erdinnere ist einfach sehr gut isoliert.

Die Temperatur auf der Erde stellt sich durch Energieeinstrahlung von der Sonne und Energieabstrahlung in den Weltraum ein.

Die Erde bewegt sich durch den Weltraum, für den man genau genommen gar nicht so einfach eine Temperatur bestimmen kann, denn er ist ja leer. Am ehesten aber kann man sagen, er ist −270 °C kalt. Kälter als −273 °C geht nicht, das sagt uns die Physik, denn das ist der „absolute Nullpunkt". Und der Weltraum ist von einer Strahlung erfüllt, die eine Temperatur von ungefähr 3 °C über dem absoluten Nullpunkt hat. Das klingt sehr kompliziert, aber wichtig für uns ist: Die Oberfläche der Erde wäre sehr, sehr kalt, wenn da nicht die Sonne wäre. Die Erde bewegt sich auf ihrer Bahn um die Sonne und wird an den Stellen, auf die sie scheint, erwärmt. Um jetzt zu verstehen, wie die genaue Temperatur auf der Erde entsteht, müssen wir wissen, wie die Energie der Sonne von der Erde aufgenommen und wieder abgegeben wird.

Die Strahlung der Sonne transportiert Energie zur Erde, je nach Farbe des Lichts mehr oder weniger. Sonnenlicht besteht nämlich aus Strahlen unterschiedlicher Farben. Das siehst du bei einem Regenbogen, wo die Brechung des Lichts in Regentropfen die verschiedenen Farben sichtbar macht. Tatsächlich enthält das Sonnenlicht aber noch mehr „Farben", die unser Auge nicht sehen kann. Im Regenbogen neben dem Violett liegt das sogenannte „Ultraviolett" oder UV-Licht. Das kennen wir alle gut, denn es verursacht Sonnenbrand, im schlimmsten Falle auch Hautkrebs, und deswegen benutzen wir Sonnencremes mit „UV-Blocker". Das UV-Licht kennst du vielleicht auch als „Schwarzlicht": Man sieht es nicht, aber es lässt Zähne und weiße T-Shirts aufleuchten. Das UV-Licht ist der energiereichste Teil des Sonnenlichts.

Auf der anderen Seite des Regenbogens neben dem Rot liegt das „Infrarot"-Licht. Das Infrarotlicht ist die Wärmestrahlung, die du ebenfalls mit dem Auge nicht sehen, aber mit der Haut spüren kannst. Wenn du herausfinden willst, ob eine Herdplatte heiß ist, ohne dir die Finger dabei zu verbrennen, dann kannst Du mit der Hand schon knapp über der Platte erspüren, ob sie warm ist. Was du da fühlst, ist das infrarote Licht, das von der Platte ausgesendet wird. Auch an einem Lagerfeuer ist es vor allem das Infrarotlicht, das uns die Wärme spüren lässt. Vielleicht hast du auch schon einmal ein Bild einer „Wärmebildkamera" gesehen, die infrarotes Licht sichtbar machen kann.

Aufnahme einer „Wärmebildkamera" (linke Bildhälfte), die das infrarote Licht sichtbar macht. Hier sieht man, wie die Heizwärme durch die nicht gut wärmeisolierten Fenster eines Hauses nach außen dringt.

Nun ist es so, dass jeder Körper immerzu Licht abstrahlt, und zwar je mehr, desto wärmer er ist. Das klingt erst einmal seltsam, aber es ist wahr: Jeder Körper ist eine Lichtquelle, aber eben nicht unbedingt in Farben, die unsere Augen sehen können. In der Tat sendet ein Körper immer viele unterschiedliche Farben aus, und die Zusammensetzung der Farben ändert sich mit der Temperatur des Körpers. Die Sonne ist außen ungefähr 5500 °C heiß und

Einfluss der Temperatur einer Lichtquelle auf die Farbverteilung des ausgesandten Lichts, so wie man sie in einem Prisma-Experiment sehen würde: Je heißer eine Lichtquelle ist, umso blauer ist das von ihr ausgesandte Licht. Umgekehrt senden kühlere Lichtquellen rötliches Licht. Als weiß nehmen wir das Licht der Sonne wahr, die außen ungefähr eine Temperatur von 5500 °C hat.

sendet Farben, die wir insgesamt als weiß wahrnehmen. Ein Körper, der kälter ist, strahlt mit Farben, die weiter in Richtung Rot verschoben sind. Ein Lagerfeuer zum Beispiel ist innen bei der Glut ungefähr 800 – 900 °C heiß. Das Licht erscheint daher rötlich. Infrarote Strahlen sind, wie schon gesagt, auch dabei und lassen uns die Wärme des Feuers spüren. Wir müssen allerdings nicht befürchten, vom Lagerfeuer Sonnenbrand zu bekommen, denn UV-Licht wird hier nicht abgestrahlt, dafür ist die Temperatur zu niedrig. Eine Schweißbrennerflamme wiederum kann über 10 000 °C heiß sein und strahlt Farben ab, die deutlich zum Blau verschoben sind. Dort sind dann auch große Teile des ausgesandten Lichts im UV-Bereich, deswegen müssen Schweißer sehr dunkle Schutzbrillen tragen, um ihre Augen vor dem UV-Licht zu schützen. Die Temperatur eines Körpers bestimmt also die Farbpalette des Lichts, die er aussendet: je kühler, desto röter, je heißer, desto blauer.

So, warum habe ich euch jetzt mit Physik gelangweilt? Es ist wichtig, um zu verstehen, wie die Temperaturen auf der Erde entstehen. Die Sonne strahlt große Mengen Energie in Richtung Erde, die als Licht verschiedener Farben bei uns ankommt. Ein kleiner Teil der Sonnenstrahlen wird von der Erde direkt in den Weltraum zurückgeworfen, vor allem von weißen oder spiegelnden

Flächen wie Wolken, Eis, Schnee und den Wasseroberflächen. Der größte Teil der Sonnenstrahlen jedoch wird von der Erde aufgenommen – vom Boden, von den Pflanzen, Tieren, Gebäuden, Straßen und auch vom Wasser (der Teil des Lichts, der nicht zurückgespiegelt wird).

Nun ist es ja so, dass sich die Erde dreht und wir damit Tag und Nacht haben. Stell dir einen Teil der Erdoberfläche vor, der durch das Sonnenlicht tagsüber erwärmt wurde. Dieser wird nach einigen Stunden durch die Drehung der Erde einen Sonnenuntergang erleben und kurze Zeit später im Dunkeln liegen. Nun wiederum strahlen alle Dinge die aufgenommene Energie wieder ab. Aber da sie sich ja über den Tag auf nur durchschnittlich ca. 14 °C erwärmt haben (in der Sahara vielleicht auf 50 °C, in den Polregionen vielleicht auch nur auf 0 °C), besteht die abgestrahlte Farbpalette jetzt nur aus infrarotem Licht. Egal, ob Tier, Baum oder Haus: Auf jeden Fall strahlen all diese Dinge weit weg vom sichtbaren Bereich der Farbpalette ihre Energie als Infrarotlicht ab. Nun würde die Temperatur auf der Nachtseite der Erde durch diese Abstrahlung sehr bald in Bereiche fallen, die das Leben unmöglich machen, und die Geschichte wäre zu Ende. Wenn es nicht etwas gäbe, das diese Abstrahlung zum Teil verhindert.

Denn zum Glück haben wir unsere außergewöhnliche Lufthülle, die Atmosphäre! Sie besteht zum Teil aus Gasen, nämlich Wasserdampf, Kohlendioxid, Methan und noch ein paar anderen, die das von der Erde abgestrahlte infrarote Licht nicht mehr hindurch lassen, sondern aufnehmen. Diese Gase nennen wir „Treibhausgase". Für die Farben des von der Sonne ankommenden Lichts hat sie aber so etwas wie ein „Fenster", das heißt, diese Farben werden kaum von den Bestandteilen der Luft aufgenommen. Damit wirkt die Erdatmosphäre wie eine Falle für die Energie der Sonne: Tagsüber wird die Sonnenenergie von der Erde aufgenommen und nachts als infrarotes Licht wieder abgestrahlt, zum Teil aber von den Gasen in der Atmosphäre zurückgehalten. So bleibt ein Teil der von der Sonne kommenden Energie, die unsere Erde eigentlich wieder in Richtung Weltraum abgestrahlt hätte, in der Atmosphäre gefangen. Wichtig ist Folgendes: Nur wegen dieses

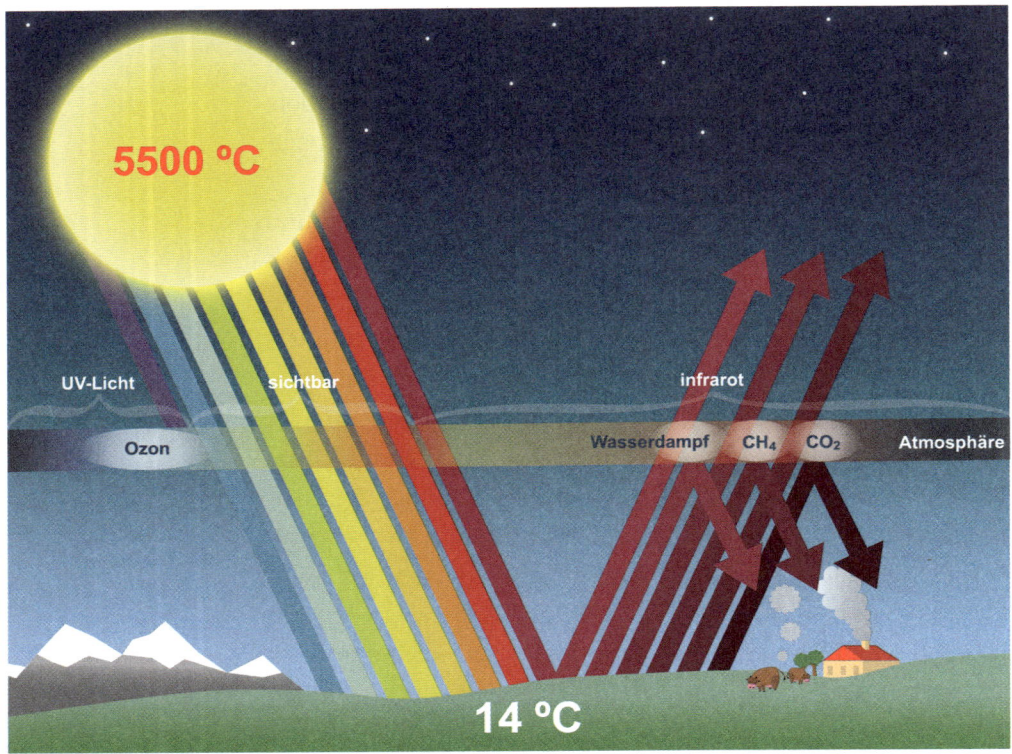

5500 °C

UV-Licht   sichtbar   infrarot

Ozon   Wasserdampf CH₄ CO₂ Atmosphäre

14 °C

Prinzip des Treibhauseffekts: Energie von der Sonne kommt als sichtbares Licht, UV- und Infrarotlicht zur Erde. Ein großer Teil des UV-Lichts wird von der Ozonschicht aufgefangen. Der Rest des Lichts dringt in die Atmosphäre ein. Ein Teil davon wird wiederum von Wolken, Wasser oder Eis reflektiert (hier nicht gezeigt), der größte Teil jedoch von der Erdoberfläche aufgenommen. Die Erde strahlt aber nur infrarotes Licht zurück in Richtung Weltraum, welches in der Atmosphäre von den „Treibhausgasen" zum Teil abgefangen wird.

Effekts ist das Klima auf der Erde für uns halbwegs erträglich! Ohne Atmosphäre läge die Durchschnittstemperatur bei ungefähr −18 °C, und die Erde wäre ein Eisball. Wegen der Atmosphäre schwankt die Temperatur auch zwischen Tag und Nacht nicht so stark. Der Mond zum Beispiel bekommt von der Sonne ungefähr die gleiche Energiemenge ab wie wir, er ist ähnlich weit von der Sonne entfernt, besitzt aber keine Atmosphäre. Dort ist es tagsüber bis zu 100 °C heiß, nachts aber kälter als −100 °C!

Diese besondere Eigenschaft unserer Atmosphäre nennen wir den „natürlichen Treibhauseffekt". „Natürlich" sagt man, weil manche Bestandteile der Atmosphäre, nämlich die Treibhausgase Wasserdampf, Kohlendioxid (CO_2), Methan (CH_4) und einige andere, in ihren natürlichen Konzentrationen dafür sorgen, dass der Effekt zustande kommt. „Treibhauseffekt" sagt man, weil das Ergebnis wie die Temperatur in einem Treibhaus ist: Drinnen ist es wärmer aufgrund der schützenden Glashülle. Physikalisch gesehen, ist der Treibhaus-Vergleich aber falsch, denn im Treibhaus wird das Aufsteigen warmer Luft verhindert und nicht infrarotes Licht gefangen. Es hat sich aber als Begriff durchgesetzt, daher bleiben wir bei ihm.

Wir haben also großes Glück, dass wir unsere Atmosphäre haben! Okay, ohne sie könnten wir auch nicht atmen, und daher ist die Frage ein wenig müßig, wie die Temperatur ohne sie wäre. Allerdings sind es nicht die Hauptbestandteile der Atmosphäre (ca. 78 % Stickstoff, 21 % Sauerstoff, 1 % Argon), die die Temperatur bestimmen, sondern die in viel geringeren Konzentrationen auftauchenden anderen Bestandteile, nämlich die oben genannten „Treibhausgase". Und diese Nebenbestandteile (oder auch „Spurengase") lassen sich leider von uns Menschen beeinflussen. Das heißt also, dass unser ganzes Leben als Menschheit an der „Gesundheit" unserer Atmosphäre hängt. Und diese ist durchaus empfindlich, wie wir schon ein paarmal gesehen haben:

Erstes Beispiel: Nach dem Ausbruch des Vulkans Tambora auf der indonesischen Insel Sumbawa im Jahr 1815 fiel die weltweite Durchschnittstemperatur um über 2° C, und in Europa gab es mitten im Sommer Frost. Die Kältephase dauerte bis 1819 an und führte zu bedrohlichen Ernterückgängen und dadurch zu Auswanderungswellen verzweifelter und hungriger Menschen von Europa nach Amerika. Was war geschehen? Der heftige Vulkanausbruch hatte große Mengen Asche und Staub in die Atmosphäre geblasen. Die kleinen Teilchen in der Luft wirkten als Keime für die Kondensation von Wassertröpfchen und sorgten somit für starke Wolkenbildung, sodass deutlich weniger Sonnenenergie auf der Erde ankam.

Zweites Beispiel: Nachdem die Menschen über einige Jahrzehnte eine bestimmte Art von Chemikalien verwendet hatten, die in Sprühdosen und Kühlschränken eingesetzt wurden, hatte sich die Zusammensetzung der Atmosphäre über dem Südpol und seiner Umgebung deutlich verändert. Diese Gase kennst du vielleicht als FCKWs (das steht für „Fluorchlorkohlenwasser-

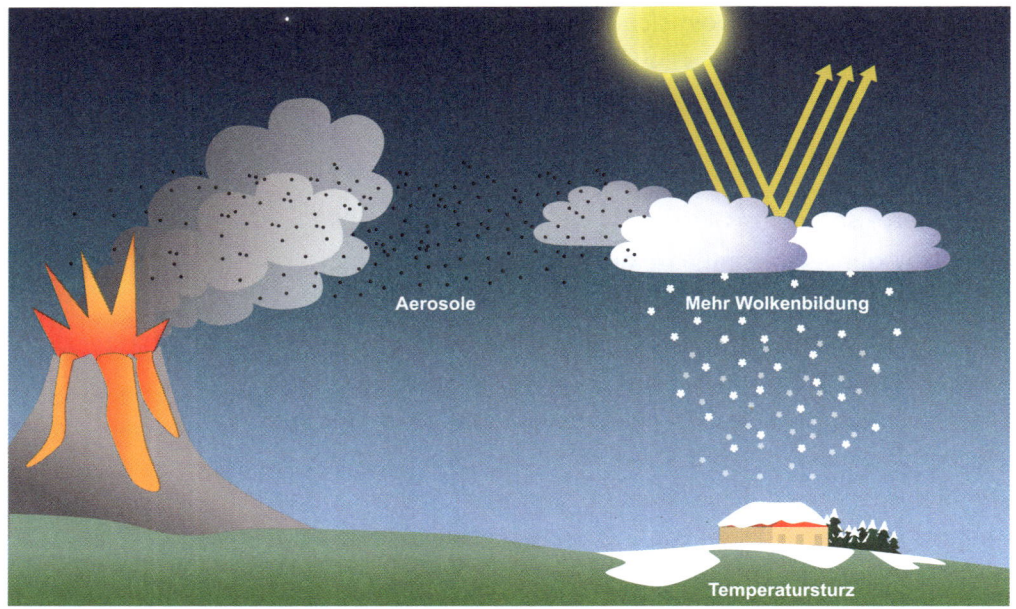

Aerosole

Mehr Wolkenbildung

Temperatursturz

Vulkanausbrüche können das Klima auf der Erde empfindlich stören, da sie kleine Staubteilchen („Aerosole") in der Atmosphäre verteilen. Diese führen zu mehr Wolkenbildung und reduzieren damit die Energiemenge, die zur Erde gelangt.

stoffe"). Sie hatten den Stoff Ozon, der uns vor der schädlichen UV-Strahlung schützt, weitgehend aus der oberen Atmosphäre entfernt. Die Menschen in Australien, Neuseeland und anderen Ländern dieser Region leben seitdem mit einem höheren Risiko für Hautkrebs und anderen unangenehmen Folgen. Durch Verbote von FCKWs seit den 1980er-Jahren ist es gelungen, dass sich die Ozonkonzentration teilweise wieder erholt hat. Das Beispiel zeigt aber auch, dass wir unsere Atmosphäre durch unvorsichtiges Handeln innerhalb kurzer Zeit so verändern können, dass wir Menschen ernste Probleme bekommen. Leider ist das Ozonproblem im Vergleich zum Klimawandel eher ein Mückenstich.

Fazit!

❋ Der natürliche Treibhauseffekt wird durch Treibhausgase (Wasserdampf, Kohlendioxid, Methan und andere) verursacht und sorgt auf der Erde für angenehme Temperaturen, indem er die von der Erde abgestrahlte Wärme zurückhält. Ohne ihn könnten wir auf der Erde nicht existieren, da sie sonst ein Eisball wäre.

❋ Wir haben in der Vergangenheit bereits gesehen, dass natürliche oder menschengemachte Veränderungen der Atmosphäre sehr deutliche Auswirkungen auf die Lebensbedingungen auf der Erde haben können.

1.3 Die Kreisläufe des Lebens

Was ist aber nun die Verbindung zwischen dem bedrohlichen Temperaturanstieg der letzten Zeit und unserer Atmosphäre? Nun, wir Menschen sind seit einigen Jahrhunderten dabei, die natürliche Zusammensetzung der Atmosphäre und damit die Stärke des Treibhauseffekts gefährlich zu verändern. Schuld daran ist vor allem ein Stoff, der mit unserem Leben eng verbunden ist, ja ohne den das Leben auf der Erde insgesamt gar nicht möglich wäre: Kohlenstoffdioxid, auch Kohlendioxid oder CO_2 genannt. Wir sorgen seit einiger Zeit dafür, dass sich Kohlendioxid in rasanter Geschwindigkeit in der Atmosphäre anreichert und damit mehr Sonnenenergie über den Treibhauseffekt gefangen bleibt – dadurch steigt die Temperatur. Bevor wir ihn zum Sündenbock für den Klimawandel machen, müssen wir aber etwas mehr über diesen Stoff lernen.

Schauen wir uns zuerst an, in welcher Weise der Kohlenstoff, aus dem Kohlendioxid entsteht, mit den Prozessen des Lebens auf der Erde verbunden ist. In der Natur läuft vieles in Kreisläufen ab. Das kann man sich gut erklären: Leben hat immer etwas mit Bewegung und Veränderung zu tun, und um diese anzutreiben, verbraucht jede Art von Leben natürliche Ressourcen. Wir zum Beispiel brauchen Luft zum Atmen, Wasser zum Trinken und Pflanzen oder Tiere zum Essen, also als Energielieferanten. Pflanzen brauchen Licht, Luft und Nährstoffe aus dem Boden. Damit das ganze Leben auf der Erde immer weiter bestehen kann, müssen die Ressourcen in derselben Geschwindigkeit hergestellt werden, wie sie verbraucht werden. Das passiert in großen Kreisläufen, die verschiedene Formen des Lebens miteinander verbinden.

Schauen wir auf die Nahrungskette am Beispiel des Ozeans: Planktonalgen bilden die Basis der Nahrungskette. Sie nehmen Nährstoffe aus dem Wasser auf, aus denen sie mithilfe der Kraft der Sonne das Material aufbauen, aus dem ihr eigener Körper besteht. Das Plankton wird dann von kleinen Fischen gefressen,

diese wiederum von großen, und wenn die großen Fische sterben, zersetzen Bakterien die Kadaver, die wiederum die Grundstoffe für das Algenwachstum zurück ins Wasser geben. Alles beginnt von vorn – ein großer Kreislauf, angetrieben von der Energie der Sonne. Diese Kreisläufe sind die Grundlage dafür, dass das Leben über viele Millionen Jahre auf der Erde bestehen kann. Sie sind auch die Grundlage dafür, dass das Leben sich so gut auf die wechselnden Bedingungen auf der Erde einstellen kann. Denn die Lebenskreisläufe haben einen relativ kurzen Rhythmus im Vergleich zu den Prozessen, die die äußeren Bedingungen des Lebens ändern. Wenn Änderungen der äußeren Lebensbedingungen langsam genug stattfinden, können sich die Kreisläufe des Lebens anpassen. Wir werden noch sehen, dass das eines der Probleme unserer aktuellen Situation ist: Wir ändern die Lebensbedingungen auf der Erde gerade mit vergleichsweise sehr großer Geschwindigkeit!

Auch für den Kohlenstoff gibt es einen Kreislauf, von dem unser Leben abhängt: Wir nehmen über die Nahrung Kohlenstoff auf, aus dem die Zellen von Pflanzen und Tieren, die wir essen, zum großen Teil bestehen. Zusätzlich entzieht unsere Lunge aus der Luft Sauerstoff (oder auch O_2), und dieser verbindet sich in unserem Körper mit dem Kohlenstoff. In diesem Prozess wird Energie freigesetzt, und es entsteht Kohlendioxid, welches über die Lunge wieder nach draußen gelangt. Wir nennen dies „atmen". Tiere machen das genauso und Pflanzen auch, wenn es dunkel ist. Wie aber werden nun unsere Ressourcen, der Sauerstoff in der Luft und der Kohlenstoff in unserer Nahrung, regeneriert? Dazu brauchen wir sozusagen die „zweite Hälfte" des Kohlenstoffkreislaufs, und der funktioniert über Pflanzen.

Kohlenstoffkreislauf des Lebens: Tiere und Menschen atmen Sauerstoff (O_2) ein. In ihren Körpern wird daraus zusammen mit Kohlenstoff, der über die Nahrung aufgenommen wird, Kohlendioxid (CO_2). Pflanzen machen aus CO_2 und Sonnenlicht durch Photosynthese wieder Sauerstoff und bauen außerdem Biomasse auf, die Tieren und Menschen als Nahrung dient.

Wenn die Sonne auf grüne Blätter scheint, nehmen diese Kohlendioxid aus der Luft auf und machen mithilfe der Energie aus dem Sonnenlicht aus dem Kohlendioxid wieder Kohlenstoff und daraus zusammen mit Wasser noch weitere Verbindungen, aus denen ihre Blätter und andere Teile bestehen. Das nennen wir „Photosynthese", und die Planktonalgen, von denen eben die

Rede war, beherrschen diese genauso wie die grünen Pflanzen an Land. Den Sauerstoff, den die Pflanze vom Kohlenstoff abgetrennt hat, gibt sie wieder an die Luft ab. Die Pflanze braucht also zum Wachsen vor allem Kohlendioxid, Wasser und Sonnenlicht und erzeugt Kohlenstoff (ihre eigene Substanz) und Sauerstoff. Wir wiederum brauchen vor allem Kohlenstoff (den wir gewinnen, indem wir Pflanzen essen oder auch Tiere, die wiederum vorher Pflanzen gegessen haben) und Sauerstoff und geben Kohlendioxid ab. So leben wir und die Tiere, die ebenfalls atmen, in einem großen Kreislauf mit den Pflanzen und Algen, die Photosynthese betreiben – wir brauchen einander, um zu existieren!

So schließt sich also der sogenannte Kohlenstoffkreislauf und die Menge an Kohlenstoff in der Atmosphäre bleibt immer ungefähr gleich. Es könnte ewig so weitergehen, ohne dass unsere Atmosphäre ein Problem bekäme, wenn wir nicht irgendwann eine weitere Quelle für Kohlenstoff gefunden und angezapft hätten und seitdem unaufhörlich und in großer Geschwindigkeit zusätzliches Kohlendioxid in die Atmosphäre blasen würden.

Fazit!

❋ Das Leben auf der Erde ist ganz wesentlich auf Kohlenstoffkreisläufen aufgebaut.
❋ Wir Menschen (ebenso wie die Tiere) sind auf grüne Pflanzen und Plankton angewiesen, die das Kohlendioxid, welches wir ausatmen, wieder zu Kohlenstoff machen, dabei Sauerstoff an die Luft abgeben und somit die Grundlagen für unsere Ernährung und unsere Atmung schaffen.

1.4   Von kleinen Tierchen zu fossilen Energiequellen

Was passiert eigentlich mit dem Plankton (von dem wir oben schon gehört haben) und anderen Kleinstlebewesen im Meer, wenn sie sterben? Sie sinken auf den Meeresgrund, zusammen mit anderen kleinen Teilchen. An Orten, wo viel Plankton im Meer lebt, entsteht über eine längere Zeit ein ganzer Teppich davon. Dieser wird von Bakterien zersetzt, und die Bestandteile der Lebewesen werden wieder an das Wasser abgegeben. Die Bakterien brauchen allerdings Sauerstoff, genau wie wir. Wenn das Wasser aber sehr ruhig ist und sich nicht durchmischt, entstehen Zonen mit wenig oder gar keinem Sauerstoff, und die Zersetzung findet nicht vollständig statt.

Auf diese Art entsteht am Meeresboden ein dicker Schlamm aus organischem Material, in dem noch viele Kohlenstoffverbindungen enthalten sind. Stellen wir uns so einen Schlammteppich vor, der von Sedimenten, zum Beispiel feinem Sand, den ein Fluss ins Meer spült, zugedeckt wird. Über die Jahrtausende kommen weitere Sedimente dazu, sodass die Schicht der toten Tierchen ganz eingeschlossen wird und gar kein Sauerstoff mehr herankommt. Unter diesen Bedingungen (kein Sauerstoff, hoher Druck und hohe Temperatur) entsteht eine klebrige Masse, die aus fast reinem Kohlenstoff besteht: Erdöl!

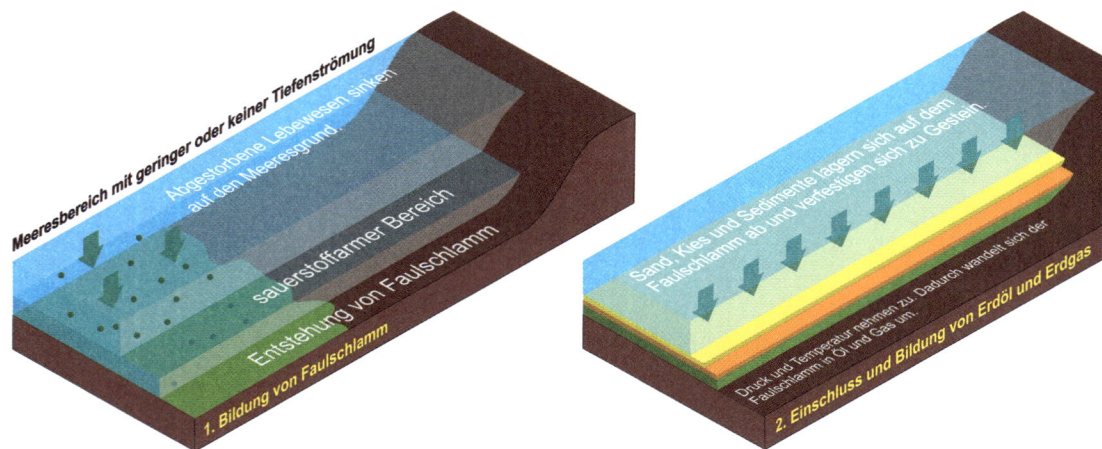

Der ganze Prozess klingt so unwahrscheinlich, dass man sich kaum vorstellen kann, dass dies häufig vorkommt. Über viele Jahrmillionen ist dies an einigen Stellen aber genau so passiert, und daher finden wir, über die Erde verteilt, immer wieder neue Lagerstätten von Erdöl.

Ähnliches kann auch an Land passieren, wenn Wälder sterben und direkt danach luftdicht begraben werden (zum Beispiel in sumpfigem Gelände). Hier kann über lange Zeiträume Kohle entstehen. Zuerst braune, bröckelige Kohle (Braunkohle) und später schwarze, harte Kohle (Steinkohle).

Sowohl bei den Prozessen, die aus toten Tierchen Öl machen, als auch bei denen, die aus toten Pflanzen Kohle machen, entstehen auch noch Gase, die vor allem aus Kohlenstoff bestehen. Wir nennen das Gemisch dieser Gase „Erdgas". Dieses ist dann neben dem Öl oder der Kohle in der Erde eingeschlossen und bleibt dort, solange wir die Lagerstätte nicht anbohren oder eine Mine hineinbauen. Wir können über verschiedene Wege bestimmen, wie alt eine Lagerstätte ist. Die meisten sind zwischen 100 und 400 Millionen Jahre alt! Braunkohle ist ein gutes Stück jünger, aber immer noch mindestens mehrere Millionen Jahre alt. Weil sie damit so alt sind wie Fossilien, also versteinerte Tiere oder Pflanzen, nennen wir diese drei Kohlenstoffquellen zusammen „fossiler Kohlenstoff".

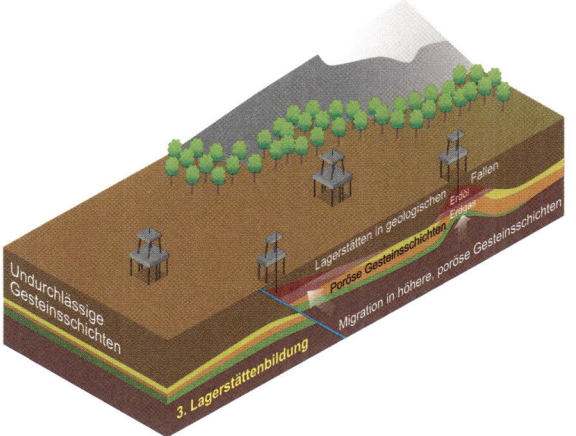

Die Entstehung von Erdöl aus organischen Sedimenten (tote Tierchen, die zum Meeresgrund sinken) dauert viele Millionen Jahre – auf diese Art wurden große Mengen Kohlenstoff in der Erde eingelagert.

Nun kann man sich vorstellen, dass auf diesem Wege in den vielen 100 Millionen Jahren, in denen es bereits Pflanzen und Tiere auf dem Planeten Erde gibt, gewaltige Mengen Kohlenstoff aus dem Kohlenstoffkreislauf des Lebens entfernt und unter der Erde abgelagert wurden. Das stört erst einmal nicht, denn es bleibt immer noch genug Kohlenstoff für das Leben übrig, weil in jedem Durchlauf des „Lebenskreislaufs" nur ein sehr kleiner Teil des Kohlenstoffs entfernt wurde. Dies geschah aber über sehr lange Zeit, und damit wurde eine beträchtliche Menge in der Erde gespeichert. Auch das wäre weiterhin kein Problem für das Klima, hätte der Mensch nicht vor ungefähr 200 Jahren einen unglaublichen Hunger nach Kohle, Öl und Gas entwickelt. Wir schauen uns nun an, wie es dazu kam.

Im Verlauf der Erdgeschichte wurden über Jahrmillionen sehr große Mengen Kohlenstoff dem Zyklus des Lebens entzogen und als Kohle, Öl und Gas unterirdisch abgelagert.

1.5 Eine kurze Geschichte der Industrialisierung

Ihr wisst ja, dass die Menschen einmal ein ganz anderes Leben geführt haben als das, was wir heute kennen. Angefangen haben wir vor vielen 10 000 Jahren als Jäger und Sammler in der Steinzeit. Kleine Gruppen von Steinzeitmenschen streiften durch die Landschaft und aßen, was sie fanden. Erste einfache Werkzeuge wurden aus Stein hergestellt, indem Muskelkraft eingesetzt wurde. Die Jäger und Sammler lernten, das Feuer zu beherrschen, dafür benutzten sie Holz, das sie in der lebenden Natur fanden. Holz war also ein früher Energieträger. Man konnte es sammeln und bei Bedarf anzünden, um die darin gespeicherte Energie zum Kochen oder Heizen zu verwenden. Auch bei der Verbrennung von Holz entsteht aus dem Kohlenstoff, der das Pflanzengerüst bildet, wieder Kohlendioxid, das mit den anderen Verbrennungsgasen (Wasserdampf und anderen) in die Luft entweicht. Allerdings stört das den Kohlenstoffkreislauf nicht: Denselben Zweig, den der Höhlenmensch als Feuerholz verbrannt hat, hätte vielleicht sonst ein Mammut gefressen und dann ebenfalls als Kohlendioxid wieder ausgeatmet. Oder er wäre nach dem Tod des Baumes von Bakterien zersetzt worden, die ebenfalls CO_2 abgeben. Solange wir also Kohlenstoff aus der belebten Natur verbrennen, also von Pflanzen oder Tieren, ist der Kreislauf ungestört.

Als die Menschen anfingen, Metall für den Bau von Werkzeugen zu benutzen – erst Bronze, später dann Eisen –, mussten sie sich Gedanken über einen Energieträger machen, der noch mehr Energie enthält. Holz wird nämlich bei der Verbrennung nicht heiß genug, um aus Eisenerz nutzbares Eisen zu gewinnen. Dafür benötigten die Menschen Kohle. Da man noch nichts von Stein- und Braunkohle aus der Erde wusste, fingen die Menschen an, Holzkohle herzustellen. Das ist recht aufwendig, denn dafür muss man Holz unter Luftabschluss ungefähr 350 – 400 °C heiß machen. Man kann sich vorstellen, dass das für die Menschen aus der Eisenzeit und danach eine ziemlich schwierige Aufgabe war: Es gab hierfür einen eigenen Beruf, den des Köhlers. Daran, dass der Nachname immer noch recht häufig ist, siehst du, dass es früher viele Menschen gegeben haben muss, die als Köhler ihren Lebensunterhalt verdient haben. Und das war eine ganz schöne Plackerei: Man musste einen Kohlenmeiler anlegen, das heißt das Holz fein säuberlich stapeln und luftdicht einpacken, darunter ein Platz für ein Feuer schaffen und dieses dann über Tage oder Wochen überwachen und am Ende löschen. Alles, um Holzkohle zu erhalten, mit der man dann wiederum Eisen und Stahl (das ist besonders hartes Eisen) herstellen könnte. Dabei fielen noch andere nützliche Dinge an wie Pech, mit dem man Eimer abdichten kann, aber eigentlich ging es dabei um die Kohle.

Als die Menschen vor ungefähr 10 000 Jahren sesshaft wurden (davor zogen sie tatsächlich ständig von Ort zu Ort weiter und blieben dort, wo sie gerade Nahrung fanden) und anfingen, Felder zu bestellen und Nutztiere zu halten, brauchten sie immer mehr Werkzeuge aus Eisen. Für die Felder brauchten sie Pflüge, Sensen und Hacken. Für den Bau von Häusern brauchten sie Hämmer, Hobel und Zangen. Zugleich brauchten sie auch noch viel mehr Holz als davor, denn daraus wurden die Hütten und die Werkzeuge gebaut. Dann, als die Menschen sich zunehmend vermehrten, mussten immer mehr Hütten gebaut werden. Als sie anfingen, große Staaten zu gründen und Kriege zu führen, brauchten sie Waffen und Schilde. Herrscher wollten prachtvolle Burgen und Schlösser haben, es wurden ganze Flotten von Schiffen gebaut und für Eroberungen in andere Länder geschickt. Und für all das brauchte man Holz und Eisen.

Das ist eine sehr knappe Zusammenfassung der Menschheitsgeschichte bis zur Neuzeit, aber hier soll auch nur eines ganz klar werden: und zwar wie es dazu kam, dass in Gebieten, in denen viele Menschen lebten, das Holz knapp wurde!

Im 18. Jahrhundert war vor allem in England das Holz praktisch alle. Wer heute durch Schottland oder Irland fährt und die sanften grünen Hügel bewundert, die wir für eine „typische Landschaft" halten, der kann sich eines vor Augen führen: Ganz Schottland und Irland, genauso wie die anderen Teile der Britischen Inseln,

waren bis vor wenigen hundert Jahren von einem dichten Wald bedeckt.

Man kann sich also gut ausmalen, wie sehr sich die Menschen gefreut haben, als sie die fossile Kohle entdeckten! Das passierte vor mehr als 800 Jahren an Stellen, an denen sie zufällig nah an der Erdoberfläche lagerte. Recht schnell hatte man festgestellt, dass hier ein Energieträger gefunden wurde, mit dem man viele nützliche Dinge tun kann. Trotzdem haben die Menschen im Mittelalter zunächst nur sehr wenig Kohle gefördert, also abgebaut. Sie brauchten einfach noch nicht so viel Energie, und es war beschwerlich, die Kohle von den Lagerstätten aus zu verteilen.

Als dann aber mehr und mehr das Holz knapp wurde, war man dankbar, die Eisenproduktion auf Steinkohle umstellen zu können. So richtig fing der Kohlerausch dann aber vor 250 Jahren an, und zwar als die Menschen die Dampfmaschine erfanden. Schon kurze Zeit danach wurden in den damals technisch weit entwickelten Ländern wie England, Deutschland oder Frankreich viele Arbeiten, die vorher mit Muskelkraft von Menschen oder Tieren verrichtet worden waren, mit Maschinen erledigt. Die Eisenbahn kam auf, Holz und Metalle wurden mit Maschinen bearbeitet und Webstühle und andere Geräte mit Dampfmaschinen angetrieben. Und all diese Maschinen brauchten Kohle, um laufen zu können. Die Maschinen selbst bestanden aus Stahl, und für die Herstellung des Stahls brauchte man wiederum Kohle. Werkzeuge und vor allem Waffen bestanden auch aus Stahl, und so kam es, dass die Menschen nicht lange brauchten, um völlig abhän-

Die Industrialisierung hat die Landschaften der „entwickelten Welt" stark umgestaltet – ebenso wie unseren Umgang mit der Natur. An die Stelle der Nutzung von Holz als Energieträger traten Kohle, Öl und Gas.

gig von der fossilen Kohle zu werden. Und das ist eigentlich bis heute so, nur dass zur Kohle noch Erdöl und Erdgas dazugekommen sind, die etwas später entdeckt und genutzt wurden. Diese drei gemeinsam nennen wir „fossile Energieträger". Später im Buch schreibe ich häufig vereinfachend „Kohle, Öl und Gas" und meine damit die fossilen Energieträger.

Seit der Zeit der Industrialisierung haben wir außerdem die Menge an Maschinen, die wir für unser Leben betreiben, stetig vergrößert, zum Beispiel durch Kraftwerke, Autos, Flugzeuge, Schiffe, Zentralheizungen und so weiter. Daher werden seit nun schon über 800 Jahren und sehr stark dann seit 250 Jahren Jahr für Jahr auf der Welt mehr fossile Energieträger verbrannt. Daran hat sich bislang leider nichts geändert, und das ist unser Hauptproblem.

* Seit Beginn der Industrialisierung vor ungefähr 250 Jahren nutzt die Menschheit die fossilen Energiereserven der Erde, indem sie Lagerstätten für Kohle, Öl und Gas ausbeutet.

* Der Verbrauch fossiler Energieträger (vor allem für die Energiegewinnung, aber zum Teil auch für die chemische Weiterverarbeitung, zum Beispiel zur Plastikherstellung) steigt stetig an – auch heute noch.

1.6 Die Spuren von Kohle, Öl und Gas in unserer Luft

Was ist aber nun die Folge unseres Hungers nach fossilen Energieträgern für unsere Atmosphäre und die Kreisläufe des Lebens? Wir hatten gesehen, dass über viele Millionen Jahre immer wieder kleine Mengen Kohlenstoff aus dem Kreislauf herausgenommen wurden durch tote Tierchen, die am Meeresgrund eingeschlossen wurden, und durch Pflanzen, die auf der Erde verschüttet wurden. Über lange Zeiträume wurden daraus Öl, Gas und Kohle und damit fossile Kohlenstofflager. Weil immer nur ganz wenig Kohlenstoff auf diese Weise aus den Kohlenstoffkreisläufen verloren ging, verliefen diese nicht anders, und das

Kohlenstoff bewegt sich in Kreisläufen durch unsere Welt: Eine zentrale Rolle spielen Photosynthese und Atmung. Als Öl, Kohle und Gas wurden über lange Zeiträume große Mengen Kohlenstoff gespeichert, die wir nun freisetzen. Wir stören damit das Gleichgewicht der Kreisläufe, sodass CO_2 sich in der Atmosphäre sammelt.

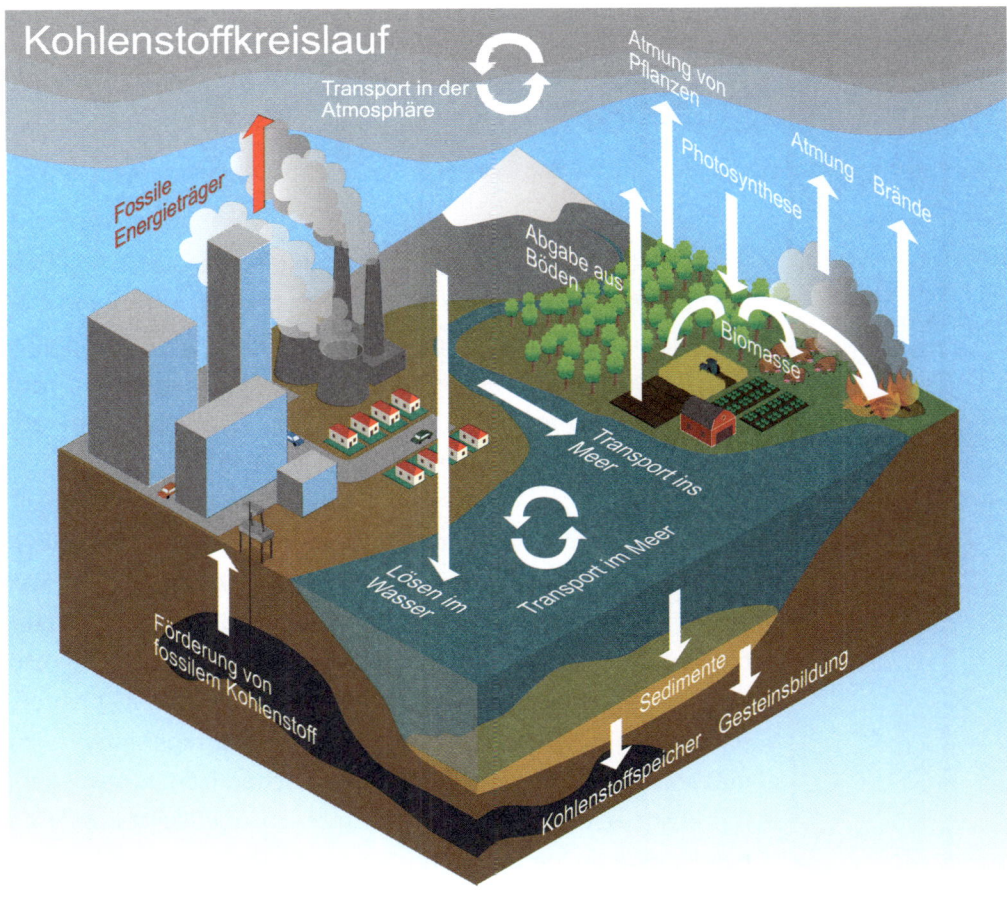

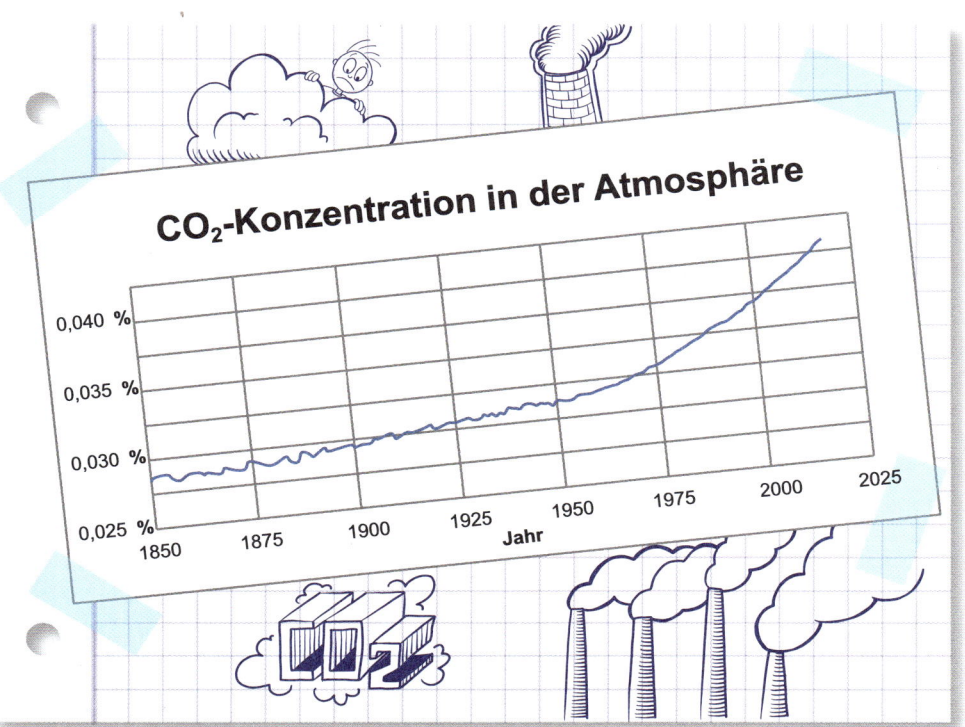

Seit Beginn der Industrialisierung ist der CO_2-Gehalt in
der Atmosphäre bereits von
unter 0,03 auf über 0,04 %
angestiegen.

über Millionen von Jahren! Nun zapfen wir aber seit 250 Jahren
die Kohlenstofflager in der Erde in ganz großem Stil an und blasen dadurch riesige Mengen Kohlendioxid in die Atmosphäre.
Der Kohlenstoff, der sich in Jahrmillionen abgelagert hat, wird
seit wenigen Jahren – also in viel größerer Geschwindigkeit – zurück in Kohlendioxid umgewandelt.

Wir hatten gelernt, dass es die Pflanzen sind, die aus dem Kohlendioxid wieder Kohlenstoff machen. Allerdings kommen sie nun
nicht mehr hinterher bei all dem Kohlendioxid, das wir in die Luft
pusten. Seit 250 Jahren wächst daher die Menge Kohlendioxid
in der Atmosphäre an, und zwar sehr schnell! In den 250 Jahren,
seit wir begonnen haben, die fossilen Energieträger intensiv zu
nutzen, ist sie von unter 0,03 auf jetzt schon 0,04 % gestiegen.
Das klingt erst einmal nicht so dramatisch, aber es ist immerhin
bereits eine Steigerung von über einem Drittel. Und damit haben wir leider ein riesiges Problem. Denn Kohlendioxid ist, wie

wir gehört haben, einer der Stoffe, der für den Treibhauseffekt verantwortlich ist.

Es nimmt infrarotes Licht auf und lässt damit die Wärmestrahlung der Erde nicht wieder zurück in den Weltraum. Das heißt, je mehr davon in der Atmosphäre ist, desto mehr wirkt diese wie eine Falle für die Wärmestrahlung und desto heißer wird das Klima. Die Menschen pusten immer mehr Kohlendioxid in die Luft, also wird es immer heißer. Diese Erhöhung der Treibhausgaskonzentration in der Atmosphäre erzeugt den „menschengemachten Treibhauseffekt". Dieser verstärkt den natürlichen Treibhauseffekt. So einfach ist das. Und das Erstaunliche ist: Wir wissen das schon seit 120 Jahren, aber beginnen erst jetzt, uns ernsthaft darüber Sorgen zu machen!

Wir werden im zweiten Teil des Buches sehen, warum es trotzdem so lange gedauert hat, bis ernsthaft etwas gegen den Klimawandel unternommen wurde. Jetzt schauen wir erst einmal an, welche Stoffe außer dem Kohlendioxid noch zur globalen Erwärmung beitragen und welche Rolle wir Menschen dabei spielen. Danach erfahren wir dann, was wir heute über den menschengemachten Klimawandel und seine Folgen wissen.

Fazit!

* Durch die Verbrennung von Kohle, Öl und Gas werden große Mengen Kohlendioxid in die Atmosphäre entlassen, dessen Konzentration dadurch bereits deutlich angestiegen ist.
* Dadurch wird der natürliche Treibhauseffekt verstärkt um einen Anteil, den wir „menschengemachten Treibhauseffekt" nennen.

1.7   Was haben Kuhrülpser mit dem Klima zu tun?

Außer der Verbrennung von Kohle, Öl und Gas tragen noch andere Spuren des Menschen zur Erwärmung der Erde bei. Es gibt nämlich noch andere Gase, die wegen des Menschen heute vermehrt in der Atmosphäre sind als früher und die eine ähnliche Wirkung wie das Kohlendioxid haben: Sie blockieren das infrarote Licht und damit die Abstrahlung von Wärme zurück in den Weltraum:

Methan entsteht in natürlichen Prozessen durch Faulung von organischem Material und in den Mägen von Wiederkäuern wie Rindern, Schafen und Ziegen. Da sich der Mensch heute für die Milch- und Fleischproduktion extrem große Herden von Rindern, Schafen und Zie-

Quellen von Methan: Natürliche Quellen sind mit grünen, durch den Menschen verursachte Quellen mit roten Pfeilen gekennzeichnet. Hauptverursacher sind die menschliche Landwirtschaft (dabei besonders die Viehhaltung) und die Nutzung fossiler Energieträger.

gen hält, sind wir für einen sehr starken Anstieg des Methanausstoßes verantwortlich. Auch die Methanproduktion durch Faulprozesse hat durch den Menschen sehr zugenommen. Reisfelder sind eine ganz erhebliche Quelle und auch unsere Klärwerke und Mülldeponien. Methan ist außerdem der Hauptbestandteil von Erdgas und entweicht bei der Förderung, dem Transport und der Weiterverarbeitung von Öl und Gas. Seit Beginn der Industrialisierung hat sich die Methankonzentration in der Atmosphäre mehr als verdoppelt und liegt heute höher als jemals zuvor! Ihr merkt schon: Auch hier sind wir Menschen die Hauptverantwortlichen für den großen Schlamassel. Seine Konzentration ist zwar ungefähr 200-fach so gering wie die des Kohlendioxids, dafür ist Methan etwa 25-fach so wirksam für die globale Erwärmung und spielt damit ebenfalls eine wichtige Rolle für den Klimawandel: Es trägt ungefähr ein Fünftel zur bisher beobachteten Erwärmung bei!

Ein weiteres wichtiges Gas ist Distickstoffoxid, auch **Lachgas** genannt, dessen Wirkung für den Klimawandel sogar 300-fach stärker ist als die des Kohlendioxids. Die menschliche Landwirtschaft ist hauptverantwortlich für die stark gestiegene Konzentration in der Atmosphäre. Bakterielle Abbauprozesse für Stickstoffverbindungen im Boden, die wir über die Düngung und die Tierhaltung dort hineinbringen, erzeugen dieses Gas. Da Lachgas auch bei Verbrennungsprozessen entsteht, hat auch die Nutzung fossiler Brennstoffe in Industrie und Verkehr einen Anteil am Lachgasausstoß und ebenso die Verbrennung von Biomasse. Die heutige Konzentration ist – wie sollte es anders sein – die höchste seit vielen Jahren und trägt gut ein Zwanzigstel zur Erderwärmung bei.

Quellen von Lachgas: Auch hier ist die Landwirtschaft der größte Verursacher, besonders durch Überdüngung der Böden. Auch Verbrennungsprozesse tragen zum Lachgasausstoß bei.

Ein drittes Gas, oder besser, eine Gruppe von Gasen sind die **fluorierten Kohlenwasserstoffe ("F-Gase")**. Die FCKWs, die für das Ozonloch verantwortlich sind und von denen wir schon gehört hatten, sind eine Untergruppe davon. Die F-Gase stellen wir industriell her für Kühlschränke, als Treibmittel in Sprühdosen, für

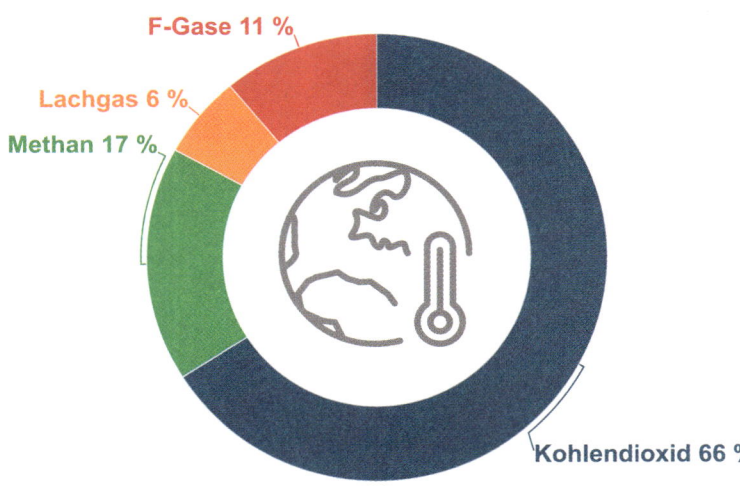

Menschengemachte Treiber der globalen Erwärmung

F-Gase 11 %

Lachgas 6 %

Methan 17 %

Kohlendioxid 66 %

Relativer Beitrag der verschiedenen vom Menschen produzierten bzw. verursachten Treibhausgase zur globalen Erwärmung.

Feuerlöscher und einige andere Anwendungen. Seit bekannt ist, welche Rolle diese Gase für das Ozonloch und den Klimawandel spielen, haben wir begonnen, sie weitgehend zu ersetzen. Dadurch ist ihre Konzentration in der Atmosphäre schon seit einigen Jahren gleich und nimmt zum Teil bereits wieder ab. Allerdings geht immer noch ungefähr ein Zehntel der beobachteten Erwärmung auf die fluorierten Kohlenwasserstoffe zurück.

Ab hier könnt ihr euch merken: Wenn ich in diesem Buch von „Treibhausgasen" (oder auch abgekürzt „THG") schreibe, dann meine ich immer all diese durch den Menschen ausgestoßenen klimawirksamen Gase gemeinsam. Wenn nur Kohlendioxid gemeint ist, dann schreibe ich auch „Kohlendioxid" oder CO_2 – denn das ist die chemische Formel für Kohlendioxid.

Wenn es später im dritten Teil um das Einsparen von Treibhausgasen geht, dann wird es oft um konkrete Mengen gehen, zum Beispiel „2 Tonnen Treibhausgase". Meistens ist damit Kohlendioxid gemeint, weil dieses in vielen Bereichen der Übeltäter ist. Bei der Tierhaltung sind es aber zum Beispiel Methan und Lachgas, und wir hatten gesehen, dass 2 Tonnen Methan oder Lachgas eben nicht dasselbe sind wie 2 Tonnen Kohlendioxid. Daher hat es sich eingebürgert, die Wirkung der anderen Treibhausgase sozusagen in Kohlendioxid umzurechnen. Da Methan zum Beispiel 25-mal so klimawirksam ist wie Kohlendioxid, sind 2 Tonnen

Methan also für den Klimawandel ungefähr dasselbe wie 50 Tonnen Kohlendioxid. Wenn ich später ganz allgemein von „2 Tonnen Treibhausgasen" spreche, dann habe ich bereits alle Mengen der anderen Treibhausgase in Kohlendioxid umgerechnet (man spricht beim Ergebnis dieser Umrechnung auch von „CO_2-Äquivalenten"), um die Zahlen für die verschiedenen Bereiche des Klimaschutzes vergleichbar zu machen. Denn für unseren Alltag ist es egal, welches Gas genau gemeint ist. Auch wenn ihr euch offizielle Zahlen zum Treibhausgasausstoß anschaut (zum Beispiel von Ländern), dann sind diese immer als CO_2-Äquivalent angegeben.

Der Vollständigkeit halber sei noch erwähnt, dass auch Wasserdampf ein Treibhausgas ist. Da es viel Wasser auf unserem Planeten gibt, das durch Sonneneinstrahlung verdampft, hat dieses einen großen Anteil am natürlichen Treibhauseffekt. Beim menschengemachten Treibhauseffekt spielt es allerdings nur indirekt eine Rolle: Indem mehr Wasser verdampft, wenn es auf der Erde durch unser Zutun wärmer wird, hat Wasserdampf eine leicht verstärkende Wirkung für den Klimawandel.

Fazit!

❋ Neben Kohlendioxid haben auch andere Gase eine Treibhauswirkung: Die wichtigsten sind Methan, Lachgas und fluorierte Kohlenwasserstoffe (F-Gase).
❋ Der Lebensstil der Menschen verursacht auch diese Gase in großen Mengen, vor allem durch die Landwirtschaft und dabei im Besonderen durch die Viehhaltung.

1.8   Die Geschichte des Erdklimas

Das Klima der Erde hat, wenn wir lange Zeiträume betrachten, eine ganz schön spannende Geschichte. Von der letzten Kaltzeit hatten wir bereits gehört. Oft sagen die Menschen dazu „Eiszeit", weil es damals sehr große Mengen Eis auf der Erde gab, das vom Nordpol zum Beispiel bis nach Deutschland reichte. Aber eigentlich leben wir auch heute noch in einer Eiszeit, denn so nennen die Wissenschaftler*innen alle Zeiten, in denen es irgendwo auf der Erde große Eismassen gibt. Der Nord- und Südpol sind zurzeit von Eis bedeckt, also leben wir in einer Eiszeit.

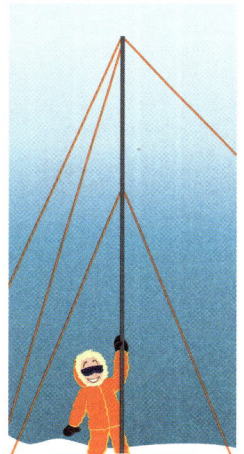

Mithilfe von Eisbohrkernen können wir viel über die Klimageschichte der Erde erfahren.

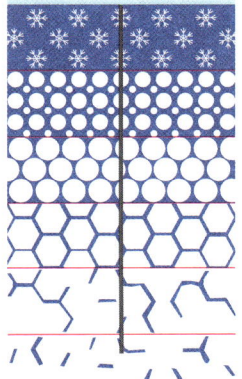

Wir glauben, dass es auf der Erde mindestens sechs längere Eiszeiten (sogenannte Eiszeitalter) gab und die Temperatur in der Zeit, seit es komplexes Leben auf der Erde gibt, auch schon 5 °C niedriger, aber auch 10 °C höher war als heute. Dies wissen wir zumindest für die letzten mehreren 100 Millionen Jahre halbwegs genau. Während einer Eiszeit gab es immer Phasen, in denen es wärmer war und sich das Eis weit in den Norden und Süden zurückzog, so wie jetzt gerade. Wir nennen solche Zeiten „Warmzeiten". Und dann gab es während den Eiszeiten längere Zeiträume, in denen sich das Eis in Richtung Äquator ausdehnte. Diese Zeiten nennen wir „Kaltzeiten". Das Ende der letzten Kaltzeit liegt ungefähr 12 000 Jahre zurück. Dabei reichte das Eis bis südlich von Berlin. In Norddeutschland sind noch deutliche Spuren der letzten Kaltzeit zu finden: Die Gletscher haben Urstromtäler und Seenketten gebildet und große Felsblöcke transportiert, die sie in der Landschaft zurückließen (Findlinge).

Woher wissen wir das alles? Am besten können wir etwas über die Vergangenheit des Klimas lernen, indem wir in das Eis des Nord- und Südpols hineinbohren und lange Eisstangen herausholen. Und zwar an einer Stelle, wo es auch im Sommer nicht taut. Jetzt stell dir vor, wie eine solche Stange aussieht. Über das Jahr schneit es am Nord- und Südpol immer wieder. Der frische Schnee legt sich Schicht für Schicht auf den alten Schnee, und durch den Druck werden die tiefen Schneeschichten langsam zu Eis. Im Eis werden Luftblasen eingeschlossen, sodass wir in einer langen Eisstange kleine Bläschen aus vielen zurückliegenden Jahren finden können. Je tiefer wir bohren, desto weiter können wir in die Vergangenheit schauen!

Aus der eingeschlossenen Luft können wir viel über den Zustand von Atmosphäre und Klima zu der Zeit lernen, zum Beispiel wie viel Kohlendioxid und andere Gase in der Luft waren. Mit besonderen Tricks können wir herausfinden, wie warm es am Ort der Bohrung war, oder sogar auf die Durchschnittstemperatur der jeweiligen Zeit schließen, ebenso auf die Sonnenaktivität, das Erdmagnetfeld und auf einiges anderes. Man findet auch andere interessante Dinge wie zum Beispiel Staubspuren von großen Vulkanausbrüchen und leider in den letzten Jahren immer mehr kleinste Plastikteilchen – die Spuren des Menschen. Der eingeschlossene Staub erzählt nicht nur von Vulkanausbrüchen, sondern auch von Meteoriteneinschlägen, und er lässt Rückschlüsse über die Winde zu, die ihn verteilt haben.

Im Laufe der Erdgeschichte haben ganz unterschiedliche klimatische Bedingungen geherrscht.

Über die mittlere Temperatur und andere Aspekte des Erdklimas können wir auch auf ganz vergleichbare Art etwas lernen, wenn wir in den Meeresboden bohren und die Ablagerungen von Sedimenten anschauen, in denen sich die Kalkskelette von Meereslebewesen befinden. Es gibt noch ein paar weitere Tricks, aber diese beiden sind die wichtigsten.

Aus den Eis- und Sedimentbohrungen haben wir gelernt, dass sich Klima und Atmosphäre der Erde über lange Zeiträume stark verändert haben. Auf der Welt war es also auch schon deutlich wärmer oder kälter als jetzt gerade. Einige Veränderungen des Klimas über den Verlauf der Erdgeschichte verstehen wir inzwischen ganz gut (davon erfahren wir mehr im nächsten Kapitel), andere sind noch rätselhaft für uns.

Wichtig ist nun vor allem Folgendes: Die Zeit, in der wir Menschen uns von Jägern und Sammlern zu einer weltweiten Zivilisation entwickelt haben, ist aus Sicht der Erde nur ein kurzer Augenblick. Wäre die Erde ein 15 Jahre alter Mensch, so wären die 10 000 Jahre, in denen sich der moderne Mensch entwickelt hat, für ihn wie eine Viertelstunde! Der Mensch ist nach den Zeitmaßstäben der Erde also innerhalb einer großen Pause eines Schultages entstanden! Das heißt aber auch, dass es nicht selbstverständlich ist, dass unser Klima so ist, wie es ist. Wir nehmen den jetzigen Zustand als ganz selbstverständlich hin. In Wahrheit ist er das aber nicht, und das Klima könnte auch ganz anders sein, wie uns die Klimageschichte der Erde zeigt.

Wir sollten uns jetzt aber nicht damit beruhigen und sagen „Ach, das Klima hat sich doch schon immer verändert!" An der sogenannten Perm-Trias-Grenze vor ca. 250 Millionen Jahren wurden beispielsweise etwa drei Viertel aller Arten von Lebewesen auf der Erde ausgelöscht – vermutlich durch eine sehr schnelle Erwärmung des Planeten um ungefähr 5 °C als Folge großer vulkanischer Aktivität. Das sollte uns zu denken geben, da wir auch gerade dabei sind, die Temperatur auf der Erde sehr schnell zu verändern.

Fazit!

❋   Wir haben inzwischen ein gutes Bild von der „Klimageschichte" der Erde.
❋   Die Erde hat bisher mindestens sechs Eiszeiten durchlaufen, im Moment befinden wir uns immer noch in einer Eiszeit.
❋   Das Erdklima ist sehr variabel, allerdings hat es auch große Auswirkungen auf das Leben, und schon mehrfach in der Erdgeschichte wurden Klimaveränderungen von Massensterben begleitet.

1.9 Was alles beeinflusst unser Klima?

Inzwischen haben die Forscher*innen ganz gut verstanden, welche Einflüsse beim Wechsel von Eiszeiten und Nichteiszeiten sowie von Warm- und Kaltzeiten innerhalb einer Eiszeit eine Rolle spielen. Ich sage nicht, wir haben komplett verstanden, wie alles zusammenhängt, aber wir wissen, was dabei mitspielt. Das alles zu beschreiben wäre der Inhalt für ein weiteres Buch und ist hier auch nicht notwendig. Um aber das Ausmaß unseres menschengemachten Klimawandels zu begreifen, ist es wichtig zu verstehen, dass sich alle Teile unseres Klimasystems – Atmosphäre, Ozeane, Landmassen, das Leben, Eis, Schnee und so weiter – gegenseitig beeinflussen. Das macht das ganze Klimasystem schwer zu begreifen, und vor allem führt es zu einem sehr komplexen Zusammenspiel, bei dem sich manche Effekte gegenseitig verstärken und sich andere wiederum abschwächen.

Hier nur einige Beispiele für dieses Zusammenspiel, zunächst für abschwächende Wirkungen: Wenn der Kohlendioxidgehalt in der Atmosphäre zunimmt, steigt damit die Temperatur. Die Pflanzen wachsen dann stärker und entziehen der Atmosphäre beim Wachsen mehr CO_2. Dieser Effekt dämpft, das heißt verlangsamt, also wieder den Anstieg des Kohlendioxids in der Atmosphäre. Hier wirkt die Wirkung einer Veränderung ihrer Ursache entgegen. Man kann sich das vorstellen wie bei einer Kugel, die in einer Schüssel liegt. Wenn wir die Schüssel schütteln, wird die Kugel dabei ein Stückchen die Wand hinauf- und durch die Schwerkraft wieder hinunterrollen. Die Form der Schüssel sorgt dafür, dass die Kugel immer in Richtung der Mitte rollt. Wenn wir nicht zu stark schütteln, wird die Kugel am Ende stets in der Mitte der Schüssel bleiben – wir haben ein stabiles System, das sich immer wieder einpendelt. Wenn es nur abschwächende Wirkungen im Klimasystem gäbe, dann wäre auch unsere Erde immer ungefähr im selben Zustand. Eine Störung wie zum Beispiel ein Vulkanausbruch würde das Klima zwar kurzfristig ein wenig verändern, aber langfristig würde es immer zum selben Gleichgewichtszustand zurückkehren.

Wir wissen allerdings, dass es im Klimasystem sehr viele Effekte gibt, die ihre eigene Ursache verstärken und damit das System vom Gleichgewicht wegführen. Im Bild von eben können wir uns das als umgedrehte Schüssel vorstellen, auf deren „Spitze" der Ball liegt: Eine äußere Störung (Anstupsen des Balls) führt dazu, dass der Ball, immer schneller werdend, von der Schüssel herunterrollt und nicht zu seiner Ausgangsposition zurückkehrt. Ein Beispiel für ein solches Verhalten im Klimasystem betrifft Wasserdampf: Wenn die Temperatur auf der Erde steigt, dann verdampft mehr Wasser aus den Ozeanen. Wasserdampf ist, wie wir gehört haben, ein effektives Treibhausgas und treibt daher den Temperaturanstieg weiter an. Ein anderes Beispiel betrifft Eis und Schnee: Beide sind weiß und reflektieren damit einen sehr großen Teil des Lichts. Die Energie von der Sonne wird daher von Eis und Schnee nur zum kleinen Teil aufgenommen, der größere Teil wird zurück in den Weltraum reflektiert. Wenn nun die Temperatur steigt und das Eis schmilzt, dann werden darunter Teile der Erdoberfläche oder des Ozeans freigelegt, die eine deutlich dunklere Farbe haben und damit mehr Energie von der Sonne aufnehmen. Die Temperatur steigt damit noch schneller.

Solche sich verstärkenden Rückkopplungen können die Erde von einem Gleichgewichtszustand in einen anderen führen. Zum Beispiel würde durch eine solche vom schmelzenden Eis weiter angefachte Erwärmung ja irgendwann das gesamte Eis geschmolzen sein, und die Erde würde einen neuen stabilen Zustand einnehmen – in diesem Falle eine Nichteiszeit.

Fazit!

❄ Es gibt viele verschiedene Einflussgrößen auf das Klima.

❄ Das Klimasystem besteht aus unterschiedlichen Elementen (Ozeanen, Atmosphäre, Landmassen und so weiter) die sich gegenseitig beeinflussen. Daraus resultiert ein System, das eine komplizierte Dynamik hat.

❄ Es gibt im Klimasystem einige dämpfende, aber auch viele verstärkende Effekte. Diese Effekte können eine Störung durch den Menschen so verstärken, dass das Klima von einem Zustand in einen anderen kippt (z. B. von Eiszeit zu Nichteiszeit).

1.10 Das Klima verändert sich, aber muss uns das stören?

Nun haben wir uns intensiv mit dem Klimasystem beschäftigt und vor allem eines gesehen: Es ist verdammt kompliziert! Es gibt sehr viele Einflussgrößen, und alles hängt irgendwie mit allem zusammen. Die Erde hat in ihrer Geschichte schon viele verschiedene Klimazustände erlebt und überstanden. Man könnte also sagen: Was kümmert uns der Anstieg um 1 °C und von 0,03 auf 0,04 % Kohlendioxid? Oder der Meeresspiegelanstieg um bisher 25 und bald vielleicht 60 cm? Die Erde hat doch schon ganz anderes gesehen, wie zum Beispiel vielfach größere CO_2-Konzentrationen, 15 °C höhere Wassertemperaturen im Ozean oder einen über 70 m höheren Meeresspiegel.

Nun: Die Erde hat das alles gesehen, aber wir Menschen nicht. Wir müssen uns wieder vor Augen führen, dass unsere gesamte Zivilisation in einer Hofpause des Erdenteenagers entstanden ist. Und zugleich sind wir Menschen extrem davon abhängig, dass das Klima so ist, wie es ist. Ein paar Beispiele: Sollte die Sahara sich weiter ausbreiten, kommen Millionen Menschen in Hungersnot. Steigt der Meeresspiegel nur um einen halben Meter, so sind neben den Bewohner*innen der flachen Inseln weitere Millionen Menschen in Großstädten, vor allem in Asien, bedroht. Wird es nur ein wenig trockener in Zentraleuropa oder Nordamerika, so sind unsere Ernten in Gefahr.

Im Sommer 2018 war es in Deutschland zum Beispiel ca. 2 °C wärmer als normalerweise, und schon ist in vielen Regionen die Ernte zur Hälfte ausgefallen. Und bei alledem müssen wir uns auch noch vor Augen führen, dass wir inzwischen 7,8 Milliarden Menschen sind und bereits jetzt Schwierigkeiten haben, alle Bewohner*innen der Erde gut zu ernähren. Wir könnten als Menschheit daher weder mit sich ausbreitenden Eismassen noch mit wachsenden Wüsten gut leben. Es gibt einfach keinen Platz, auf den wir ausweichen könnten, wenn sich die Lebensbedingungen in Teilen der Welt stark verschlechtern sollten. Das unterscheidet

uns von den Jägern und Sammlern, die zum Beispiel nach dem Ende der letzten Kaltzeit in andere Gebiete weiterziehen konnten.

Wir sind also eindeutig darauf angewiesen, dass das Klima stabil bleibt, doch wir tun leider gerade alles dafür, dass es dies nicht tut. Die Atmosphäre und all die anderen Teile des Klimasystems sind unsere Lebensgrundlagen, und wir sollten verdammt vorsichtig damit sein!
Als Nächstes schauen wir uns nun an, was passiert ist, seit wir die fossilen Kohlenstoffvorräte erschlossen haben. Und wir erfahren mehr darüber, was noch passieren könnte, wenn wir weitermachen wie bisher.

Wir haben ja am Anfang des Buches schon vom Unterschied zwischen Klima und Wetter gehört. Wenn wir also einen Schritt zurückgehen und uns die Durchschnittstemperatur der Erde über längere Zeiträume anschauen, dann sehen wir ganz deutlich einen Trend zur Erwärmung, der sich stark beschleunigt. Neun der zehn heißesten Jahre in Deutschland seit Beginn der Wetteraufzeichnungen lagen in den letzten zehn Jahren. Die Durchschnittstemperatur in Deutschland lag 2019 ungefähr 1,1 °C über dem Mittelwert der Zeit vor der Industrialisierung.

„Warming Stripes": Jeder Streifen steht für ein Jahr zwischen 1860 (ganz links) und 2018 (ganz rechts). Die Farbe gibt die globale Durchschnittstemperatur an – je röter, desto wärmer.

Eine weitere Beobachtung ist, dass es auf der Erde auch immer schneller wärmer wird. Seit 1980 lag die Erwärmungsrate bei knapp 0,2 °C pro Jahrzehnt. Die Erwärmungsrate im Durchschnitt der letzten 100 Jahre lag aber unter 0,1 °C pro Jahrzehnt. Nach allem, was wir wissen, ist dies tatsächlich der schnellste Temperaturanstieg, den die Welt in den letzten 60 Millionen Jahren gesehen hat! Um ein Beispiel zu geben: Beim Wechsel der letzten Kaltzeit zur aktuellen Warmzeit erwärmte sich die Erde um 4 bis 5 °C in ungefähr 10 000 Jahren. Bei der aktuellen Geschwindigkeit würden wir die gleiche Erwärmung in weniger als 300 Jahren schaffen. Es könnte sogar noch schneller gehen, aber davon später mehr.

Was bemerken wir sonst noch vom Klimawandel? Wieder müssen wir aufpassen, nicht Wetter mit Klima zu verwechseln, aber dabei helfen erneut ein Schritt zurück und der Blick auf langfristige Trends.

Bilder des Muir-Gletschers in Alaska, USA. Aufgenommen 1941 (oben) und 2004 (unten).

Eis und Gletscher: Wenn es immer wärmer wird, schmilzt das Eis, richtig? Aber wie! Und das merken wir schon sehr deutlich, und zwar an vielen Stellen: Die Gletscher in den Alpen werden immer kleiner und sind dabei zu verschwinden. Bereits heute ist die Hälfte des Gletschereises in den Alpen verschwunden. Man geht davon aus, dass im Jahr 2100 neun Zehntel des Eises weg sein werden. Und Ähnliches passiert auf der ganzen Welt: Die Eisschicht, die Grönland bedeckt, wird immer dünner. Auch in Amerika, Asien und Neuseeland verschwinden die Gletscher.

Entwicklung der Ausdehnung des Meereises am Nordpol (gemessen jeweils im September) seit 1980.

Auch das **Meereis** ist betroffen. Die größte Ansammlung davon ist der Nordpol. Anders als der Südpol hat der Nordpol kei-

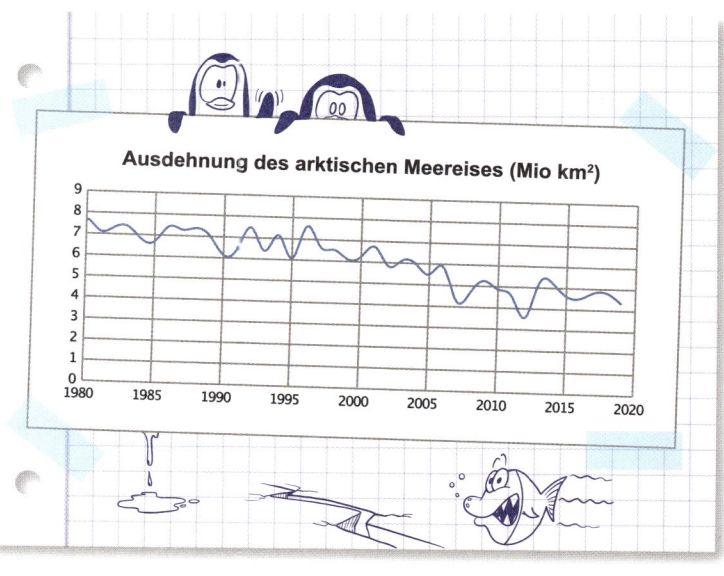

Ausdehnung des arktischen Meereises (Mio km²)

ne Landmasse, sondern besteht nur aus Eis, das auf dem Meer schwimmt. Die Gebiete um den Nordpol herum verändern sich natürlich laufend wegen des Wechsels der Jahreszeiten. Seit der Mensch genauer auf die Größe des Meereises schaut, sehen wir, dass das im Sommer verbleibende Eis immer kleiner wird. 2012 war im Sommer nur noch ungefähr die Hälfte der Eisfläche vorhanden, die durchschnittlich zwischen 1980 und 2000 im Sommer zu finden war. Viele Forscher*innen glauben, dass der Nordpol in 80 Jahren im Sommer komplett eisfrei sein wird, manche sagen dies aber auch schon für in 40 Jahren voraus. Schon heute können Schiffe im Sommer an der Nordküste Russlands oder Amerikas vorbeifahren, wo früher noch nicht einmal Eisbrecher durchgekommen wären.

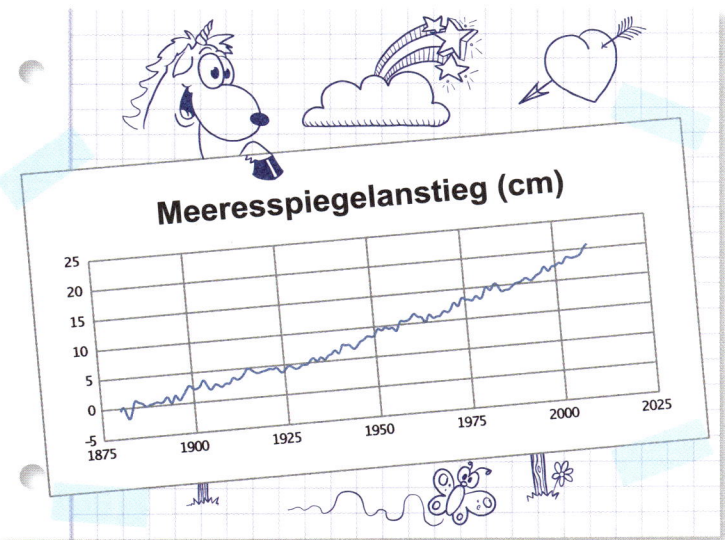

Anstieg des Meeresspiegels seit der Zeit der Industrialisierung.

Meeresspiegel: Das Meer steigt, wenn das Eis auf der Erdoberfläche schmilzt. Bei schwimmendem Eis ist das übrigens nicht so, denn ein Eisberg verdrängt genau die Menge Wasser, aus der er selbst besteht. Seit dem 19. Jahrhundert bemerken wir, dass der Meeresspiegel ansteigt, und seitdem ist er bereits um ungefähr 25 cm höher geworden. Mit Satelliten können wir mittlerweile genauer verfolgen, wie das passiert. Wir sehen, dass der Meeresspiegel im Moment um 3,3 cm pro Jahrzehnt steigt. Das ist, wie könnte es anders sein, sehr viel schneller als früher.

Drei Zentimeter pro Jahrzehnt klingen wieder nicht dramatisch, doch schon jetzt bemerken sehr flache Inseln davon sehr viel! Die

Salomonen, die Malediven oder die Marshall-Inseln sind schon heute vom Meeresspiegelanstieg bedroht. Schon ein Anstieg von 20 bis 60 cm könnte sie unbewohnbar machen, und einige dieser Länder haben bereits heute damit begonnen, ihre Bewohner*innen von der Küste weg umzusiedeln. Doch was macht man, wenn es auf der ganzen Insel keinen Punkt gibt, der höher als einen Meter aus dem Wasser ragt? Die Bewohner*innen von Kiribati haben darauf eine radikale Antwort gefunden: Sie geben ihre Heimat auf und ziehen auf eine Insel der Fidschi-Inseln, wo ihre Regierung für sie Land gekauft hat. Es gibt also schon heute Klimawandelflüchtlinge, und es werden noch viel mehr werden.

"Geophysikalische" Katastrophen wie Vulkanausbrüche, Erdbeben oder Tsunamis treten heute nicht häufiger auf als früher, während "hydrologische" (Überschwemmungen, Erdrutsche), "meteorologische" (Stürme, Hurrikans, Tornados etc.) und "klimatologische" (Extremtemperaturen, Dürren und Wald-/Buschbrände) Naturkatastrophen deutlich häufiger geworden sind.

Naturkatastrophen: Wenn durch die Erwärmung der Erde immer mehr Energie in der Atmosphäre gespeichert wird, könnte man annehmen, dass Wetterphänomene mehr Kraft bekommen. Das ist eine sehr vereinfachende Logik, aber sie ist nicht ganz falsch. Vorsichtig muss man aber vor allem sein, da in letzter Zeit so gut wie jedes Extremwetter wie Stürme, Überschwemmungen, Waldbrände, Dürren etc. mit dem Klimawandel in Verbindung gebracht wird. Wieder gehen wir einen Schritt zurück und schauen auf die langen Zeiträume. Erst einmal ist da die Frage: Was ist eigentlich ein „Extremereignis"? Wann ist ein Sturm ein außergewöhnlich starker Sturm? Da jeder Sturm anders ist, ist das nicht leicht zu beantworten. Hilfreich ist, sich die Ereignisse anzuschauen, die Schäden hinterlassen. Wir haben un-

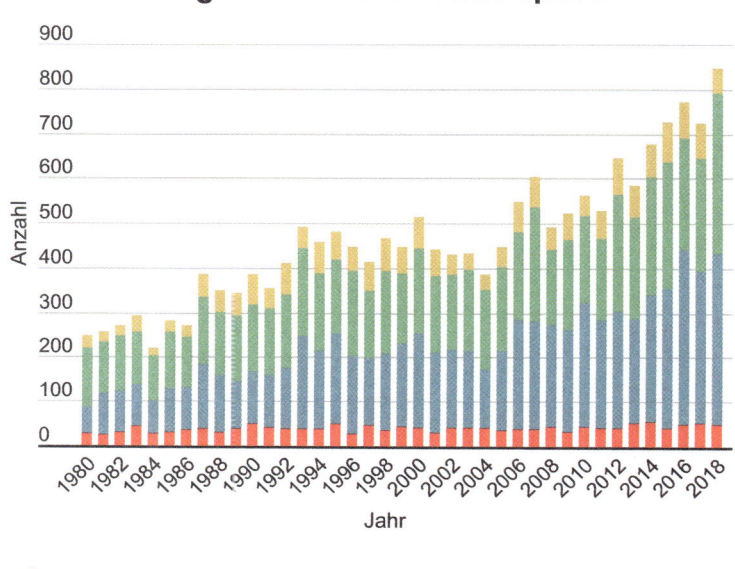

Häufigkeit von Naturkatastrophen

Anzahl / Jahr

● geophysikalisch   ● hydrologisch   ● meteorologisch   ● klimatologisch

sere Häuser und Straßen ja so gebaut, dass sie dem normalen Wetter standhalten. Wenn ernsthaft etwas kaputtgeht, können wir also sagen, dass das Wetterereignis „extrem" war. Die Zahl der Naturkatastrophen mit Sach- oder Personenschäden nimmt tatsächlich stetig zu. Wir wissen sehr gut, wie viele das sind. Die Versicherungen, die für die Schäden aufkommen müssen, zeichnen diese alle auf. Ereignisse, die mit dem Klimasystem zusammenhängen (also Stürme, Überschwemmungen, Erdrutsche, Dürren, Waldbrände), treten dabei mit der Zeit deutlich häufiger auf. Dagegen kommen Ereignisse, die nicht mit dem Klimasystem zu tun haben (also Erdbeben, Vulkanausbrüche, Tsunamis), heute nicht öfter vor als früher.

Es sieht also alles danach aus, dass wir dabei sind, eine weltweite Veränderung des Klimas zu verschulden, die bereits heute sehr unangenehme Folgen hat. Jetzt schauen wir noch etwas genauer darauf, was die Folgen des Klimawandels in Zukunft noch sein könnten.

* Die moderne Zivilisation ist in einem erdgeschichtlich sehr kurzen Zeitabschnitt entstanden, in dem das Klima konstant war, und wir sind auf ein stabiles Klima angewiesen.
* Wir beobachten in den letzten Jahrzehnten bereits zahlreiche Veränderungen des Klimas und daraus entstehende Folgewirkungen (Rückgang des Eises usw.).
* Wir müssen davon ausgehen, dass unsere Existenz durch diese Folgewirkungen bedroht werden könnte.

1.11 Was uns in Zukunft droht

Seit 1988 wird regelmäßig auf internationalen Konferenzen gesammelt, was wir über den Klimawandel wissen. In diesem Jahr wurde der „Zwischenstaatliche Ausschuss für Klimaänderungen" (IPCC), oft auch „Weltklimarat" genannt, von den Vereinten Nationen gegründet. Er gibt alle paar Jahre einen Bericht zum aktuellen Stand des Wissens heraus. Es gibt bisher fünf Stück davon, der jüngste ist von 2014. Im Jahr 2018 erschien ein Sonderbericht, dazu aber später mehr. In diesen Berichten geht es nicht nur darum, was man bereits vom Klimawandel sieht, sondern es wird auch gezeigt, was in der Zukunft noch passieren könnte.

Die Wissenschaftler*innen verwenden hierfür Modelle des Klimasystems, die mit Hochleistungscomputern berechnet werden. Die Modelle machen Vorhersagen darüber, wie sich das Klima verändern wird, wenn sich bestimmte Einflüsse so oder so entwickeln. Dazu baut man im Computer sozusagen ein Abbild des Weltklimasystems. Die einzelnen Teile wie Atmosphäre, Ozeane, Eis, Landmasse, Strömungen, Winde usw. werden dabei durch mathematische Formeln beschrieben, die alle miteinander in Verbindung stehen. Heraus kommt so etwas wie eine „Miniaturwelt", die jedes Element des Klimasystems so genau beschreibt, wie wir das nach dem Stand der Wissenschaft und der Leistungsfähigkeit unserer Computer können.

So kann man sich das Zusammenwirken der verschiedenen Elemente des Klimasystems vorstellen.

Man kann darin die Zeit vor- und zurückspulen. Wenn man sie in Richtung Zukunft laufen lässt, kann man anschauen, was in der Zukunft passieren könnte. Dabei kann man natürlich nicht ganz genaue Vorhersagen für einen Ort machen („in Berlin wird im Oktober 2034 viel die Sonne scheinen"), denn so genau ist die Miniwelt bei Weitem nicht, und außerdem wären

KLIMASYSTEM

wir dann ja wieder beim Wetter. Aber man kann die Modelle viele Male durchlaufen lassen und dabei wiederum Mittelwerte bilden – so kommt man auch im Modell vom Wetter zum Klima. Damit lässt sich dann zum Beispiel sagen: „In Mitteleuropa wird es bereits in den 2030er-Jahren mehr trockene und warme Herbste geben."

Diese Modelle sagen uns nun: Wenn wir weitermachen wie bisher, dann wird bis zum Ende des Jahrhunderts, also während eurer Lebenszeit, ziemlich sicher Folgendes passieren:

Die durchschnittliche **Temperatur** steigt um 3 bis 4 °C, Hitzewellen und Dürreperioden nehmen dabei zu. Dadurch wird die Nahrungsmittelversorgung besonders in armen Regionen unsicherer, da Ernten häufiger ausfallen. Es treten mehr Schäden durch Dürren, Waldbrände und Hochwasser auf. In vielen Gebieten, die bereits jetzt trocken sind, herrscht Wasserknappheit. Gefährdungen von Menschen und Tieren durch Überhitzung und Wetterextreme steigen an.

Es gibt in Europa insgesamt weniger **Niederschläge** (dazu zählen Regen oder Schnee), dafür mehr Starkregen und Überschwemmungen. Auch in anderen Teilen der Welt ändern sich Menge und Verteilung der Regenfälle, was große Anpassungen von Mensch und Tier erfordert. Vor allem die Landwirtschaft, Städte und Infrastruktur wie Straßen, Dämme etc. sind betroffen.

Auch der **Ozean** wird wärmer. Dadurch verändern sich Meeresströmungen. Tropische Wirbelstürme können sich einfacher bilden und bekommen mehr Kraft. In wärmerem Wasser nimmt auch der Sauerstoffgehalt ab, und vor allem komplexere Lebewesen wie Fische können schwieriger überleben. In einigen Regionen der Weltmeere können Meerestiere zukünftig überhaupt nicht mehr überleben, es entstehen „tote Zonen". In der Folge geraten viele Millionen Menschen, die vom Fischfang abhängig sind, in große Not. Der Anstieg der Wassertemperatur ist jedoch nicht die einzige negative Folge für die Ökosysteme im

Meer. Denn der Ozean nimmt Kohlendioxid aus der Luft auf und wird damit, chemisch gesehen, saurer. Dadurch geraten Tiere mit Kalkschalen (wie Krebstiere, Schnecken, Muscheln etc.) und vor allem die Korallenriffe in große Gefahr, denn sie können im sauren Wasser ihre Skelette nicht richtig bilden. Korallenriffe beherbergen viele Fische und liefern damit Nahrung für wiederum viele Menschen. Sie haben auch eine wichtige Rolle als natürliche Wellenbrecher und schützen damit die Küsten, die hinter ihnen liegen. Sie sind ein einmaliges, reichhaltiges Ökosystem, das viele Lebewesen beherbergt. Die Korallenriffe sterben vermutlich in den nächsten 100 Jahren auf der ganzen Welt fast komplett ab.

Der **Meeresspiegel** steigt um ungefähr 60 cm, vielleicht auch bis zu einem Meter. Dadurch werden viele Inseln und Küstenregionen unbewohnbar, wovon ca. 50 bis 100 Millionen Menschen direkt betroffen sind. Auch Überschwemmungen durch Sturmfluten nehmen zu, ebenso die Abtragung von Küsten durch Stürme und Wellen. Dies betrifft besonders Küsten, die heute noch von Korallenriffen geschützt sind.

Das **Meereis** um den Nordpol verschwindet ungefähr im Jahr 2050 in den Sommern ganz. Die Meereisgebiete spielen bisher eine wichtige Rolle für die weltweiten Meeresströmungen. Es ist unsicher, wie diese darauf reagieren. Möglich ist, dass sich der Golfstrom abschwächt, was das Klima in Europa (und damit auch unsere Landwirtschaft) erheblich betreffen würde.

Die **Geschwindigkeit der Klimaveränderung** übersteigt alles, was die Welt und ihre Lebewesen in den letzten 60 Millionen Jahren gesehen haben. Viele Tiere und Pflanzen werden sich den schnellen Veränderungen in Temperatur, Niederschlag, Sauerstoffgehalt im Wasser usw. nicht anpassen können und unter Druck geraten oder aussterben. Dies betrifft vor allem die Ökosysteme der Polregionen und der Korallenriffe, die mit großer Wahrscheinlichkeit in der heutigen Form nicht weiter existieren werden.

Das klingt alles zusammen schon ziemlich katastrophal. Die meisten der hier genannten Folgen des Klimawandels werden von den Forscher*innen als wahrscheinlich oder sehr wahrscheinlich eingestuft, einige der Vorhersagen werden mit „mittlerem Vertrauen" gesehen.

Als wäre das nicht schon beängstigend genug, gibt es aber leider noch weitere Sorgen. Bisher könnte man denken, dass mehr Kohlendioxid einfach nur mehr Erwärmung und Meeresspiegelanstieg bedeutet. Daraus könnten wir schließen, dass wir einfach weitermachen können wie bisher, bis es uns zu ungemütlich wird. Dann hören wir auf, Kohle, Öl und Gas zu verbrennen, und die Erwärmung wäre gestoppt. Aber selbst wenn wir so abrupt unsere Lebensweise umstellen könnten, würde das leider nicht funktionieren, und das hat zwei Gründe:

Erstens ist das Klimasystem sehr träge. Das heißt, selbst wenn wir im Jahr 2050 schlagartig aufhören würden, Treibhausgase zu verursachen, würde die Temperatur noch ungefähr 100 Jahre länger weitersteigen. Das liegt vor allem daran, dass ein Kohlendioxidmolekül im Durchschnitt mehrere Jahrhunderte in der Atmosphäre bleibt. Das Gleiche gilt auch für die Erwärmung und Versauerung der Ozeane sowie für den Meeresspiegelanstieg. Diese Folgen kehren sich wahrscheinlich auch nicht von selbst wieder um, solange wir nicht aktiv anfangen, Kohlendioxid wieder aus der Atmosphäre zu ziehen. Dafür haben wir aber heute noch gar keine technische Möglichkeit, außer durch Aufforstung, für die uns bei unserer Lebensweise leider die Fläche fehlt.

Und der zweite Grund ist der wirklich beängstigende: Es könnte sein, dass wir die Erde mit unserer Lebensweise auf einen Weg bringen, bei dem es gar kein Zurück mehr gibt! Wir wissen nämlich inzwischen, dass es Folgen der Erwärmung gibt, die sich nicht umkehren lassen. Wir nennen diese speziellen Folgen „Kipppunkte des Klimasystems", und die meisten davon haben in irgendeiner Form mit der verstärkenden Rückkopplung zu tun, die wir bereits kennengelernt haben. Weil jetzt einiges kommt,

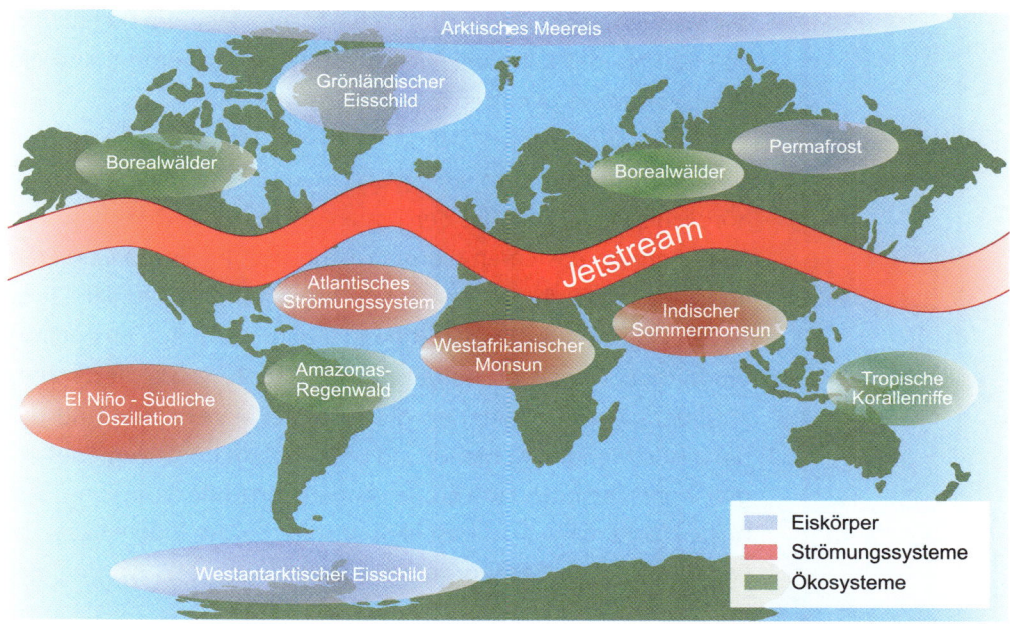

was wirklich Angst machen kann, sei hier gesagt: Wir haben noch längst nicht alles über die Kipppunkte verstanden, und daher sind die Aussagen dazu bei Weitem nicht so sicher wie zum Beispiel „Der Meeresspiegel steigt um 60 cm bis 2100". Wir denken aber, dass sie mit einer gewissen Wahrscheinlichkeit wahr sein könnten, und deswegen sollten wir sie nicht ignorieren.

Einige der möglichen Kipppunkte des Klimasystems.

Beginnen wir mit einem Beispiel: Die Insel Grönland ist von einem dicken Eispanzer bedeckt, der an manchen Stellen bis zu 3 Kilometer hoch ist. Nehmen wir an, durch die Erwärmung des Klimas beginnen die Gletscher auf Grönland zu schmelzen. Durch das Schmelzen verändert sich die Oberfläche des Eises und wird dunkler (zum Beispiel stehen dort häufiger Pfützen, sogenannte Schmelztümpel), sodass mehr Sonnenlicht aufgenommen wird, was das Schmelzen beschleunigt. Durch die abnehmende Dicke des Eises liegt die Oberfläche dann etwas später in tieferen Lagen, wo es ohnehin wärmer ist, und schmilzt damit noch schneller. Am Ende könnte das Schmelzen unaufhaltsam werden, selbst wenn wir die Temperatur zwischendurch wieder absenken sollten. Würde das Eis auf Grönland komplett schmelzen, so würde der Meeresspiegel um unglaubliche 7 Meter steigen! Damit würde mehr als die Hälfte der Niederlande überschwemmt, und die Nordseeküste läge mitten in Hamburg.

Ein anderes Beispiel: In vielen Gebieten der Erde, vor allem am nördlichen Polarkreis, ist der Boden zurzeit dauerhaft gefroren – wir nennen das einen „Permafrostboden". In diesen Gebieten findet sich eine riesige Menge von organischem Material – Reste von Pflanzen und Tieren. Bislang lagern diese Kohlenstoffverbindungen sozusagen tiefgekühlt im Boden. Sollte dieser aber auftauen, werden Bakterien dieses Material zersetzen und dabei große Mengen Kohlendioxid und Methan freisetzen. Dies ergibt wahrscheinlich eine große verstärkende Rückkopplung. Das heißt, der Klimawandel beschleunigt sich selbst, indem in seiner Folge genau die Gase in großer Menge freigesetzt werden, die ihn weiter anfachen.

Wir wissen inzwischen von einigen solcher möglicherweise unumkehrbaren Kipppunkten:

- das Schmelzen des Eispanzers auf Grönland oder des Meereises um den Nordpol,
- das Auftauen der Permafrostböden,
- das Absterben der Korallenriffe,
- die Umwandlung des Amazonas-Regenwalds in einen Laubwald oder eine Graslandschaft wegen Austrocknung,
- der Rückgang der nordischen Nadelwälder („Borealwälder"),
- das Ausbleiben des Monsunregens in Indien oder Westafrika,
- das Abrutschen der Gletscher in der westlichen Antarktis,
- die Abschwächung der atlantischen Meeresströmungen,
- die Veränderung der pazifischen Strömungssysteme in Atmosphäre und Ozean („Südliche Oszillation"),
- die Veränderung der Höhenwinde in der Erdatmosphäre („Jetstreams") mit Auswirkungen auf unser Wettergeschehen.

Einige dieser Kipppunkte würden eine katastrophale Verstär-
kung des Klimawandels oder seiner Folgen bewirken (zum Beispiel Grönlandeis, Westantarktiseis und Permafrost), andere wären für die Vielfalt des Lebens auf der Erde verheerend (zum
Beispiel sterbende Korallenriffe oder Verlust des Amazonas-Regenwalds) oder würden vor allem die Menschen und Lebewesen einer Region besonders treffen (zum Beispiel der ausblei-
bende Monsun oder die Veränderung der Südlichen Oszillation).
Schlimm wären sie alle.

Wir wissen leider noch nicht genau, bei welcher Temperatur die
Kipppunkte erreicht oder überschritten werden. Bei einigen haben wir eine ungefähre Ahnung, bei anderen ist es weniger sicher. Allerdings glauben wir, dass ein paar davon bereits in greifbarer Nähe sind, da sie schon bei ungefähr 2 °C Erwärmung ausgelöst werden könnten. Wir wissen noch nicht genug, um sehr
genaue Vorhersagen machen zu können, aber je mehr die Forscher*innen in den letzten Jahren darüber herausgefunden haben, umso besorgter wurden sie.

Das ist auch einer der Gründe, warum sich die Klimaforscher*innen einig sind, dass wir das Risiko schlimmer Klimawandelfolgen
nur dann mit großer Sicherheit eindämmen können, wenn wir
die Klimaerwärmung auf 1,5 °C begrenzen. Nach dem, was wir
bis heute wissen, umschiffen wir damit die Kipppunkte.

Fazit!

* Die Klimaforschung hat sehr detaillierte Prognosen darüber aufgestellt, in welcher
Weise der Klimawandel die Erde und uns Menschen betreffen wird.
* Die Forscher*innen sind sich einig, dass eine Begrenzung auf 1,5 °C Erwärmung die
schlimmsten Folgen wahrscheinlich verhindern würde.
* Es gibt die Möglichkeit, dass bei Überschreiten dieser Grenzen Kettenreaktionen
ausgelöst werden könnten, die das Klima unaufhaltsam und sehr drastisch verändern würden.

1.12   Und warum sollten wir das alles glauben?

Obwohl wir inzwischen sehr viel über das Klimasystem und unseren eigentlich unübersehbaren Einfluss darauf wissen, gibt es leider immer noch Menschen, die nicht davon überzeugt sind, dass der Klimawandel überhaupt existiert oder dass wir daran schuld sind. Der prominenteste ist im Moment Präsident der USA, aber auch hierzulande hört man immer noch skeptische Stimmen, was den menschlichen Einfluss auf den Klimawandel anbetrifft. Daher will ich hier noch kurz etwas zu der Frage sagen: „Ja, ist das denn auch alles wirklich sicher?"

Im letzten Kapitel war viel von „wir glauben" oder „wir meinen zu wissen" die Rede. Jetzt mag man sagen: „Wenn wir das alles nur glauben, warum sollten wir dann unbedingt etwas tun?"
Wir glauben an den Klimawandel ja nicht so, wie manche von uns an einen Gott glauben. Sondern wir interpretieren Ergebnisse der Forschung. Natürlich hätten wir gern Beweise, aber leider können wir nur im Bereich der Mathematik wirklich etwas streng beweisen. In allen anderen Wissenschaften haben wir meistens Theorien, die sich mehr oder weniger direkt durch Experimente absichern lassen. So ein großes System wie das Klima der Erde lässt sich aber leider nicht mit einer Gleichung beschreiben, die man dann einfach „ausrechnet".

Um unsere komplizierte Realität trotzdem darstellen zu können, benutzen wir Modelle, von denen ich ja weiter oben schon berichtet habe. Dies sind Abbildungen der Natur, die versuchen, sie möglichst genau mathematisch zu beschreiben, dabei aber gewisse Vereinfachungen vornehmen. Die Modelle verknüpfen verschiedene Theorien aus der Physik, der Meteorologie, den Meereswissenschaften, der Gletscherkunde und anderen Wissenschaften miteinander und lassen Computer berechnen, wie diese Teilbereiche zusammenspielen. Die Ergebnisse der Modellrechnungen hängen allerdings oft sehr davon ab, welche Annahmen man für die Berechnungen macht. Daher spielt man ganz verschiedene „Welten" durch und schaut, wie sich die Ergebnisse der Berechnungen unterscheiden. Dabei lernt man dann etwas darüber, wie empfindlich das ganze System auf einzelne Einflüsse reagiert.

Wem das alles nicht überzeugend vorkommt, dem sei Folgendes gesagt: In den meisten Bereichen der Wirklichkeit sind wir auf Modelle angewiesen, selbst bei einfach erscheinenden Problemen. Ein gutes Beispiel ist die Aerodynamik, also die Lehre von der Luftbewegung. Jede*r wird einsehen, dass es nötig ist, die Bewegung der Luft gut zu verstehen, um ein Flugzeug zu bauen.

Das Naturgesetz, das diese Bewegung beschreibt, ist zwar nach allem, was wir in 200 Jahren seit seiner Entdeckung gelernt haben, richtig. Aber es ist leider unglaublich schwer, dieses direkt auszurechnen. Wir können bis heute nur Modelle damit bauen und Computer Näherungen berechnen lassen. Ein wichtiges Mathematikinstitut hat sogar ein Preisgeld von 1 Million Dollar darauf ausgesetzt, dass jemand endlich eine exakte Lösung für die Gleichung findet. Dies ist bisher niemandem gelungen. Das heißt also, dass wir bis heute nicht exakt ausrechnen können, wieso ein Flugzeug fliegt. Wir haben gute Modelle davon, aber eben keine 100 %-Lösung. Trotzdem setzen sich jeden Tag mehr als 10 Millionen Menschen in Flugzeuge und machen sich keine Sorgen dabei. Ebenso haben wir nur Modelle, um die Chips zu entwickeln, die in unseren Computern und Handys stecken. Wir haben nur Modelle, um die Stabilität der Brücken zu berechnen, über die unsere Züge fahren. Oder die Haltbarkeit unserer Kraftwerke, Talsperren und Tunnels und so weiter.

Computermodelle sind also an anderer Stelle das zentrale Hilfsmittel geworden, um abstrakte Gesetze der Wissenschaft (Physik, Chemie, Materialwissenschaft usw.) auf reale Probleme anzuwenden. Die Ergebnisse sind dabei meistens mehrdeutig und müssen interpretiert werden. Wir haben gelernt wie das geht, und inzwischen auch ein gutes Gefühl dafür, wie wir die Zuverlässigkeit solcher Ergebnisse einschätzen.
Es ist daher kein Zeichen für fehlendes Verständnis, wenn wir sa-

gen: „Wir glauben auf der Basis unserer Modelle, dass dies oder das mit 95 % Wahrscheinlichkeit passieren wird." Sondern Normalität in der Wissenschaft, mit unserer komplizierten Welt umzugehen.

Und jetzt kommt das Entscheidende: Wenn wir kein Problem damit haben, Flugzeuge zu benutzen oder Brücken zu vertrauen, sollten wir es dann nicht ernst nehmen, wenn uns seit vielen Jahrzehnten Tausende von Wissenschaftler*innen darauf aufmerksam machen, dass wir in ein riesiges Problem hineinlaufen? Die Grundlage für die Sorgen sind Modelle, deren Richtigkeit wir nicht beweisen können, aber diese werden nach denselben Prinzipien verwendet wie in anderen Bereichen der angewandten Wissenschaft, auf die wir blind vertrauen.

Wenn wir nun aber den Modellen der Klimaforscher*innen glauben, so haben diese für uns auch eine gute Nachricht: Es muss nicht so schlimm kommen!

Wenn wir bald aufhören, Treibhausgase auszustoßen, dann wird die Erwärmung zwar noch eine Weile weitergehen, nach einigen Jahrzehnten bis Jahrhunderten aber zum Stillstand kommen. Das heißt, wenn wir rechtzeitig unseren Ausstoß an Treibhausgasen reduzieren und unsere Zivilisation rechtzeitig „klimaneutral" machen, können wir die meisten Horrorentwicklungen, von denen wir eben gehört haben, vermeiden.

Inzwischen sind sich die Forscher*innen einig, dass wir wahrscheinlich vor dem Allerschlimmsten bewahrt werden, wenn wir die Erwärmung bei 2 °C zum Stillstand bringen. Wie schon gesagt, wir haben bereits 1 °C erreicht, also ist nicht mehr sehr viel Luft für ein „Weiter so". Und auch bei 2 °C werden schon einige sehr unangenehme Folgen sehr sicher eintreten: Der Meeresspiegelanstieg wird trotzdem bis zum Jahr 2100 ungefähr 40 cm betragen und über die nächsten Jahrhunderte noch auf ungefähr 1 m ansteigen. Die meisten Korallenriffe würden vermutlich absterben, und dazu wären wir auch vor einigen der Kipppunkte nicht völlig sicher – zum Beispiel könnten die Gletscher in der Westantarktis eventuell trotzdem anfangen zu zerfallen. Daher sind sich die meisten Fachleute einig, dass wir am sichersten wären, wenn wir nur 1,5 °C Erwärmung zuließen.

Die Länder der Erde haben sich 2015 nach langen Verhandlungen im Pariser Klimaabkommen darauf geeinigt, höchstens 2 °C zuzulassen, aber gleichzeitig anzustreben, „deutlich unter 2 °C" zu bleiben. Es wird mit dieser Formulierung auf maximal 1,5 °C Erwärmung gezielt.
Die Klimaforscher*innen sagen uns, dass wir, wenn wir so weitermachen wie bisher, unser „CO_2-Konto" für das 2-°C-Ziel in 24 Jahren aufgebraucht haben. Wenn wir aber das 1,5-°C-Ziel ansteuern wollen, dann dürfen wir nur noch weniger als 10 Jahre lang „weiter so" machen! Der IPCC hat 2018 einen Bericht dazu herausgegeben, ob wir auf dem richtigen Weg für das 1,5-°C-Ziel sind – die Antwort ist leider ein ziemlich klares „Nein"! Das erklärt auch, warum gerade so intensiv über den Klimawandel geredet und über Maßnahmen zum Klimaschutz gestritten wird: Wir haben einfach kaum noch genügend Zeit zum Umsteuern!

In nur 10 Jahren die ganze Welt auf einen anderen Lebensstil zu lenken ist sicherlich unmöglich. Aber wenn wir ab sofort Schritt für Schritt immer weniger Treibhausgase ausstoßen (oder auch „Emissionen verursachen" bzw. „emittieren", wie es in der Fachsprache heißt), dann dürfen wir es insgesamt länger tun. Die Forscher*innen haben so etwas wie einen Fahrplan ausgetüftelt, nach dem wir den Treibhausgasausstoß reduzieren müssen, um sicher auf dem 1,5-°C-Pfad zu bleiben, und einen anderen für den 2-°C-Pfad. Wir wissen also heutzutage sehr genau, was wir bis wann tun müssen, um vor den schlimmsten Folgen des Klimawandels verschont zu bleiben.

Der zweite Teil des Buches soll nun davon erzählen, wie unser Wissen über die Gefahren der Klimaveränderung über die Zeit gewachsen ist. Und wieso wir so unglaublich lange dafür gebraucht haben, uns auf das gemeinsame Ziel zu verständigen,

den Klimawandel wirksam zu bekämpfen, obwohl wir schon lange von den Gefahren wussten. Wir werden sehen: Die Gründe dafür sind auch heute noch aktuell und halten uns weiterhin vom entschlossenen Handeln ab, daher werden wir sie überwinden müssen!

❄ Unser Wissen über das Klima und seine Veränderungen basiert auf Modellen, Simulationen und Theorien, die zwar nicht streng bewiesen werden können, aber wissenschaftlich gut abgesichert sind.

❄ Dasselbe gilt für viele andere Bereiche unseres Lebens, in denen wir Modellen, Simulationen und Theorien sehr weit vertrauen.

❄ Es hat leider eine lange Zeit gedauert, bis wir den Aussagen der Klimaforscher*innen weit genug geglaubt haben, um darauf Ziele für den Klimaschutz aufzubauen.

Teil 2:
Warum haben wir bisher so wenig getan?

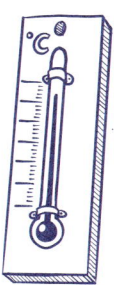

2.1   Eine kurze Geschichte der Klimaforschung

Um zu verstehen, warum wir heute ein globales Problem vor uns haben, von dem wir eigentlich schon lange wussten, wollen wir uns nun die Geschichte der Klimaforschung anschauen. Wie und wann genau haben wir Menschen eigentlich verstanden, dass die Nutzung von Kohle, Erdgas und Öl der Erde schadet? Wie wurde das Wissen der Forscher*innen an die Politik, in die Wirtschaft und die Gesellschaft weitergegeben, damit daraus Konsequenzen gezogen werden? Und was wurde dann daraus gemacht? Diese Fragen werden uns im zweiten Teil des Buches beschäftigen.

An den Jahreszahlen auf dem Rand könnt ihr sehen, wie hoch der Kohlendioxidausstoß im jeweiligen Jahr war und wie viel CO_2 die Menschheit bis zu diesem Jahr insgesamt seit Beginn der Industrialisierung produziert hatte. Dies hilft uns zu verstehen, wie das Problem durch unser Zögern über die Jahre immer größer geworden ist.

CO_2-Ausstoß im Jahr 1896:
1,5 Mrd. Tonnen

Gesamter CO_2-Ausstoß von 1850 bis 1896:
33 Mrd. Tonnen

Wir beginnen im Jahr **1896**: Wir hatten ja bereits gehört, dass wir seit mindestens 120 Jahren ein grundlegendes Verständnis davon haben, wie die Treibhausgase unser Klima verändern können. Denn im Jahr 1896 hat der Chemiker Svante Arrhenius das erste Mal beschrieben, wie genau sich mehr Kohlendioxid auf die Temperatur der Erde auswirkt, und damit die erste wissenschaftliche Beschreibung des „Treibhauseffekts" geliefert. Leider ist dieses Verständnis lange Zeit nicht verbreitet worden.

Erst war es unter den Wissenschaftler*innen umstritten, ob Arrhenius recht hatte. Er hatte einige unbewiesene Vermutungen treffen müssen, da man viele Details des Klimasystems noch nicht genau kannte. Es dauerte sehr lange, bis man sich unter den Forscher*innen einig wurde, dass kein grundsätzlicher Fehler in seiner Beschreibung steckte. Und wie Arrhenius selbst waren viele Wissenschaftler*innen davon überzeugt, dass eine Klimaerwärmung etwas Gutes sei, denn dann wären höhere Ernten in der Landwirtschaft zu erwarten und die wachsende Weltbevölkerung könnte einfacher ernährt werden. So vergingen einige Jahrzehnte.

Im Jahr **1938** erschien ein Aufsatz des Wetterforschers Guy Stewart Callendar. Er schloss aus Beobachtungen der letzten 50 Jahre, dass sich die Erde tatsächlich erwärmte. Er rechnete aus, wie viel CO_2 die Menschheit zu dieser Zeit jährlich ausstieß. Dann schätzte er aus diesen Zahlen ab, dass bis zum Jahr 2100 der CO_2-Gehalt der Luft auf 0,04 % steigen und eine Erwärmung um ungefähr 0,8 °C eintreten werde. Wie die Forscher*innen vor ihm war aber auch er davon überzeugt, dass eine Erwärmung nicht schlecht wäre. Unterdessen hatte man auch mehr über die Eiszeiten und besonders die Abfolge der Warm- und Kaltzeiten in der nahen Vergangenheit gelernt und hoffte daher, dass der Treibhauseffekt die Erde vor der nächsten Kaltzeit bewahren würde.

CO_2-Ausstoß im Jahr 1938:
4,3 Mrd. Tonnen

Gesamter CO_2-Ausstoß
von 1850 bis 1938:
166 Mrd. Tonnen

Man hatte immer noch nicht verstanden, welche negativen Folgen auch schon eine relativ geringe Erwärmung haben kann. Und vor allem wusste man zu dieser Zeit nicht, wie schnell die Menschheit wachsen und wie groß ihr Verbrauch an fossiler Energie werden würde. Tatsächlich haben wir die von Callendar vorhergesagte Erwärmung bereits jetzt überschritten, 80 Jahre früher als von ihm vorhergesehen!

Auch Callendars Arbeit wurde erst einmal kritisiert. Man hatte noch keine Möglichkeit, den Anstieg der CO_2-Konzentration in der Atmosphäre tatsächlich zu messen, und ging außerdem davon aus, dass sich das durch den Menschen zusätzlich produzierte CO_2 in den Ozeanen lösen würde, ohne einen Effekt auf die Atmosphäre zu haben. Noch 1951 hieß es in einem Standardbuch der Meteorologie, dass die Idee eines menschengemachten Klimawandels „verworfen wurde", also falsch sei.

In den **1950er-Jahren** jedoch gewann man eine Menge neues Wissen in vielen Bereichen des Klimasystems hinzu. Dies lag ironischerweise unter anderem an der Erfindung der Atombombe

1950

CO_2-Ausstoß im Jahr 1950:
5,8 Mrd. Tonnen

Gesamter CO_2-Ausstoß von 1850 bis 1950:
227 Mrd. Tonnen

zur Zeit des „Kalten Krieges". Denn damit wurde es auf einmal sehr wichtig, die Bewegungen der Luft in der Atmosphäre und der Strömungen im Ozean genau zu verstehen, um zum Beispiel zu wissen, wie genau sich der radioaktive Staub aus Atombombenexplosionen verteilen würde, oder um Flugzeuge und Raketen zu bauen. Auch entwickelte man mithilfe radioaktiver Stoffe eine ganz neue und sehr genaue Methode zur Altersbestimmung von geologischen Fundstücken. Und man baute die ersten Computer, um die komplizierten Atombombenexplosionen mit Modellen berechnen zu können.

Auch mithilfe dieses neuen Wissens kam der amerikanische Ozeanograf Roger Revelle zu der wichtigen Erkenntnis, dass sich das Kohlendioxid nicht so schnell und vollständig im Ozean löst, wie vorher angenommen, sondern dass es sich in der Atmosphäre anreichert, wie von Callendar bereits vermutet. Im Jahr 1958 hat der Chemiker Charles David Keeling dann zum ersten Mal direkt messen können, dass sich Kohlendioxid tatsächlich in der Atmosphäre ansammelt. Zu diesem Zeitpunkt war seine Konzentration bereits von 0,028 auf knapp über 0,03 % angestiegen – noch nicht sehr stark, aber messbar. Noch einmal zum Vergleich: Heute haben wir bereits 0,04 % überschritten. Die von Keeling erstmals aufgezeichnete Konzentrationskurve, die berühmte „Keeling-Kurve", wird auch heute noch fortgeschrieben – sie zeigt weiterhin steil nach oben und dokumentiert Jahr für Jahr die Folgen unseres Tuns.

Die „Keeling-Kurve": Die wichtigste Aufzeichnung der CO_2-Konzentration in der Atmosphäre, die seit 1958 bis heute fortgeschrieben wird. Die „Schwingung" auf den Daten ist die jahreszeitliche Schwankung des CO_2-Gehalts.

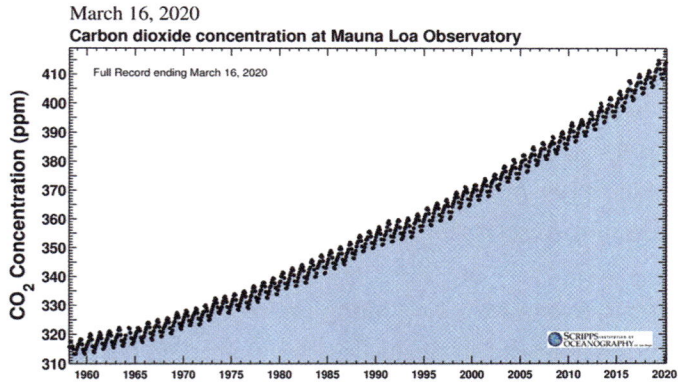

Ebenfalls in den 1950er-Jahren wurden das erste Mal Computer benutzt, um die Erderwärmung mithilfe von mathematischen Modellen zu beschreiben. Der Forscher Gilbert Plass kam so zu der Erkenntnis, dass bereits im Jahr 2000 der Kohlendioxidgehalt ungefähr bei 0,04 % liegen würde, und erwartete eine Erwärmung um ungefähr 1 °C. Ziemlich genau das ist auch eingetreten.

Es war damit das erste Mal die Erwartung formuliert, dass eine Veränderung der Lebensbedingungen auf der Erde auch in wenigen Jahrzehnten passieren könnte. Zugleich war damit auch die Zeit eingeläutet, in der Entwicklungen des Klimasystems mithilfe komplexer Modelle und der Rechenkraft großer Computer vorhersagbar wurden. Die Methoden und Modelle wurden dabei über die Jahrzehnte immer ausgefeilter.

CO$_2$-Ausstoß im Jahr 1960:
9,4 Mrd. Tonnen

Gesamter CO$_2$-Ausstoß von 1850 bis 1960:
302 Mrd. Tonnen

Zunächst schienen die Berechnungsergebnisse jedoch der Beobachtung zu widersprechen, denn zwischen den 1940er- und den **1960er-Jahren** nahmen die Durchschnittstemperaturen eher ab. Wenn man die Entwicklung der Temperatur nur über 10 bis 20 Jahre anschaut, dann gibt es immer wieder Abschnitte, in der sie gleich bleibt oder sogar abnimmt. Das letzte Beispiel waren die Jahre von ungefähr 2000 bis 2010, in der die durchschnittliche weltweite Temperatur fast konstant war. Dies hatte damals, als die Diskussion um den Klimawandel schon voll im Gange war, für einige Verwirrung gesorgt und viele Skeptiker*innen hervorgebracht. Aber wir hatten ja bereits gesehen, dass man die Temperaturen über längere Zeiträume verfolgen muss, um kleinere Schwankungen auszugleichen. Da in den Jahren ab 2010 dann wieder ein Hitzerekord den nächsten gejagt hat, besteht auch heute kein Zweifel mehr, dass die Zeit nach der Jahrtausendwende nur eine kleine Verschnaufpause des Weltklimas war. Ähnlich war dies zwischen 1940 und 1970, was aber dem Ruf der damals gerade neu aufkommenden Klimatheorien und -modelle nicht geholfen hat.

Es dauerte dann ungefähr bis Ende der 1960er-Jahre, bis man ein realistisches Computermodell der Atmosphäre hatte, das alle wesentlichen Effekte gut darstellen konnte. Zu dieser Zeit schossen die Menschen die ersten Satelliten zur Erdbeobachtung in die Erdumlaufbahn, die dann auch für die Klimaforschung einge-

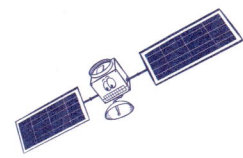

setzt wurden. Mithilfe der Beobachtungen konnten die Modelle weiter verfeinert und einzelne Elemente davon überprüft werden. Dies galt zum Beispiel für die Stärke der Sonnenstrahlung, die man bis dahin ja nur durch die Atmosphäre hindurch beobachtet hatte.

Mit dem immer genaueren Wissen über das Klima und den Einfluss des menschlichen Treibhausgasausstoßes kamen in den 1960er-Jahren auch die ersten warnenden Forscher*innen-Stimmen in Richtung Politik auf. Bereits im Jahr 1965 hieß es in einem Bericht für die amerikanische Regierung:
„Die Schornsteine und Verbrennungsmaschinen der Menschen stoßen etwa 12 Milliarden Tonnen Kohlendioxid pro Jahr in die Erdatmosphäre aus. In den nächsten fünfzig Jahren wird sich die jährliche Menge vervierfachen. Eine solche Wachstumsrate könnte die mittlere Temperatur auf der Erde um etwa 0,5 bis 1 °C erhöhen. Dies könnte, auf lange Sicht gesehen, das Grönlandeis und die riesigen antarktischen Eisfelder zum Schmelzen bringen, den Meeresspiegel um fünfzig Meter anheben und alle Häfen und Küsten der Welt überschwemmen."

Diese Einschätzung klingt schon ziemlich bedrohlich. Dennoch wurden diese warnenden Stimmen zunächst nicht ernst genommen, da die durchschnittliche Temperatur auch in den 1970er-Jahren weiter abnahm. Es kamen dann auch einzelne Theorien auf, die vor einer Abkühlung oder sogar dem Beginn einer Kaltzeit warnten. Diese vermuteten, dass es durch den Treibhauseffekt zu Veränderungen bei der Verteilung von Wolken und Regen oder Schnee kommen könnte und damit zu einer Abkühlung durch den reflektierenden Effekt der Wolken und des Eises. Auch hatte man durch Untersuchungen an Eisbohrkernen mittlerweile gut nachvollziehen können, wie sich während der immer noch andauernden Eiszeit die Kalt- und Warmzeiten abgewechselt hatten. Dadurch war man darauf gekommen, dass die zur jetzigen Zeit herrschende Warmzeit bereits länger andauerte als die davor, und hatte mehr Sorge vor einer neuen Kaltzeit als vor einer Erwärmung.

Auch hatte man erkannt, dass neben Kohlendioxid auch andere Treibhausgase existieren, ebenso wie weitere Stoffe aus menschlicher Produktion, die auch eine abkühlende Wirkung haben können, weil sie zum Beispiel die Wolkenbildung anregen. Man war sich unter den Forscher*innen auch noch nicht völlig einig, ob die erwärmende Wirkung nicht vielleicht von der abkühlenden Wirkung aufgehoben werden könnte, obwohl mehr und mehr Forscher*innen zu der Meinung kamen, dass eine gefährliche Klimaerwärmung im Gange war. Aber es gab zu dieser Zeit einfach keine überzeugenden Daten aus der nahen Vergangenheit, die eine Erwärmung klar zeigten. Und es ist eben schwer, sich als Forscher*innengemeinschaft auf die aus Modellen abgeleitete Idee einer Erwärmung zu einigen, wenn es über die letzten 30 Jahre eher kühler geworden ist. Geschweige denn jemanden außerhalb der Forschung von einer gefährlichen Erderwärmung zu überzeugen.

Im Rückblick vermutet man, dass kleine Staubteilchen in der Atmosphäre eine wichtige Rolle dabei gespielt haben, in diesen Jahren der Erwärmung entgegenzuwirken. Denn mit der immer stärker werdenden Nutzung von Kohle und auch von Verbrennungsmotoren wurden große Mengen dieser Teilchen als Ruß in die Atmosphäre getragen. Diese „Aerosole" genannten Kleinstteilchen können als Keime für die Bildung von Wolken wirken und haben damit eine abkühlende Wirkung. Man kann dies auch nach großen Vulkanausbrüchen beobachten: Wir hatten ja schon vom Ausbruch des Vulkans Tambora gehört, der riesige Mengen Staub und Asche in die Atmosphäre trug und nach dem die globale Temperatur für einige Jahre um bis zu 2 °C fiel.

Erst als die Luft in den Städten zunehmend schlechter wurde, begann man die Abgase von Autos und Fabriken zu filtern und Kohleheizungen mehr und mehr durch, relativ gesehen, sauberere Öl- und Gasheizungen zu ersetzen. So nahm die Konzentration der Aerosole wieder ab, und die Treibhausgase konnten ungehindert wirken. Seit diesem Zeitpunkt, um das Jahr 1980 herum, steigen die Temperaturen dann auch wieder sehr deutlich.

Ungefähr zur selben Zeit wurden zum ersten Mal komplexe Klimamodelle aufgestellt und durchgerechnet, die das Zusammenspiel von Atmosphäre und Ozeanen halbwegs realistisch abbilden konnten. Diese konnten bereits einige regionale Merkmale des Weltklimas wie die Sahara-Wüstenregion oder die starken Niederschläge in der Pazifikregion gut erklären und wurden immer weiter verfeinert. Man versuchte auch, mithilfe von Klimamodellen die Geschichte des Erdklimas nachzuvollziehen, über die man aus den Eisbohrkernen gelernt hatte. Dafür spulte man die Modelle sozusagen rückwärts ab, ließ sie mit den Klimabedingungen aus anderen Epochen der Erdgeschichte wieder loslaufen und verglich die Ergebnisse der Modelle mit den Erkenntnissen aus den Eisbohrkernen. Auf diese Art konnten die Modelle überprüft und weiter verfeinert werden.

1979

CO_2-Ausstoß im Jahr 1979:
19,6 Mrd. Tonnen

Gesamter CO_2-Ausstoß von 1850 bis 1979:
577 Mrd. Tonnen

Ab dem Jahr **1979** hat sich das erste Mal eine Regierung – und zwar die der Vereinigten Staaten von Amerika – intensiv mit den Klimaforscher*innen ausgetauscht. Dem vorausgegangen war die erste Weltklimakonferenz, auf der das Wissen aus der ganzen Welt zusammengetragen wurde. Auch hatten sich einige Berater*innen des amerikanischen Militärs zuvor intensiv mit dem Thema beschäftigt und waren zu der Ansicht gekommen, dass die fortgesetzte Nutzung fossiler Energieträger innerhalb von einigen Jahrzehnten deutliche und wahrscheinlich schädliche Veränderungen der Atmosphäre mit sich bringen würde. Einige Umweltaktivist*innen und Forscher*innen hatten in der Folge intensiv versucht, Kontakt mit der Regierung aufzunehmen, um vor der Bedrohung zu warnen.

Die Regierung bildete daraufhin eine Expert*innengruppe, die verschiedene Klimamodelle überprüfte und miteinander verglich. Man gelangte rasch zu der Ansicht, dass man mit einer deutlichen Erwärmung durch den Kohlendioxidausstoß zu rechnen habe, die jedoch erst in einigen Jahrzehnten richtig sichtbar werden würde. Konkret berechneten die Fachleute ziemlich genau den Anstieg, zu dem die Wissenschaftler*innen auch heute noch, nach 40 Jahren weiterer intensiver Forschung, kommen. Das heißt nicht, dass unser Wissen seitdem nicht viel größer geworden wäre. Es zeigt nur, dass wir bereits seit 40 Jahren ein Grundverständnis haben, das seitdem bestätigt wurde.

Jetzt denkt man: Das muss doch der Moment gewesen sein, wo die Politik sagt: „Wir packen das jetzt an." Die Forscher*innen waren sich einig über die Gefahr, wenn auch noch nicht über alle Details. Die Regierung kannte die Fakten, außerdem waren die USA die selbsterklärten Anführer der freien Welt und zu dieser Zeit allein für ein Viertel des weltweiten CO_2-Ausstoßes verantwortlich. Die USA hätten vorangehen und sich von den fossilen Energieträgern abwenden können. Das hätte auch vor 40 Jahren schon eine radikale Veränderung der Lebensweise bedeutet. Aber man hätte dabei die Chancen betonen können, die diese Veränderungen mit sich bringen: neue Techniken, neue Jobs, die USA weiter als Vorreiter der westlichen Welt. So schlugen es die Fachleute damals vor.

Aber es kam alles anders. Die Geschichte der folgenden 10 Jahre sind ein gutes Beispiel für die Probleme und Fehler im Umgang mit dem Thema Klimawandel, die zum Teil noch heute bestehen. Wir wollen diese Probleme einmal Schritt für Schritt durchgehen, denn sie sagen uns viel darüber, warum die Bekämpfung des Klimawandels auch heute noch eine schwer lösbare Aufgabe ist.

Fazit!

* Seit mindestens 120 Jahren kennen wir den grundlegenden Mechanismus der Klimaerwärmung durch Treibhausgase.
* Es hat bis in die zweite Hälfte des 20. Jahrhunderts gedauert, dass die Klimaforschung sich über die Details einig wurde und den Klimawandel als ernstes Problem erkannte und kommunizierte, obwohl es schon viel früher warnende Stimmen gab, die sich im Rückblick als richtig erwiesen haben.
* Seit ungefähr 40 Jahren sind die Regierungen der Welt darüber informiert, dass der Klimawandel stattfindet und eine ernste Bedrohung darstellt.

2.2   Die Rolle der Wissenschaft: „Wie sage ich es meinem Präsidenten?"

Es hat ab dem Jahr 1979 eine Weile gedauert, bis die Forscher*innen gelernt hatten, wie sie ihre Ergebnisse den Regierungen am besten vortragen. Politiker*innen können nicht jedes Problem bis ins Letzte verstehen. Sie wollen wissen, ob eines existiert und welche Möglichkeiten es gibt, dieses zu lösen. Forscher*innen dagegen wollen alles über ein Problem wissen, es durchdenken und von allen Seiten betrachten. Wenn sie es dann komplett verstanden haben, ist ihr Job als Wissenschaftler*innen vorbei. Da kann die Politik aber noch nicht übernehmen und weitermachen. Sie braucht konkrete Handlungsideen.

Das heißt: Die Wissenschaftler*innen hatten 1979 verstanden, dass es den Klimawandel höchstwahrscheinlich gibt, dass die Menschen sehr sicher daran schuld sind und dass er wahrscheinlich in einigen Jahrzehnten sichtbar werden würde, es dann aber vermutlich schon zu spät sein würde, etwas dagegen zu tun. Die Politik aber wollte wissen, ob es den Klimawandel gab und, wenn ja, was genau sie wann dagegen tun sollten. Die Berater*innen des US-Präsidenten baten daher im Jahr 1981 um konkrete Empfehlungen. Die Forscher*innen waren noch nie in einer solchen Situation gewesen. Sie wussten nicht, wie sie mit der Verantwortung umgehen sollten, und vor allem nicht, wie sie ihre Sicht auf die Dinge verpacken mussten, damit sie verstanden würden. Am Ende konnten sie sich auf keinerlei Handlungsempfehlungen einigen, da sie sich schon über die Frage zerstritten hatten, wie sie die Gefahr genau darstellen sollten: Fand der Klimawandel statt, oder fand er „fast sicher" statt oder doch nur „sehr wahrscheinlich"? Das klingt für euch vermutlich unsinnig, aber für Forscher*innen ist das ein wichtiger Unterschied. Sie werden in ihrem Job auch daran gemessen, wie gewissenhaft sie auf Unsicherheiten hinweisen, die in ihren Ergebnissen stecken. Wir hatten ja in Teil 1 des Buches davon gehört, wie man die Ergebnisse aus mathematischen Modellen „lesen" muss. Die Politiker*innen waren aber bei diesen Formulierungen irritiert, weil sie dachten,

Die Rolle der Wissenschaft: „Wie sage ich es meinem Präsidenten?"

69

dass sich die Fachleute noch sehr unsicher seien oder das Problem eines Klimawandels vielleicht gar nicht existierte.

Genau das ist auch heute noch ein schwieriger Punkt: Forscher*innen machen ihre Arbeit nur dann gut, wenn sie zusammen mit einem Ergebnis auch sagen, wie sicher oder unsicher es ist. Der Rest der Welt denkt dann gern: „Na, wenn die Fachleute sich nicht einmal sicher sind, warum

müssen wir uns dann damit herumschlagen?" Es gibt auch heute noch Elemente im Klimasystem, über die wir noch nicht alles mit hoher Sicherheit und großer Detailtiefe wissen. Aber bei anderen Dingen – und dazu gehört die Frage, ob es den menschengemachten Klimawandel gibt und ob er unsere Lebensgrundlagen bedroht – sind wir uns praktisch völlig sicher. Viele Menschen verstehen die teilweise Unsicherheit zu kleinen Details als grundsätzliche Unsicherheit über den Klimawandel als Ganzes und stellen die Klimaforschung insgesamt infrage. Das heißt, gerade wenn die Forscher*innen ihren Job richtig machen, kann das bei Zuhörern zu Zweifeln führen. Zumindest macht es dies den Skeptiker*innen einfacher, Verwirrung zu stiften.

Forscher*innen und Politiker*innen sprechen „unterschiedliche Sprachen". Das hat es erschwert, die Ergebnisse der Klimaforschung denjenigen nahezubringen, da daraus konkrete Entscheidungen machen können.

Die Forscher*innen mussten also erst lernen, wie sie sich ausdrücken müssen, damit sie einerseits seriös sind und andererseits gehört werden. Keine einfache Aufgabe, wenn man Untergangsprophet*in ist! Außerdem mussten sie lernen, nicht nur vor dem Untergang zu warnen, sondern möglichst konkrete Vorschläge zu machen, wie man ihn bekämpfen kann. Aber wie gesagt: Die erste Chance dazu verstrich im Jahr 1981 ungenutzt.

Die Klimaforscher*innen mussten erst lernen, ihre Ergebnisse so darzustellen, dass die Öffentlichkeit sie verstehen kann und die Unsicherheiten zu Details nicht als grundsätzlichen Zweifel interpretiert.

2.3   Die Rolle der Politik: „Nächste Wahl oder nächste Generation?"

Kurze Zeit danach wurde in den USA ein neuer Präsident gewählt. Dieser war vor allem bekannt aus Film und Fernsehen. Er
hatte keine Ahnung von dem Thema Weltklima und interessierte
sich auch nicht sonderlich dafür. Er plante, das Energieministe-
rium zu schließen und die Umweltbehörde deutlich zu verklei-
nern. Er besetzte wichtige Posten mit Leuten, die vorher für die
Kohleindustrie gearbeitet hatten, und begann, Umweltschutzge-
setze, die in den Jahren davor eingeführt worden waren, wieder
zurückzunehmen.

Nein, wir reden hier nicht von Donald Trump, obwohl die Paral-
lelen erschreckend sind, sondern von Ronald Reagan. Und obwohl die Forscher*innen über die folgenden Jahre lernten, ihre
bedrohlichen Nachrichten wirksam in die Öffentlichkeit zu tragen, und die Zeitungen in den 1980er-Jahren oft über den dro-
henden Klimawandel berichteten, unternahm die Reagan-Regie-
rung nichts. Für den Präsidenten existierte das Problem nicht,
und wenn doch, würden ernsthafte Folgen vermutlich erst in
einigen Jahrzehnten auftreten. Ihm waren andere Dinge wichtig. Auch hatte er Sorge, dass die USA als größter Produzent von
Treibhausgasen bei einer Bekämpfung des Klimawandels die
größten Einschränkungen würde hinnehmen müssen.

Seit ungefähr dem Jahr 1900 und dann etwa ein Jahrhundert
lang waren die USA der größte Verursacher von Treibhausgasen.
Daher konnte ohne sie keine internationale Lösung gefunden
werden. Und leider gab es nach Ronald Reagan noch einige weitere Präsidenten, die nichts davon hielten, etwas Wirksames gegen den Klimawandel zu unternehmen. Sie gaben wenig auf die
Meinung der Wissenschaft und waren sehr bedacht darauf, ihre
Wirtschaft und Wähler*innen nicht mit teuren Maßnahmen zum
Klimaschutz zu erschrecken. Das hat den Prozess einer weltweiten Einigung auf eine wirksame Klimapolitik leider um viele Jahre zurückgeworfen. Heute ist die Lage etwas anders, da China die

USA schon seit einiger Zeit als größter CO_2-Produzent abgelöst hat und eine Lösung daher inzwischen auch ohne die USA denkbar ist.

Das verdeutlicht ein weiteres Problem in der Bekämpfung des Klimawandels: politischer Wille. Um die Klimakrise zu lösen, müssen sich die knapp 200 Länder der Erde zusammenfinden und einen Plan machen, bei dem sich am Ende niemand ungerecht behandelt fühlt. Nun denkt man, das sollte einfach sein, wenn man vor einem Problem steht, welches langfristig unsere Existenz als Menschheit bedroht und alle betrifft. Allerdings ist es für die Politik gar nicht so leicht, ein Problem mit einem so langen Wirkungshorizont überhaupt anzugehen.

Der Grund ist: Die allermeisten Länder, die viel zur Klimakrise beitragen, sind Demokratien. Das heißt, ihre Volksvertreter werden alle paar Jahre neu gewählt. Und sie wollen natürlich bei der nächsten Wahl wiedergewählt werden. Das wird aber problematisch, wenn man sehr unbeliebte Dinge tun müsste, wie zum Beispiel Kohle, Öl und Gas teurer zu machen, um ein Problem zu lösen, dessen Folgen erst in einigen Jahrzehnten so richtig zu spüren sein werden. Kurzum: Politiker*innen hatten schon immer

Politiker*innen sind mit vielen und oft widersprüchlichen Interessen konfrontiert und gleichzeitig davon abhängig, in der nahen Zukunft wiedergewählt zu werden. Das führt oft zu einer „Bevorzugung" kurzfristig orientierter Entscheidungen.

Angst davor, dass die Wähler*innen sie bei der nächsten Gelegenheit nicht mehr wählen, wenn sie zu harte Maßnahmen zum Schutz des Klimas einführen.

In den letzten Jahren wurde der Klimawandel von den meisten politischen Kräften in Deutschland und weitestgehend auch im Rest der Welt als großes Problem akzeptiert. Die Klimaschutzziele ebenso wie die „Energiewende" (also der klimafreundliche Umbau unserer Energieversorgung) als großes Projekt für den Klimaschutz stehen nicht mehr infrage. Zwar ist dies ein enormer Fortschritt gegenüber der Situation vor einigen Jahrzehnten, aber dennoch wurden von Wahl zu Wahl unangenehme Schritte vertagt oder nicht in Angriff genommen. Heute ist es sogar so, dass Klimawandel-„Skeptiker*innen" in der öffentlichen Diskussion wieder häufiger in Erscheinung treten – einer davon ist ja sogar Präsident der USA. Aber auch wir haben in Deutschland mit der AfD eine Partei in den Parlamenten, die die menschliche Verantwortung für den Klimawandel offen leugnet.

Trotz der großen Klimaproteste der letzten Zeit ist also ein offenes Ohr der Politik für das Thema überhaupt nicht selbstverständlich. Und das führt uns zum nächsten Thema: zur öffentlichen Wahrnehmung des Klimawandels.

Fazit!

* Die Politik ist strukturell schlecht in der Lage, ein sehr langfristiges Problem anzugehen, dessen Auswirkungen erst in der mittleren bis fernen Zukunft auftreten und für das es keine einfache Lösung gibt.
* In Demokratien spielen die relativ kurzen Wahlzyklen eine Rolle dabei. Lösungen, die starke Einschnitte in der Gegenwart verlangen, können dadurch sehr schwer umgesetzt werden.

2.4   Die Rolle der Öffentlichkeit: „Palmen am Rhein sind doch okay!"

Nachdem 1981 mit Ronald Reagan in den USA ein Präsident gewählt worden war, für den der Klimawandel nicht wichtig war,
passierte also erst einmal eine Weile nichts. Im Jahr 1985 entdeckten britische Wissenschaftler*innen, dass die Ozonkonzentration
über dem Südpol im antarktischen Frühling beunruhigend niedrig war. Du erinnerst dich, Ozon ist ein Gas, das sich in der oberen Atmosphäre bildet und uns vor UV-Strahlung schützt. Es war
bereits bekannt, dass die sogenannten FCKW-Gase, die seit den
1930er-Jahren unter anderem in Kühlschränken und Spraydo-
sen eingesetzt wurden, die Ozonschicht schädigen können. Seit
1977 gab es zwar einen „Aktionsplan" für den Schutz der Ozonschicht, nur waren bisher kaum konkrete Schritte zur Minderung
des FCKW-Ausstoßes unternommen worden.

Nun kamen also die britischen Wissenschaftler*innen mit dem
beunruhigenden Ergebnis, dass die Ozonkonzentration deutlich
sank. In den Medien wurden vor allem die möglichen negativen
Folgen des Ozonschwunds betont: ein höheres Hautkrebsrisiko
und mehr Augenkrankheiten, möglicherweise geringere Ernte, das Sterben von UV-lichtempfindlichen Fischlarven mit Folgen für die Ökosysteme der Meere und so weiter. Vieles davon
war deutlich übertrieben, oder man wusste zumindest nicht, wie
ernst das Problem war, aber dennoch: Die Gefahren waren sehr
konkret und schienen unmittelbar bevorzustehen. Dazu gab es
auch ein sehr einfaches Bild für das Problem: ein Loch. Jede*r ver-
stand sofort die Problematik: Da ist ein Loch in der schützenden
Ozonschicht, das gefährliche Strahlung hindurchlässt. Die Nachrichten schlugen ein wie eine Bombe, und noch im selben Jahr
war die US-Regierung bereit, die Bekämpfung des Ozonlochs
ganz konkret zu unterstützen.

Wo liegt der Unterschied zum Klimaproblem? Es ging beide Male um unsichtbare Gase, die von Menschen produziert wurden
und nun zu Problemen in der Atmosphäre führten. Es waren

Dem Klimaproblem fehlte lange der unmittelbare Schrecken für uns Betroffene. Andere Bedrohungen (z. B. das Ozonloch) wurden daher als dringlicher empfunden.

komplizierte Verhandlungen für ein internationales Abkommen nötig, um diese Probleme zu bekämpfen. Dies gelang im Falle des Ozonlochs dennoch in sehr kurzer Zeit. Der Unterschied war: Es betraf die Menschen direkt, und es gab ein klares, leicht verständliches Bild vom Problem. Damit wurde es in der Öffentlichkeit viel schneller wahrgenommen und mit persönlichen Ängsten verbunden. So war es wiederum für die Politik unvermeidbar zu handeln, denn ein Nichthandeln hätte bei den Wähler*innen sofort zu Verdruss geführt.

Die Klimakrise hatte im Vergleich dazu lange Zeit ein Wahrnehmungsproblem. Die Folgen werden erst deutlich spürbar sein, wenn es zum Handeln schon zu spät ist, und die Personen, die heute entscheiden müssten, werden selbst nicht mehr betroffen sein. Außerdem führt ein Handeln höchstwahrscheinlich zum Ärger der Bürger*innen, denn man müsste, viel mehr noch als bei der Bekämpfung des Ozonlochs, in das persönliche Leben eingreifen und zum Beispiel Autofahren oder Fliegen teurer machen. Beim Nichthandeln dagegen passiert erst einmal nichts. Auch die Vorstellung einer Erwärmung ist, anders als die von gefährlicher UV-Strahlung, nicht direkt unangenehm. Damit fehlt dem Klimaproblem der greifbare Schrecken des Ozonlochs, und das ist leider bis heute so.

Inzwischen gibt es sehr deutliche Bilder wie verhungernde Eisbären, verschwindende Gletscher oder Naturkatastrophen wie Hur-

rikans oder Busch-
feuer, die als Folgen
des Klimawandels
eingeordnet wer-
den. Diese stellen
aber kaum einen
direkten Bezug zu
den Ursachen des
Klimawandels her.
Sie tragen eher zu
einem allgemeinen
Bedauern als zu ei-

nem Umsteuern bei. Und obwohl die Medien mittlerweile auch
vor dem Klimawandel und seinen katastrophalen Folgen warnen
und viel Berichterstattung zu politischen Prozessen passiert, ist
die Bereitschaft zu konkretem Wandel nicht sehr ausgeprägt.

Dem Klimawandel fehlen Bilder, die eine direkte Verbindung zu seinen Ursachen aufzeigen – auch wenn in letzter Zeit viel über seine Folgen berichtet wird.

Auch die Corona-Krise zeigt uns, dass wir schnell bereit sind, unser gesamtes Leben umzukrempeln, wenn wir eine akute Bedrohung vor uns haben. Der Klimawandel ist dagegen eine schlei-
chende Gefahr, und seine Bekämpfung wird von uns deshalb als
nicht so dringlich angesehen. Es ist daher nach wie vor eine große Herausforderung, das Ziel des konsequenten Klimaschutzes
in konkrete, umsetzbare Schritte zu übersetzen. Auch weil einige
dieser Schritte mit Verzicht und Kosten verbunden sind – davon
hören wir noch mehr im dritten Teil des Buches.

Fazit!

❋ Die Öffentlichkeit nimmt den Klimawandel anders als andere große Umweltverän-
derungen nicht so einfach als Problem wahr, denn er findet beinahe unmerklich
statt und hat heute (außer für die Bewohner*innen flacher Inseln) noch kaum direkte, unmittelbar bedrohliche Folgewirkungen.
❋ Die Medien berichten inzwischen sehr detailliert, aber im Verhalten der Bürger*innen und der Politik löst dies noch nicht viel Veränderung aus – auch weil die Zu-
sammenhänge kompliziert sind und keine einfachen Lösungen existieren, die nicht
gleichzeitig Verzicht bedeuten.

2.5   Die Rolle der Wirtschaft: „Ja zum Klima, wenn der Gewinn stimmt!"

Die Umweltaktivist*innen und Wissenschaftler*innen fassten nach den Beschlüssen zum Schutz der Ozonschicht im Jahr 1985 neuen Mut. Wenn es möglich war, Ronald Reagan und andere Politiker*innen innerhalb kürzester Zeit zu einem internationalen Abkommen zum Schutz der Ozonschicht zu bewegen, wieso dann nicht zum Schutz des Klimas?

1989

CO_2-Ausstoß im Jahr 1989:
22,2 Mrd. Tonnen

Gesamter CO_2-Ausstoß von 1850 bis 1989:
776 Mrd. Tonnen

1989 wurde im niederländischen Noordwijk die erste Weltklimakonferenz unter den Regierungen der Welt für die Minderung des CO_2-Ausstoßes abgehalten. Hier trafen sich nicht nur die Forscher*innen, sondern es sollte ein Abkommen beschlossen werden, das konkrete Ziele als Startpunkt für die Bekämpfung des Klimawandels festhält. Das Jahr 1988 war zu diesem Zeitpunkt das heißeste seit Beginn der Wetteraufzeichnungen und das Thema Klimawandel damit in den Zeitungen wieder aktuell. Die Chancen standen also eigentlich gut, zum ersten Mal eine politische Entscheidung zur Lösung des Klimaproblems zu erreichen.

Das Ziel der Noordwijk-Konferenz war es festzulegen, den Kohlendioxidausstoß des Jahres 1990 beizubehalten. Moment mal, wirst du dich vielleicht fragen, beibehalten bringt doch gar nichts, außer etwas Zeit zu gewinnen? Das ist richtig, aber ein Senken der Emissionen stand damals noch gar nicht zur Debatte. Man wollte vorerst mit einem schwachen Ziel anfangen, in der Hoffnung, dass sich wenigstens darauf alle Regierungen würden einigen können. Doch sogar dazu kam es nie. Obwohl anfangs alles danach aussah, dass der Plan aufgehen würde, stimmten die USA gemeinsam mit einigen anderen Ländern am Ende gegen den Vorschlag, obwohl er ohnehin schon so schwach war. Was war geschehen?

Der Präsident der USA, mittlerweile George Bush, war unter anderem mit dem Versprechen gewählt worden, etwas gegen den Klimawandel zu tun. Doch nun hatte er Angst bekommen, echte Schritte zum Schutz des Klimas zu unternehmen. Warum, das weiß man bis heute nicht ganz genau, aber man vermutet, was eine Rolle gespielt hat: Mittlerweile hatte die Wirtschaft mitbekommen, welche großen Veränderungen sie erwarten musste, wenn die Regierungen mit dem Klimaschutz ernst machen würden. Wenn man aufhören wollte, in großem Stil Treibhausgase auszustoßen, gäbe es dabei nämlich auch jede Menge „Verlierer", jedenfalls wirtschaftlich gesehen: zuallererst die Kohle, Öl- und Gasindustrie, die Autoindustrie, aber auch andere Branchen wie die Chemiewirtschaft.

Diese Branchen hatten bereits einige Zeit vor der Konferenz in Noordwijk angefangen, das Umdenken der US-Regierung zu bekämpfen. Sie wollten nicht noch einmal hinnehmen, dass die Regierung, durch wissenschaftliche Erkenntnisse und öffentlichen Druck getrieben, schnelle Maßnahmen gegen die Interessen der Industrie unternahm, so wie das beim Ozonloch passiert war. Daher gründeten die Konzerne die „globale Klima-Koalition" (global climate coalition, GCC), eigentlich ein übler Witz, denn der Name klingt absichtlich danach, als wollten sie das Klima schützen. Man versuchte von Anfang an, nach außen nicht sichtbar zu machen, dass hinter der Organisation vor allem knallharte Geschäftsinteressen standen. Die Mitglieder der GCC wollten weiter ihren Geschäften nachgehen und nicht von staatlichen Maßnahmen betroffen werden, die eine Verminderung des CO_2-Ausstoßes zum Ziel hatten. Die GCC vertrat über 200 000 Firmen aus allen Branchen, die von einer Klimaschutzpolitik betroffen wären. Auch deutsche Firmen waren Teil der GCC.

Die GCC verfolgte zunächst die Strategie, den Klimawandel als „unsichere Theorie" darzustellen. Sie betonte also in der Öffentlichkeit die Unsicherheiten der Klimaforschungsergebnisse. Sie platzierte Wissenschaftler*innen, die eine skeptische Meinung zur Klimaforschung hatten, in Diskussionsrunden oder ließ sie wissenschaftliche Aufsätze schreiben. Die GCC ging auch aktiv auf Regierungsvertreter und Parlamentsmitglieder zu. Dies nennt man „Lobbyarbeit", da ein Teil der Arbeit darin besteht, persön-

Interessenvertreter*innen der Wirtschaft haben es oft geschafft, den Politiker*innen ihre Sorgen nahezubringen, und damit den Klimaschutz an vielen Stellen behindert. Heute unterstützen auch zahlreiche Firmen die Klimaschutzbemühungen – aber noch lange nicht alle.

liche Kontakte zu Politiker*innen zu pflegen, also bildlich gesprochen, in der Lobby (der Vorhalle) des Parlaments herumzuhängen. Die GCC war sehr erfolgreich darin, der Politik kritische Meinungen zum Klimawandel nahezubringen. Auch führte sie „Informationskampagnen" durch, bei denen Bürger*innen vor den angeblichen Gefahren einer Bekämpfung des Klimawandels gewarnt wurden. Oder bei denen auf die „Vorteile" eines Klimawandels hingewiesen wurde, zum Beispiel dass die Menschen größere Ernteerträge haben würden. All das wurde gut dokumentiert und ist heute öffentlich bekannt.

Das Schlimmste ist, dass die Firmen hinter der GCC von Anfang an wussten, dass dies alles gelogen oder mindestens ignorant war. Exxon, einer der größten Ölkonzerne der Welt und eine der wichtigsten Firmen in der GCC, hatte in den 1980er-Jahren bereits eigene Forschungsarbeiten zum Klimawandel in Auftrag gegeben und war zum selben Ergebnis gekommen wie die freie Wissenschaft. Im Jahr 1995 wurde sogar innerhalb der GCC in einem Strategiepapier klipp und klar gesagt: „Die wissenschaftliche Grundlage des Treibhauseffekts und des potenziellen Einflusses des menschlichen CO_2-Ausstoßes auf das Klima ist etabliert und kann nicht geleugnet werden." Trotzdem tat die GCC weiterhin genau das, und zwar bis zum Jahr 2002! Erst dann löste sie sich auf, hatte bis zu diesem Zeitpunkt aber erheblichen Schaden angerichtet. Neben dem Scheitern des Noordwijk-Abkommens hatte die GCC auch dazu beigetragen, dass sich die USA aus dem ersten verbindlichen internationalen Abkommen zur

Bekämpfung des Klimawandels, dem **1997** geschlossenen Kyoto-Protokoll, zurückgezogen hat.

In der heutigen Zeit ergibt sich ein gemischtes Bild: Lobbyismus ist immer noch ein Problem, insbesondere weil das Klima eben keine Lobbyist*innen hat. Zwar setzen sich Umweltverbände für den Klimaschutz ein, aber es gibt davon viel weniger, und so ist zum Beispiel in Beratungsgremien der Regierung die Umweltseite meistens deutlich unterbesetzt. Die Politiker*innen stehen also stets mehr unter dem Einfluss vonseiten der Wirtschaft als vonseiten der Umweltverbände. Trotzdem haben große Teile der Wirtschaft mittlerweile akzeptiert, dass der Klimawandel ein großes Problem ist und auch ihnen eine hohe Verantwortung in der Bekämpfung zukommt. Viele Wirtschaftsverbände haben hierzulande eine konstruktive Rolle in der Diskussion um die Klimaschutzbemühungen eingenommen, und es gibt sogar Bündnisse von Unternehmen, die für noch entschlossenere Maßnahmen eintreten. Nichtsdestotrotz stemmen sich besonders Branchen, die von Klimaschutzmaßnahmen stark getroffen würden, nach wie vor dagegen – auch mithilfe von Lobbyismus.

Bevor wir uns die Geschichte der internationalen Verhandlungen zum Klimaschutz näher anschauen, soll es hier noch um die fünfte Zutat gehen, die die Verhandlungen so schwierig macht: die unterschiedlichen Interessen der Länder.

CO_2-Ausstoß im Jahr 1997:
23,9 Mrd. Tonnen

Gesamter CO_2-Ausstoß von 1850 bis 1997:
958 Mrd. Tonnen

Fazit!

❋ Die Teile der Wirtschaft, die von konsequentem Klimaschutz am stärksten betroffen wären, haben sich relativ rasch nach Bekanntwerden des Problems des Klimawandels gegen mögliche politische Maßnahmen gewehrt.

❋ Ein beliebtes Mittel war das Anzweifeln wissenschaftlicher Ergebnisse und der Klimaforschung im Allgemeinen.

❋ Auch heute noch sind betroffene Branchen weltweit sehr aktiv dabei, Bemühungen zu ambitionierten politischen Maßnahmen zu verhindern. In Deutschland gibt es aber mittlerweile eine weitgehende Einsicht der Wirtschaft, dass Klimaschutzmaßnahmen unvermeidlich sind und eine konstruktive Mitarbeit notwendig ist.

2.6   Die Rolle der Staaten: „Klimaschutz? Nur wenn ihr anfangt!"

„Historische Schuld" am Klimawandel, ausgedrückt als Anteil der seit Beginn der Industrialisierung von der Menschheit ausgestoßenen Menge CO_2. Erdteile haben unterschiedliche Farben.

Wir alle leben in derselben Welt, haben den Klimawandel gemeinsam verursacht und sind gemeinsam vom Klimawandel betroffen, also sollten wir ihn gemeinsam bekämpfen, richtig? Nun ja, im Prinzip natürlich schon, aber wenn man genau hinschaut, dann sind wir eben nicht alle gleichermaßen daran schuld und auch nicht alle gleichermaßen davon betroffen.

Aufsummierte CO_2-Emissionen von 1751 bis 2017

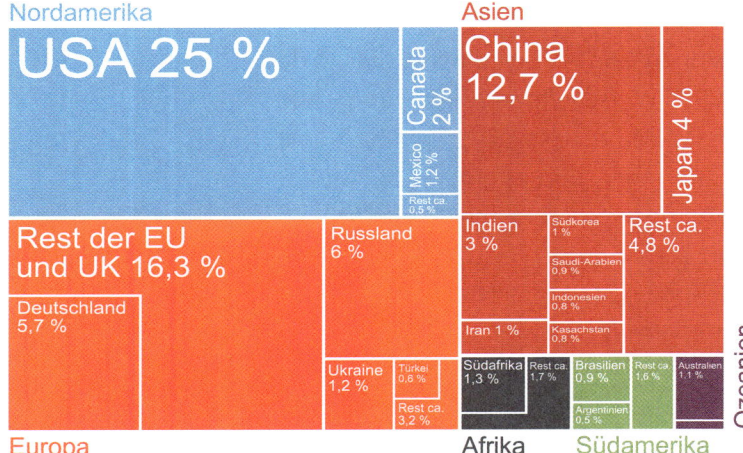

Wenn man den gesamten Treibhausgasausstoß von 1850 bis heute zusammenrechnet, dann stammen etwa die Hälfte von den USA und Europa und ein weiteres Viertel von Japan, China und Russland. Das heißt, die ungefähr 30 reichsten Länder dieser Erde haben drei Viertel des Problems allein verursacht! Die restlichen ungefähr 160 Länder der Erde tragen eine deutlich geringere Schuld am Klimawandel.

Bei der Betroffenheit sieht es ganz anders aus. Viele der kleinen Inselstaaten, die als Erstes im Meer versinken werden, sind sehr arm. Ebenso gibt es viele Schwellenländer (vor allem in Asien), die bisher wenig zum Problem beigetragen haben und deren große Städte wie zum Beispiel Kalkutta (Indien), Rio de Janeiro (Brasilien), Bangkok (Thailand) oder Dhaka (Bangladesch) sehr tief liegen und vom ansteigenden Meeresspiegel bereits heute bedroht werden.

Wir haben also auf der einen Seite die reichen Hauptverursacher der Krise, die zwar zum Teil auch bedroht sind (wie z. B. die Niederlande, die den Anstieg des Meeresspiegels schon jetzt empfindlich spüren), aber die

die Mittel und Möglichkeiten haben, sich anzupassen. Auf der anderen Seite stehen viele Länder, die von den Klimaveränderungen stark betroffen sind, kaum zum Problem beigetragen haben und nicht die Wirtschaftskraft besitzen, sich anzupassen. Du kannst dir vorstellen, dass es sehr schwierig ist, diese beiden Seiten zusammenzubringen!

Die Länder der Welt haben jeweils eigene Interessen, die sie bei Verhandlungen über Klimaschutzmaßnahmen durchsetzen wollen. Dies macht es sehr schwer, eine Einigung zu finden.

Und dann kommt noch ein weiterer Punkt hinzu: die Entwicklung des Lebensstandards.
Wir in Europa und Nordamerika haben seit 1850 die Möglichkeiten fossiler Energieträger genutzt, um unser Leben bequem zu machen. Die reichsten 16 % dieser Welt, das heißt ungefähr eine Milliarde Menschen, verdienen durchschnittlich dreimal so viel wie der Gesamtdurchschnitt und sieben- bis zehnmal so viel wie die ärmsten drei Milliarden Menschen. Einen großen Teil dieser Ungleichheit haben wir der frühen Entwicklung industrieller Produktion in unseren Ländern zu verdanken. Diese wiederum wäre ohne die fossilen Energien nicht möglich gewesen. Wir haben also unseren Reichtum vor allem auf genau den Prozessen aufgebaut, die den Klimawandel verursacht haben.

Diese Länder verkaufen die größten Mengen Kohle, Öl und Gas an andere Länder. Man könnte daher sagen, sie „exportieren" Treibhausgase.

Und wir setzen unseren Reichtum auch gern für Dinge ein, die ebenfalls fossile Energie benötigen und damit den Klimawandel weiter anfachen: Wir fahren Auto, fliegen Flugzeug, heizen unsere großen, bequemen Häuser und Wohnungen mit Öl und Gas

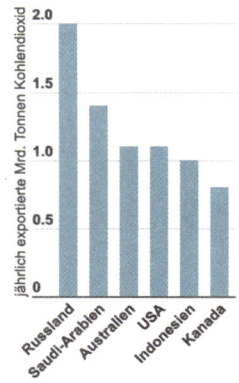

Die größten "CO$_2$-Exporteure"

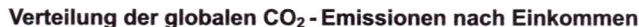

Verteilung der globalen CO₂-Emissionen nach Einkommen

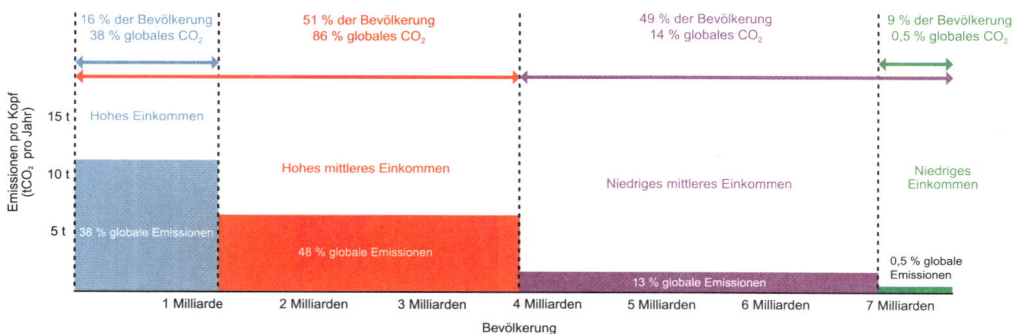

CO₂-Emissionen und Einkommen sind sehr ungleich über die Welt verteilt und hängen eng zusammen: Die reichere Hälfte der Menschheit verursacht fast neun Zehntel der globalen Emissionen. Die Industriestaaten (blaue Fläche in der Grafik) stellen nur 16 % der Weltbevölkerung, verursachen aber fast 40 % der Emissionen.

und konsumieren unzählige Produkte aus Plastik, welches aus Öl hergestellt wird. Im dritten Teil werden wir uns genauer anschauen, wie eng unser Leben mit den fossilen Energien und anderen Treibern des Klimawandels zusammenhängt, aber hier reicht erst einmal die Feststellung: Ohne fossile Energie wären wir nicht so reich, wie wir es sind.

Es gibt andere Länder, die Schwellenländer, die vor Kurzem noch arm waren, sich jetzt aber in einer Entwicklung in Richtung eines Industrielands befinden. Dort lebten bis vor Kurzem vor allem Bauer*innen. Jetzt haben sie eine industrielle Produktion aufgebaut, Städte und Infrastrukturen errichtet, ein modernes Gesundheitssystem eingeführt, Universitäten gegründet und so weiter. Die Bürger*innen dieser Länder wünschen sich einen höheren Lebensstandard. Gleichzeitig sind die Firmen der Industrieländer sehr daran interessiert, Autos, Flugzeuge, Kühlschränke und andere Güter unseres „modernen" Lebens in diese Länder zu verkaufen. Die Menschen dort wollen also gerne so leben wie wir, und unsere Wirtschaft hilft ihnen gern dabei. Das Problem ist: Allein in zwei dieser Länder, Indien und China, lebt ein Drittel der Weltbevölkerung, nämlich über 2,5 Milliarden Menschen!

Wir hatten gesehen, dass die Erde schon jetzt dabei ist, am „Luxusleben" der einen Milliarde Menschen in den heutigen Industrieländern kaputtzugehen. Nun kann man sich vorstellen, dass es unmöglich ist, weitere 2,5 Milliarden Menschen mit unserem Lebensstandard zu versorgen. Das soll nicht heißen, dass wir es den Menschen aus den aufstrebenden Ländern nicht gönnen, und erst recht können wir es ihnen nicht verbieten. Doch trotzdem: Es ist ein unglaubliches Dilemma!

Das Versprechen unseres Wirtschaftssystems (der freien Marktwirtschaft) an alle Menschen ist doch eigentlich: Wer sich anstrengt, wird belohnt. Jetzt steht ein großer Teil der Weltbevölkerung vor dem Sprung in eine „bessere Zukunft", und eigentlich müssten wir ihnen sagen: „Sorry, wir haben die Erde leider schon ohne euch ruiniert. Keine großen Autos und Häuser für euch. Und den Regenwald bitte auch schön stehen lassen, denn den brauchen wir, um uns vor den Folgen unseres eigenen Lebensstils zu schützen."

Klar, dass das nicht funktioniert! Und zum Glück muss es auch nicht ganz so sein, denn wir haben heute einige Möglichkeiten und technische Lösungen für ein gutes und bequemes Leben, das mit dem Klimaschutz vereinbar ist, wie wir im dritten Teil sehen werden. Aber im Jahr 1989 und in den beiden Jahrzehnten danach war das noch nicht unbedingt so. Daher waren die unterschiedlichen Interessen der Industrie- und der Schwellenländer sehr schlecht vereinbar. Verständlicherweise wollten die Schwellenländer eine Art „Bonus" für ihren CO_2-Ausstoß, denn sie befürchteten, ihre weitere Entwicklung aufzuhalten, wenn sie sich auf zu harte Maßnahmen zur Begrenzung des Treibhausgasausstoßes einlassen würden. Und ebenso nachvollziehbar haben die Entwicklungsländer eingefordert, dass die reicheren Länder ihnen bei der Bekämpfung der Folgen des Klimawandels helfen.

Fazit!

⁎　Die Länder der Erde haben sehr unterschiedliche Voraussetzungen und Interessen, die bei der Bekämpfung des Klimawandels beachtet und ausgeglichen werden müssen.

⁎　Verständlicherweise fordern die Schwellen- und Entwicklungsländer, die selbst kaum zum Problem beigetragen haben, aber am stärksten davon betroffen sein werden, dass Ihre Interessen angemessen berücksichtigt werden.

2.7 Eine neue Hoffnung: Das Abkommen von Paris

Wir haben nun fünf Hindernisse genannt, die es lange Zeit schwer gemacht haben, eine Einigung zur Bekämpfung des Klimaproblems zu finden: Die Wissenschaftler*innen mussten lernen, sich Gehör zu verschaffen. Die Politik musste das Problem als lösbar anerkennen und die Notwendigkeit akzeptieren, es anzugehen. Die Öffentlichkeit musste ein Bewusstsein dafür entwickeln und Druck machen. Die Industrie musste aufhören, sich gegen die Lösungen zu stemmen. Und die Länder der Erde mussten sich irgendwie zusammenraufen und ihre unterschiedlichen Interessen ausgleichen.

Die weltweiten Klimaverhandlungen und ihre wichtigsten Abkommen seit der ersten großen internationalen Konferenz der Klimaforscher*innen.

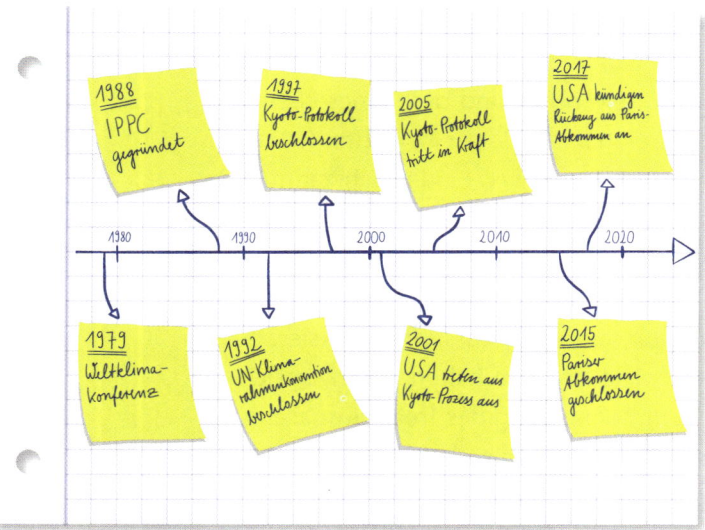

Die Überwindung dieser Hindernisse hat leider verdammt lange gedauert! Die Weltgemeinschaft hat nach dem ersten Anlauf im Jahr 1989 noch mehrere Versuche und unzählige Konferenzen und Gipfeltreffen gebraucht, um endlich nach über 25 Jahren ein wirksames globales Klimaschutzabkommen zu schließen. In dieser Zeit wurden noch einmal so viele Treibhausgase ausgestoßen wie in der gesamten Menschheitsgeschichte zuvor!

Am 12. Dezember **2015** haben sich 195 Länder in Paris darauf geeinigt, die Erderwärmung verbindlich auf „deutlich unter 2 °C" zu begrenzen, und sich gleichzeitig verpflichtet, maximal 1,5 °C Erwärmung anzustreben, also freiwillig noch mehr zu tun, als für 2 °C nötig ist. Zusätzlich zum eigentlichen Klimaschutzziel

hat das Abkommen noch weitere Ziele: Die Länder wollen versuchen, sich besser an den bereits stattfindenden Klimawandel anzupassen, und besonders dafür sorgen, dass die Nahrungsmittelproduktion nicht leidet. Außerdem wollen sie schaffen, dass das weltweite Finanzsystem zu geringerem Treibhausgasausstoß und zur Klimawandelanpassung beiträgt.

2015

CO$_2$-Ausstoß im Jahr 2015:
35,5 Mrd. Tonnen

Gesamter CO$_2$-Ausstoß
von 1850 bis 2015:
1499 Mrd. Tonnen

Das Abkommen ist am 4. November 2016 in Kraft getreten, nachdem 55 Länder, die zusammen für 55 % des CO$_2$-Ausstoßes verantwortlich sind, es bestätigt hatten. Eine solche Bestätigung (man sagt dazu „Ratifizierung") ist nötig, da bei den Klimakonferenzen Vertreter der Regierungen über Verträge verhandeln, die für die beteiligten Länder dann verbindlich sein sollen. Das Ergebnis der Verhandlung, ein völkerrechtlicher Vertrag, muss dann von jedem Land noch einmal bestätigt werden. Bei den meisten Ländern, die Demokratien sind, heißt das, dass die Parlamente dem Ergebnis zustimmen müssen. Sie sind ja die Volksvertreter und haben damit das letzte Wort. Der deutsche Bundestag hat das Pariser Abkommen am 22. September 2016 einstimmig angenommen. Das Abkommen hat drei Hauptziele:

1) Das Klimaschutzziel: Bei der Klimakonferenz in Paris ging es erst einmal darum, sich auf ein gemeinsames Ziel für den Klimaschutz zu einigen – das sogenannte „1,5-°C-Ziel". Das ist bereits ein gewaltiger Fortschritt, denn vorherige Abkommen drehten sich immer nur um Zwischenziele. Beim Kyoto-Abkommen 1997 ging es zum Beispiel nur darum, den Ausstoß um 5 % gegenüber dem Niveau von 1990 zu senken. Das war ein Anfang, aber weit entfernt von einer Lösung. In Paris hat man zum ersten Mal ein Endergebnis vereinbart, das die Welt vor dem Klimawandel bewahren soll. Man hat also das Fernziel beschrieben, nicht aber den Weg dorthin. Dieser muss nun in weiteren Treffen genauer bestimmt werden. Dafür ist es ist notwendig, sich zu einigen, wer bis wann wie viele Treibhausgase einsparen muss und nach welchen Regeln das berechnet und überprüft wird. Dafür hat man sich einen ganz schlauen Mechanismus ausgedacht:
Vor Beginn der Verhandlungen haben bereits 187 Länder eige-

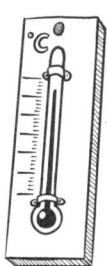

**Temperaturanstieg bis
zum Jahr 2100 nach
Modellrechnungen**

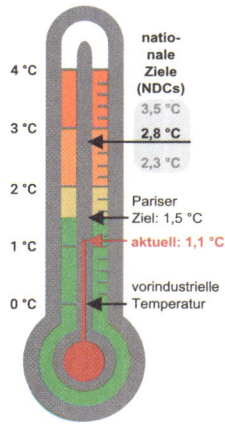

Aktueller Stand der freiwilligen Verpflichtungen zum Klimaschutz nach dem Pariser Abkommen (die Summe der sogenannten national festgelegten Beiträge oder NDCs aller Staaten). Die Klimaziele aller Staaten zusammengerechnet, würden immer noch zu ca. 2,8 °C Erwärmung führen. Vom 1,5-°C-Ziel sind wir also noch weit entfernt.

ne Ziele zur Treibhausgasreduktion aufgeschrieben und bei den Vereinten Nationen eingereicht. Die Summe dieser freiwilligen Länderverpflichtungen (die sogenannten national festgelegten Beiträge oder NDCs) reichen aber noch nicht aus, um die Erwärmung auf 1,5 °C oder 2 °C zu begrenzen, wie im Pariser Abkommen geplant ist. Sie würden nach Stand der Forschung zu einer Erwärmung von ungefähr 2,8 °C führen.

Daher müssen diese Verpflichtungen weiter verschärft werden. Und das soll so funktionieren: Jedes Land hat einen Plan ausgearbeitet, wie das eigene Klimaziel erreicht werden kann. Diese sogenannten Klimaschutzpläne werden regelmäßig überprüft und die Länder ermutigt, ihre Pläne anzupassen, falls diese nicht sicher zum Ziel führen oder die Summe der Länderziele nicht ausreicht. Die erste Kontrolle findet 2023 statt, dann immer alle fünf Jahre. Das Pariser Abkommen baut also auf freiwillige Beiträge aller Länder und überwacht, ob das vereinbarte Ziel durch die gemeinsamen Anstrengungen erreicht werden kann.

Wie schon gesagt: Bisher reichen die Zusagen noch lange nicht aus, um laut Klimaforscher*innen in einem akzeptablen Bereich zu bleiben. Vor Kurzem haben Berichte wieder deutlich belegt, dass wir momentan von einem sicheren Kurs in Richtung des 1,5-°C-Ziels oder auch nur des 2-°C-Ziels weit entfernt sind. Es gibt also trotz des Pariser Abkommens noch eine Menge zu tun, um alle Länder gemeinsam auf einen Weg zu bringen, der auch wirklich zum Einhalten des 1,5-°C-Ziels führt. Dafür muss man nun rasch an den konkreten Umsetzungsschritten arbeiten.

2) Anpassungsfähigkeit: Hier geht es darum, die Länder in allen Teilen der Welt auf die Veränderungen vorzubereiten, die sogar bei Einhaltung des 1,5-°C-Ziels stattfinden werden. Die Küsten und niedrig liegenden Städte müssen vor steigendem Wasser geschützt werden, Städte, Straßen- und Schienennetze sowie Verkehrsmittel müssen für höhere Temperaturen gewappnet werden, die Landwirtschaft muss sich auf ein anderes Klima mit mehr oder weniger Regenfällen, Stürmen, Trockenheit und so weiter einstellen. Auch müssen natürlich überall Maßnahmen er-

griffen werden, um den CO_2-Ausstoß endlich wirksam abzusenken. Die Energieversorgung muss umgebaut werden – weg von fossilen Energieträgern und hin zu erneuerbaren Energien. Häuser müssen renoviert und Fabriken modernisiert werden. Benzin- und Dieselautos müssen zum Beispiel durch Elektroautos ersetzt werden und so weiter. Was alles genau getan werden muss, darum wird es im dritten Teil gehen.

3) Die Finanzwelt: Die Banken haben eine wichtige Rolle bei der Umsetzung der Paris-Ziele, denn sie müssen den Ländern und Unternehmen für die Klimaschutz- und Anpassungsmaßnahmen Geld leihen. Und zwar auch den Ländern, die eventuell Schwierigkeiten haben könnten, es zurückzuzahlen. Außerdem sollen sie in Zukunft kein Geld mehr für den Bau von Kohlekraftwerken oder Ölbohrplattformen verleihen, sondern zum Beispiel mehr in Windkraft- oder Solaranlagen investieren. Es wurde außerdem vereinbart, dass die Industrieländer den Entwicklungsländern bei Klimaschutz- und Anpassungsmaßnahmen mit Geldern helfen sollen. Ein Teil davon soll von den Industrieländern direkt kommen, ein anderer Teil von Firmen aus den Industrieländern, die in Entwicklungsländern investieren. Auch Schwellenländer wie China können freiwillig bei dieser Unterstützung mitmachen. Es soll ebenfalls einen Topf geben, in den die Industrieländer Geld einzahlen, damit Schäden und Verluste durch den stattfindenden Klimawandel gemindert werden können, also so eine Art Klimawandelversicherung. Die Industrieländer haben es allerdings verhindert, dass die betroffenen Länder hier einen echten Anspruch auf Schadenersatz bekommen.

Nachdem die USA das Pariser Abkommen unter Präsident Barack Obama noch unterstützt und ratifiziert hatten, wurde im November 2016 Donald Trump, ein „Klimaskeptiker" zum Präsidenten gewählt. Dieser gab am 1. Juni 2017 den Ausstieg der USA aus dem Pariser Klimaabkommen bekannt. Das ist eine böse Ironie der Geschichte, denn die USA waren schon aus dem Kyoto-Abkommen nach einen Regierungswechsel wieder ausgetreten. Die Gesamtlage ist diesmal allerdings ein wenig anders: Die USA haben zwar insgesamt immer noch den größten Anteil an der Verursachung des menschengemachten Klimawandels (jedenfalls wenn man den gesamten Treibhausgasausstoß der Menschheitsgeschichte zusammenrechnet). Durch seine Größe und den Entwicklungssprung der letzten Jahrzehnte ist China aber heute der mit Abstand weltweit größte CO_2-Produzent und glücklicherweise beim Pariser Abkommen weiter mit an Bord. Inzwischen sinken auch in den USA die jährlichen Emissionen, denn viele Bundesstaaten möchten auch ohne ihre Zentralregierung die Ziele des Pariser Abkommens weiter verfolgen. Der Ausstieg der USA ist natürlich nicht gut, aber vermutlich zu verschmerzen. Außerdem können die USA frühestens Ende 2020 aus dem Vertrag aussteigen, es ist eben ein Vertrag mit Regeln. Ironischerweise endet die Frist genau einen Tag nach der nächsten Präsidentenwahl. Mit etwas Glück könnte also ein Präsident gewählt werden, der die Verantwortung der USA für die Erderwärmung anerkennt und die Kündigung zurücknimmt.

Ob mit oder ohne die USA, es geht weiter auf dem Weg nach dem Pariser Abkommen! Es kann aber bisher nur als Startschuss für einen globalen Klimaschutz gelten, denn wie gesagt: Es sind erst einmal nur Ziele und noch keine konkreten Schritte und Maßnahmen zu ihrer Erreichung beschlossen worden. Derweil steigt

Fazit!

der weltweite Treibhausgasausstoß immer noch weiter!

❋ Mit dem Pariser Klimaschutzabkommen 2015 wurde zum ersten Mal ein weltweites Abkommen geschlossen, das im Prinzip den ganzen Weg umfasst, der zur Begrenzung des Klimawandels auf „deutlich unter 2 °C" nötig ist.
❋ Die Eckpfeiler sind Treibhausgasreduktion, bestmögliche Anpassung an den schon stattfindenden Klimawandel und die Finanzierung der nötigen Maßnahmen.
❋ Das Abkommen baut auf freiwillige Beiträge der verschiedenen Länder – die bislang zugesagten Beiträge reichen jedoch bei Weitem noch nicht aus.
❋ Auf den jährlich stattfindenden Treffen muss daher noch deutlich nachgearbeitet werden.

2.8 Die Ziele sind gesteckt – aber welche Schritte führen dorthin?

Was sind die nächsten Schritte? Man könnte sagen, es geht zweigleisig weiter. Die Länder folgen ihren eigenen Klimaschutzplänen, damit jedes seinen Beitrag zur Verminderung des Treibhausgasausstoßes leisten kann. Und man trifft sich jährlich und arbeitet die anderen Instrumente weiter aus, wie zum Beispiel den Geldtopf zur Unterstützung der Entwicklungländer. Vor allem diskutiert man alle fünf Jahre, ob die Zusagen der einzelnen Länder ausreichen und ob sie ihre Zusagen auch einhalten. Die Forscher*innen sagen uns, dass es besonders wichtig ist, möglichst bald das Maximum des CO_2-Ausstoßes zu erreichen und den Trend umzukehren: Die Emissionen müssen endlich sinken! Eigentlich müssen wir also, einfach gesagt, erst einmal anfangen, den Treibhausgasausstoß überhaupt zu reduzieren.

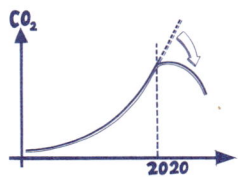

Wenn man etwas genauer hinschaut, stimmt das nicht ganz. Es gab ab 1997 schon einmal ein Klimaschutzabkommen, das die Emissionen der teilnehmenden Länder bis 2010 um durchschnittlich 5 % gegenüber 1990 reduzieren sollte: das Kyoto-Protokoll, von dem oben schon die Rede war. Dieses Abkommen galt nur für die Industrieländer und setzte den teilnehmenden Ländern unterschiedliche Ziele, je nach wirtschaftlicher Entwicklung. Nach dem Ausstieg der USA 2002 war leider klar, dass es weltweit keine große Wirkung haben konnte. Einige Länder folgten den USA und verließen das Abkommen. Andere wollten mit gutem Beispiel vorangehen und setzten das Abkommen trotzdem um. Dies waren insgesamt 36 Länder, darunter die der Europäischen Union, also auch Deutschland.

Die 36 am Kyoto-Protokoll teilnehmenden Staaten haben ihre Verpflichtungen eingehalten! Zwar wurden in einigen Ländern mehr Treibhausgase ausgestoßen als vorgesehen, aber durch Anrechnung von Minderungsprojekten in weiteren Ländern wurden die Ziele insgesamt erreicht. Gerade endet die zweite Phase des Kyoto-Prozesses: Bis Ende 2020 müssen weitere Minderungen erbracht werden, Europa hat sich hier gemeinsam eine Minderung um 20 % gegenüber 1990 vorgenommen. Mittlerweile haben weltweit bereits 50 Länder einen sinkenden Treibhausgasausstoß, das heißt das Maximum ihrer Emissionen bereits überschritten. Diese Länder sind allerdings nur für ungefähr ein Drittel des weltweiten Treibhausgasausstoßes verantwortlich. Ein kleiner Teil der Welt hat sich also bereits auf den Weg gemacht. Deutschland und Europa gehören dazu.

Man sieht aus dem Kyoto-Prozess: Es ist möglich, sich auf Klimaschutzziele zu einigen und diese einzuhalten. Dennoch war er nur wie ein Testlauf für die große Aufgabe, mit allen Ländern der Erde einen langfristigen Prozess zu starten und zu steuern, der den ganzen Weg hin zu einer klimaverträglichen Zivilisation geht. Genau das muss der Paris-Prozess schaffen. Es ist unsere letzte Chance, um den Klimawandel auf ein erträgliches Maß zu begrenzen.

2020

Aktueller jährlicher CO$_2$-Ausstoß:
37 Mrd. Tonnen (Wert von 2019)

Gesamter CO$_2$-Ausstoß von 1850 bis jetzt:
1644 Mrd. Tonnen

Leider reichen die bislang eingegangenen Zusagen zur Emissionsminderung noch lange nicht aus, um das 1,5-°C- oder auch nur das 2-°C-Ziel einzuhalten. **Im Moment** sind wir auf einem 2,8-°C-Pfad, also weit vom Ziel entfernt. Auch haben die jährlichen Gipfeltreffen seit der Einigung in Paris im Jahr 2015 gezeigt, dass der weitere Weg sehr steinig wird. Zwar hat man sich bereits auf Regeln geeinigt, unter denen das Pariser Abkommen umgesetzt werden soll, aber wichtige Details sind immer noch offen. Beim letzten Treffen (2019 in Madrid) haben sich mehrere Länder, darunter z. B. Australien, die USA und Brasilien, für eine Lockerung dieser Regeln eingesetzt, sodass man insgesamt nicht weitergekommen ist. Es ist also noch ein langer Weg zu gehen, und es wird dabei auch weiterhin Bremser geben.

Fazit!

Unter dem Klimaschutzabkommen von Kyoto hatten einige Länder (darunter Deutschland) bereits gezeigt, dass es möglich ist, bei gleichzeitigem Wirtschaftswachstum den Treibhausgasausstoß zu senken.

2.9   Was tut Deutschland – und was nicht?

Wo stehen wir in diesem Prozess? Deutschland hatte schon früh eine führende Rolle bei den internationalen Bemühungen zum Klimaschutz. Es gehörte zu den ersten Ländern, in denen sich die Politik zur Reduktion von CO_2-Emissionen verpflichtet hat. Die CO_2-Emissionen in Gesamtdeutschland sollten bis 2005 gegenüber 1987 um 25 bis 30 % vermindert werden. Später im Kyoto-Prozess war man mit einer Minderung um 21 % die zweithöchste Verpflichtung eingegangen und hatte diese auch erfüllt. Seit 1990 sinkt der Treibhausgasausstoß Deutschlands, allerdings auch wegen der „Nachwendeeffekte": Nach der Wiedervereinigung im Jahr 1990 war nämlich ein großer Teil der Industrie der ehemaligen DDR zusammengebrochen, und man hatte zudem in den Folgejahren viele Wohnungen und Häuser in Ostdeutschland renoviert. Da die Minderung im Vergleich zu 1990 gemessen wurde, hatte Deutschland durch diese Effekte einen Startvorteil.

Bereits 1990 wurde auch, früher als in anderen Ländern, eine großzügige Förderung für Stromerzeugung aus erneuerbaren Energien gestartet, die vielen weiteren Ländern als Vorbild diente. Und schon 2010 wurde beschlossen, die Treibhausgasemissionen bis 2050 um 80 bis 95 % zu reduzieren. Deutschland hatte sich also vorgenommen, bis 2050 fast CO_2-neutral zu werden! In der Vorbereitung des Pariser Abkommens hat sich Deutschland intensiv mit anderen Ländern über die Klimapolitik ausgetauscht und war auch hinter den Kulissen am erfolgreichen Zustandekommen dieses wichtigen Abkommens beteiligt.

Deutschland war also bisher so etwas wie ein Klimamusterschüler im internationalen Vergleich, jedenfalls was die Ziele betrifft. Auch andere Länder haben sich hohe Ziele gesetzt oder sind in der Umsetzung bereits ein Stück weiter, wie z. B. Dänemark, Schweden oder die Schweiz. Es gibt jedoch vor allem einen Grund, warum die Welt genau auf Deutschland schaut: Wir sind ein großes und wirtschaftlich leistungsfähiges Land, das noch immer eine starke Industrie hat. Gerade die Industrie war es ja,

die die Nutzung der fossilen Energieträger begonnen hat und die bis heute nicht gut ohne sie funktioniert. In einigen anderen sogenannten Industrieländern ist von der Industrie aber nicht mehr viel übrig geblieben, da Wirtschaftszweige wie Metall- oder Chemieverarbeitung in Länder abgewandert sind, in denen Arbeit und Energie billiger sind. Bei uns stehen aber weiterhin viele Fabriken und sorgen damit für Jobs und Exporte. Auch haben wir eine starke Autoindustrie, die vor allem große Luxusautos mit hohem CO_2-Ausstoß baut, welche wir auch selbst gern fahren. Einen klimafreundlichen Wandel einzuleiten und gleichzeitig die Jobs in der Industrie zu erhalten ist schwierig.

Die Welt schaut also auf uns und will sehen, ob es überhaupt möglich ist, „klimaneutral" zu werden und trotzdem seine Wirtschaftskraft und Industrie zu erhalten. Das ist keine einfache Aufgabe, und wir starten dabei zudem mit keinen günstigen Voraussetzungen: Wir haben es nicht besonders leicht, erneuerbare Energien zu nutzen. Weder haben wir viel Sonne, um Solarenergie nutzen zu können (wie z. B. Spanien), noch genügend Wind, um uns allein mit Windkraftanlagen zu versorgen (wie z. B. Dänemark). Wir haben nicht viele hohe Berge, in denen wir Wasserkraft nutzen könnten (wie z. B. Norwegen oder die Schweiz), oder Vulkanismus, der sich in Form von Erdwärme nutzen lässt (wie z. B. Island). Und unsere Bevölkerung und unsere Wirtschaft verteilen sich relativ gleichmäßig über das Land. Dadurch brauchen wir viele Stromleitungen, Straßen und Eisenbahnlinien und müssen viele Waren kreuz und quer durch das Land transportieren, natürlich möglichst CO_2-neutral. Wenn wir in Zukunft mehr Energie aus Wind und Sonne gewinnen, müssen viele Stromleitungen verstärkt und auch sehr viele neu gebaut werden. Das alles macht die Aufgabe nicht leichter.

Deutschland ist also, wenn man so will, ein Testlabor für den Klimaschutz. Sicher nicht das einzige, aber eben ein großes und interessantes, das sich bereits früh auf den Weg zu einer großen Umwandlung gemacht hat. Und diese Aufgabe nehmen wir auch gerne an, denn wir wissen: Wenn wir hier im Land gute Lösungen

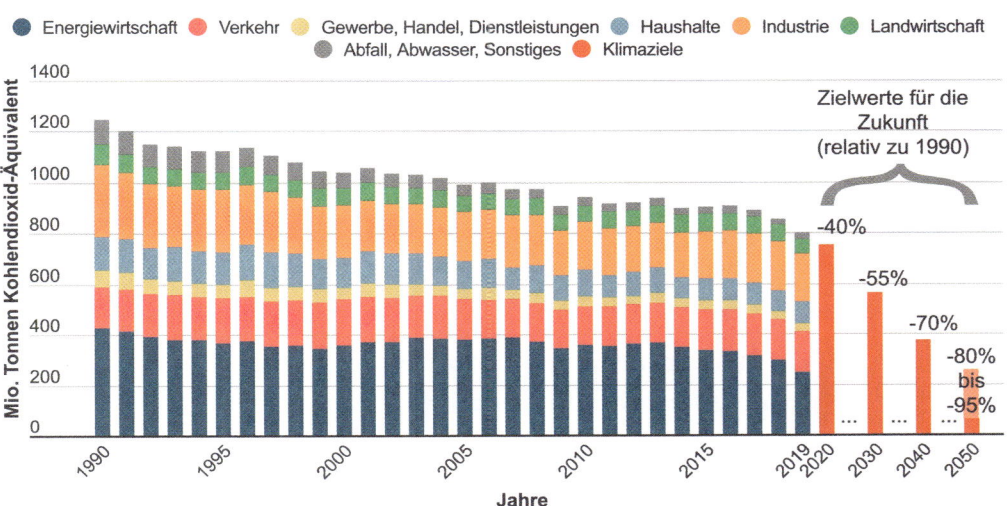

Treibhausgasemissionen und Klimaziele Deutschlands

● Energiewirtschaft ● Verkehr ● Gewerbe, Handel, Dienstleistungen ● Haushalte ● Industrie ● Landwirtschaft
● Abfall, Abwasser, Sonstiges ● Klimaziele

entwickeln, dann wird unsere Wirtschaft diese in Zukunft auch verkaufen können. Es geht uns also darum, unsere Wirtschaft für eine klimaneutrale Zivilisation fit zu machen und ihre Lösungen in alle Welt zu exportieren. So sieht es die Regierung.

So weit, so gut, aber wo stehen wir nun gerade wirklich auf diesem Weg, der für uns so elegant das Nötige (Klimaschutz) mit dem Nützlichen (Jobs und Exporte) verbinden soll?

Die Kyoto-Ziele hat Deutschland mit Bravour erreicht, aber wie sieht es mit dem 80-bis-95-%-Ziel für 2050 aus? Nun, das kann man natürlich noch nicht sagen, denn es ist ja noch lange hin bis 2050. Aber um den Fortschritt messbar zu machen, hatte sich Deutschland Zwischenziele gesetzt: 40 % Treibhausgasminderung bis 2020, 55 % bis 2030, 70 % bis 2040 und dann 80 bis 95 % bis 2050. Bis vor wenigen Monaten sah es so aus, als würden wir unser selbstgesetztes Ziel für 2020 deutlich verfehlen, und zwar um 5 bis 10 %. Dann jedoch ist vor Kurzem die Erzeugung von klimafreundlichem Strom stärker gewachsen als gedacht, der letzte Winter war sehr mild, und die Corona-Krise hat dazu geführt, dass sowohl die Industrieproduktion als auch die Nutzung von Kraftstoffen im Verkehr sehr deutlich zurückgegangen sind.

Geschichte des Treibhausgasausstoßes in Deutschland nach Sektoren aufgeschlüsselt und Klimaziele der Bundesregierung für die Jahre 2020, 2030, 2040 und 2050.

Sektorziele im „Klimaschutzplan 2050" in Mio. Tonnen CO_2 -Äquivalent

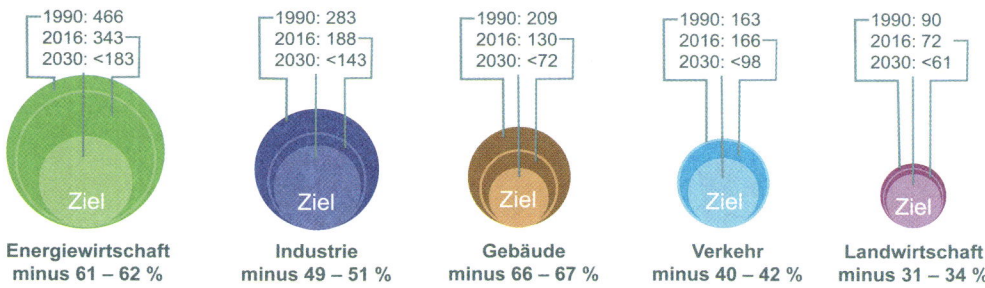

1990: 466	1990: 283	1990: 209	1990: 163	1990: 90
2016: 343	2016: 188	2016: 130	2016: 166	2016: 72
2030: <183	2030: <143	2030: <72	2030: <98	2030: <61

| Ziel | Ziel | Ziel | Ziel | Ziel |

| **Energiewirtschaft** | **Industrie** | **Gebäude** | **Verkehr** | **Landwirtschaft** |
| minus 61 – 62 % | minus 49 – 51 % | minus 66 – 67 % | minus 40 – 42 % | minus 31 – 34 % |

In einigen Lebens- und Wirtschaftsbereichen („Sektoren") sind wir von den Zielen aus dem „Klimaschutzplan 2050" (der für die Umsetzung der Ziele des Pariser Abkommens in Deutschland sorgen soll) noch weit entfernt, in anderen dagegen scheinen sie greifbarer zu werden.

Die Expert*innen gehen daher davon aus, dass wir die 2020-Ziele zum Ende des Jahres noch erreichen könnten.

Gleichzeitig sind sich viele Fachleute einig, dass dennoch eine deutliche „Lücke" zwischen unseren Klimaschutzzielen und der Wirklichkeit klafft. Es waren einmalige, eher zufällige Einflüsse, die das 2020-Ziel wieder in greifbare Nähe gerückt haben, und für das 2030-Ziel sind wir noch lange nicht auf Kurs. Es gibt weiterhin große Bereiche des Klimaschutzes, in denen wir bisher wenig erreicht haben. Ein Klimamusterschüler im weltweiten Vergleich sind wir im Moment eher nicht mehr.

In einigen Bereichen hat sich seit 1990 noch sehr wenig getan: Im Verkehr, der allein ein Fünftel unseres CO_2-Ausstoßes produziert, wurde seit 1990 noch keine einzige Tonne CO_2 eingespart. Auch bei der Landwirtschaft, die für 7% der Emissionen verantwortlich ist, sieht es nicht gut aus. In der Industrie wurde, vermutlich auch mithilfe der Nachwendeeffekte, in den 1990er- und 2000er-Jahren der CO_2-Ausstoß deutlich reduziert, seitdem hat sich aber auch hier nicht mehr sehr viel getan. In anderen Bereichen, vor allem bei der Stromerzeugung, wurden die Emissionen dagegen relativ gleichmäßig reduziert. In der Gesamtsumme des Treibhausgasausstoßes sieht man eine deutliche Reduktion, die jedoch mit den Jahren immer flacher wurde. In den letzten 10 Jahren haben wir also erheblich geringere Fortschritte dabei gemacht, unsere hohen Ziele in wirksame Maßnahmen in den einzelnen für den Klimaschutz wichtigen Bereichen, auch „Sek-

toren" genannt (Strom, Verkehr, Industrie, Gebäude, Landwirtschaft), umzuwandeln.

Auch durch die wachsende öffentliche Kritik der Klimabewegungen an der Klimapolitik – allen voran von „Fridays for Future" – hat
die deutsche Regierung Ende 2019 ein „Klimapaket" geschnürt,
mit dem die Lücke zu den 2030-Zielen geschlossen und Deutschland auf den richtigen Pfad zu den Zielen des Pariser Abkommens gebracht werden sollte. Leider ist dieses nach Meinung vieler Fachleute nicht ausreichend, und auch die Untersuchungen
der Regierung zeigen inzwischen, dass die Lücke für 2030 damit
nicht geschlossen wird. Zu kleinteilig und zu wenig mutig ist das
Paket geworden, und die großen Problemfelder (Verkehr, Gebäude, Landwirtschaft) sind wieder einmal nicht angegangen worden. Ihr seht also: Es gibt auch hier im Land noch sehr viel zu tun!

Wir haben uns mit dem Pariser Abkommen auf einen langen und
steinigen Weg begeben, der aber der einzige ist, um unsere Welt
langfristig so zu erhalten, wie wir sie kennen. Deutschland war
auf diesem Weg vorne mit dabei. Wir haben uns hohe Ziele gesetzt und sind früher als andere beherzt darangegangen, diese
zu erreichen. Doch jetzt stellen wir fest: Einfach wird das nicht,
und das hat vor allem einen Grund: Wir scheuen uns bisher vor
der Erkenntnis, dass eine treibhausgasneutrale Welt eine völli-
ge Umgestaltung aller Lebens- und Wirtschaftsbereiche mit sich
bringen muss.

Wir haben mit kleinen Schritten angefangen, die sich einfach gehen ließen, auch mit dem Rückenwind der Wiedervereinigung:
Häuser renovieren, erneuerbare Energien ausbauen, Energie in
Geräten und Industrie effizienter nutzen. Das waren gute und
wichtige Schritte. Sie zeigten zum allerersten Mal, dass es möglich ist, Klimaschutz zu betreiben, wirtschaftlich erfolgreich zu
bleiben, dabei das Leben der Menschen zu verbessern und neue
Jobs zu schaffen. In der Folge hat sich unser Treibhausgasausstoß vom wirtschaftlichen Wachstum abgekoppelt: Unsere Wirtschaftskraft hat sich seit 1990 um den Faktor 1,5 vergrößert, der

Treibhausgasausstoß aber um fast 30 % reduziert. Aber jetzt merken wir: Das war nur die Ernte der niedrig hängenden Früchte, und für das Erreichen der Ziele wird es nicht reichen! Schon für die 2020-Ziele war es eng, und die 2030-Ziele wirken derzeit unerreichbar.

Wir müssen die Art, wie wir Energie nutzen, wie wir konsumieren, ja wie wir leben wollen, neu überdenken. Und das ist eine riesige Aufgabe für eine ganze Generation. Für eure Generation! Ich bin nicht sicher, ob wir dabei auf die Politik zählen können, sprich: ob wir politische Maßnahmen bekommen werden, die uns als Bürger*innen auf den richtigen Weg „zwingen". Letztlich ist es eine Aufgabe für uns alle, unsere Lebensweise kritisch zu hinterfragen, denn wir sind alle gemeinsam für die Klimabilanz unseres Landes und unserer Zivilisation verantwortlich.

Im letzten Teil dieses Buchs soll es nun darum gehen, wie ein Leben aussehen kann, das mit dem Klima unserer Erde verträglich ist. Wir wollen uns Schritt für Schritt anschauen, was sich in den einzelnen Bereichen unseres Lebens ändern muss, wo die Reise hingehen könnte, und vor allem, was ihr dazu beitragen könnt. Denn die Rettung der Welt, so wie wir sie kennen und zum Leben brauchen, hängt auch an euch.

Fazit!

* Deutschland hat sich früh für den Klimaschutz eingesetzt und dient noch immer als internationales Vorbild.
* Klimaschutz wurde bisher vor allem dort durchgeführt, wo er „nicht wehtut" und einfache Maßnahmen wurden umgesetzt, aber mittlerweile hinken wir unseren Zielen hinterher – die 2020-Ziele wären ohne den Corona-Lockdown wahrscheinlich verfehlt worden.
* Trotzdem steht Deutschland weiterhin zu den Klimazielen und will seine Anstrengungen verstärken, die Ziele für 2030 auf jeden Fall zu erreichen.
* Die Aufgabe ist neben der politischen auch eine gesellschaftliche: Die Veränderungen werden nur gelingen, wenn wir alle unsere Art, zu leben und zu konsumieren, sehr grundsätzlich hinterfragen.

Teil 3:
Was können wir gegen den Klimawandel unternehmen?

3.1   Konsum und Produkte

3.1.1   Der CO_2-Rucksack

Wir hatten im ersten Teil des Buches gesehen, dass es die industrielle Produktion war, die unseren Hunger auf fossile Energiequellen gestartet hatte. Auch heute noch ist ein großer Teil der CO_2-Emissionen auf der Welt mit der Produktion von „Dingen" verbunden. Bisher haben wir so getan, als wäre die Industrie völlig unabhängig von uns Bürger*innen für diesen Treibhausgasausstoß verantwortlich. Das ist natürlich nicht richtig, denn letztlich sind wir „Verbraucher*innen" diejenigen, die die Nachfrage nach Produkten und Dienstleistungen erzeugen, welche wiederum die Treibhausgasemissionen antreibt. Leider ist es so, dass fast alles, was wir in unserem Leben heutzutage tun, in irgendeiner Form zum Ausstoß von Treibhausgasen führt. Die fossile Energie, ihre negativen Folgen und auch die anderen für den Planeten unangenehmen Menschheitsgewohnheiten sind tief in unser Leben eingewoben, und es ist nicht einfach, sie dort wieder herauszuholen. Schauen wir uns ein Beispiel an:

Stell dir vor, du brauchst neue Turnschuhe. Als Erstes suchst du von der Couch aus ein wenig im Internet herum. Das Auf-der-Couch-liegen ist CO_2-neutral, aber das Internetsurfen schon nicht. Der Betrieb von Serverfarmen, Netzwerkstationen, Funkmasten und allem anderen, was das Internet zum Funktionieren braucht, führt allein in Deutschland zu einem jährlichen CO_2-Ausstoß von über 30 Millionen Tonnen – immerhin fast 4 % unserer Emissionen. Eine einzige Internetsuche führt nach Schätzungen von Forscher*innen schon zu einigen Gramm CO_2-Ausstoß.

Als Nächstes fährst du dann mit dem Bus oder der Bahn zum Einkaufszentrum. Der Bus und die Bahn brauchen Diesel oder Strom und stoßen damit direkt oder indirekt CO_2 aus. Das Einkaufszentrum wird beheizt, im Sommer gekühlt und abends beleuchtet. Das verbraucht wiederum Gas und Strom und führt damit natürlich zu weiteren Emissionen.

Die Schuhe, die du kaufst, bestehen aus Leder. Das Rind, aus dem das Leder gemacht wurde, hat während seines kurzen Lebens das Treibhausgas Methan ausgestoßen und damit die Erde ein kleines Stückchen weiter erwärmt (davon hören wir mehr im Kapitel über Essen und Ernährung). Die Lederverarbeitung braucht jede Menge Energie und vor allem Chemikalien für das Gerben, die wiederum von der Chemieindustrie unter Energieeinsatz hergestellt werden.

Für die Schuhproduktion werden Maschinen eingesetzt, die erst einmal aus Stahl hergestellt und dann angetrieben werden müssen, außerdem weitere Chemikalien wie Klebstoff und so weiter. Die Sohlen bestehen aus Plastik, das unter Energieeinsatz aus Erdöl hergestellt wird. Dann werden die Schuhe noch verpackt, wofür Papier und Pappe zum Einsatz kommen. Für die Papierherstellung aus Holz wird viel Wärme gebraucht, meistens aus Erdgas, und erneut einige Chemikalien.

Die verpackten Schuhe werden dann, da sie vermutlich aus Asien stammen, in Container verladen und mit Frachtschiffen um die halbe Welt gefahren, wofür große Mengen Schiffsdiesel gebraucht werden. Vom Hafen zum Einkaufszentrum fahren sie dann mit dem dieselgetriebenen Lastwagen. Du bezahlst die Schuhe mit deiner Bankkarte, wobei wieder das Internet bemüht wird, um mit deiner Bank die Zahlung abzuwickeln. Aber auch deine Bank stößt Treibhausgase aus, denn sie hat auch jede Menge Computerserver im Keller und natürlich einen schicken Büroturm in Frankfurt, der beheizt und gekühlt werden muss.

Deine alten Schuhe, die bereits einen ähnlich großen „CO_2-Rucksack" mit sich herumschleppten, landen vermutlich im Hausmüll, wo sie zusammen mit allerlei anderem am Ende in einer Müllverbrennungsanlage landen. Dort wird der Kohlenstoff aus den Bestandteilen der Schuhe in CO_2 umgewandelt und die dabei entstehende Wärme im besten Falle noch in ein Fernwärmenetz geleitet, wo sie bei der Beheizung von Häusern hilft, oder es wird Strom daraus.

Jedes Produkt hat einen „Treibhausgasrucksack", der von den Details seiner Herstellung abhängt. Hierbei spielen viele Faktoren eine Rolle, wie zum Beispiel die Menge an verarbeiteten Rohstoffen oder die dabei verbrauchte Energie.

Du siehst also, dass schon ein einfacher Vorgang wie der, neue Schuhe zu kaufen, auf eine Vielzahl von Arten mit Treibhausgasausstoß verbunden ist. Und wir haben dabei bei Weitem noch nicht einmal alle Schritte aufgezählt. Jedes Produkt trägt damit einen „Rucksack" von Treibhausgasemissionen mit sich, die von vielen Faktoren abhängen: Wie viel Energie steckt in der Produktion, welche Rohstoffe, Bauteile und Vorstufen stecken in dem Produkt, wie genau wird es hergestellt? So eine Wirkungskette lässt sich für fast jede unserer Alltagshandlungen aufschreiben, sei es Essen kochen, zur Schule oder in den Urlaub fahren oder eben für den Kauf egal welchen Produkts.

Fazit!

※ Jedes Produkt und auch jede Dienstleistung verursacht Treibhausgase in unterschiedlichen Mengen.

※ Damit kommt der Art, wie wir konsumieren, eine wichtige Rolle zu.

3.1.2 Wer muss eigentlich etwas ändern?

Wenn man an Klimaschutz interessiert ist, bekommt man bei solchen Überlegungen direkt ein schlechtes Gewissen. Nur hilft uns das leider nicht weiter, denn wir wollen ja auch weiterhin ein angenehmes Leben führen und uns nicht den ganzen Tag lang den Kopf über die vielen kleinen CO_2-Sünden zerbrechen müssen. Wir können uns aber die Frage stellen: Wo haben wir eine Wahl, es besser zu machen? Welche Teile dieser Kette, die wir eben durchgegangen sind, sind die klimaschädlichsten, und wie können wir sie vermeiden? Und an welcher Stelle ist die Politik gefragt, Instrumente und Maßnahmen zu schaffen, unsere Wirtschaft und Gesellschaft klimaverträglich zu machen? Inwiefern brauchen wir neue Regeln und Gesetze, und wo muss jede*r Einzelne handeln?

Wenn man heute die Bürger*innen in Deutschland zu ihren Sorgen befragt, dann landet der Klimawandel stets sehr weit oben auf der Liste. Dennoch ist es so, dass die meisten die Sache plötzlich anders sehen, wenn sie nach konkreten Schritten zum Klimaschutz gefragt werden. Höhere Preise für Benzin oder Heizöl? Bitte nicht! Tempolimits auf Autobahnen? Bloß nicht. Und so geht das weiter. Eine deutsche Partei hatte vor einer Wahl einmal gewagt, in öffentlichen Kantinen einen fleischfreien Tag pro Woche zu fordern. Aus Sicht des Klimaschutzes eigentlich keine revolutionäre Forderung. Trotzdem führte dieser Vorschlag zu einem absoluten Shitstorm. Ungefähr dasselbe war ca. 10 Jahre vorher schon einmal mit der Forderung nach 2,50 Euro Mindestpreis für den Liter Benzin passiert. In der Folge sind die Politiker*innen, egal welcher Partei, sehr vorsichtig mit solchen Ideen geworden, und Klimaschutz findet bis heute fast nur in Bereichen statt, in denen die Bürger*innen davon nicht so viel mitbekommen, zum Beispiel beim Strom. Das reicht aber nicht!

Wir schauen gleich auf die Bereiche, die am direktesten mit unserer Art zu leben zusammenhängen – den Konsum von Produkten, die Ernährung, das Wohnen und die Mobilität. Sie sind gleichzeitig die größten Sorgenkinder des Klimaschutzes. Wir – und damit meine ich auch die Politik – tun aber bisher so, als hätte Klimaschutz fast nichts mit unserem Privatleben zu tun. Und dass wir einfach so weitermachen könnten wie bisher und die nötigen Änderungen ohne unser Zutun für uns unsichtbar durch neue Techniken in Kraftwerken oder Fabriken passieren. Aber das funktioniert leider nicht, denn als Konsument*innen verantworten wir alle gemeinsam einen großen Teil der Emissionen.

Dies klingt nun vielleicht so, als wollte ich die Verantwortung der Politik für den Klimaschutz auf die Bürger*innen abwälzen. Das wäre aber zu einfach, und wir wissen auch schon, dass die deutsche Regierung in letzter Zeit eher wenig dafür getan hat, dass Energiewende und Klimaschutz neben der schon stattfindenden Umwälzung im Strombereich (dazu später mehr) deutlich vorankommen. Die Politik dreht sich um sich selbst in der Frage, wie man das Problem angeht, ohne die Bürger*innen zu verschrecken. Ich kann gut verstehen, dass sich der Ärger gerade jetzt in Zeiten von „Fridays for Future" und anderen Klimabewegungen auf die Regierung richtet.

Ohne entschlossenes Handeln der Politik, ohne einschneidende staatliche Maßnahmen zum Klimaschutz wird es nicht möglich sein, das Klima zu retten. Die Wahrheit ist aber auch: Ohne die grundlegende Einsicht und Bereitschaft, an unserem persönlichen Leben etwas zu ändern, wird es ebenfalls nicht gehen. Denn selbst wenn die Politik nun mutige Maßnahmen zum Klimaschutz ergreift, dann würde dies in vielen Bereichen bedeuten, dass unsere klimaschädlichsten Gewohnheiten (zum Beispiel Fliegen, schwere Autos fahren, viel Fleisch essen und so weiter) teurer, beschränkt oder gar verboten werden müssen. Das heißt also: Auch wenn die Politik endlich entschlossen handelt, führt das vor allem dazu, dass wir unser Leben ändern müssen. Das klingt vielleicht erschreckend, aber eigentlich ist es eine große Chance, denn das heißt: Wir alle können etwas tun!

Ich werde in den nächsten Kapiteln viele Möglichkeiten beschreiben, wie ihr ganz konkret Dinge ändern und im Alltagsleben klimafreundliche Entscheidungen treffen könnt. Dabei werde ich auch auf die dahinterliegenden politischen oder gesellschaftlichen Probleme eingehen, da diese eng mit unseren persönlichen Entscheidungsmöglichkeiten verknüpft sind.

In unserem persönlichen Handeln können und sollten wir uns als Konsument*innen immer diese drei Fragen stellen:

1. Wie viele Treibhausgasemissionen stecken in dem, was wir kaufen, nutzen und verbrauchen?
2. Wo können wir Treibhausgase einsparen, indem wir anders oder weniger kaufen, benutzen oder verbrauchen?
3. Welche Wirkung hat unser Konsum – neben der Klimaerwärmung – sonst noch auf die natürlichen Ressourcen, andere Lebewesen und unsere Mitmenschen?

Diese Fragen sind in praktisch allen Bereichen unseres Alltags relevant, und wir werden sie im Hinterkopf behalten.

In Zahlen ausgedrückt, ist die Lage so: Wir Bürger*innen in Deutschland verursachen im Jahr pro Kopf ungefähr 11,6 Tonnen Treibhausgasemissionen (CO_2-Äquivalent). Das offizielle Ziel der Bundesregierung heißt übersetzt, dass wir im Jahr 2050 pro Kopf nur noch 0,8 bis 3,1 Tonnen im Jahr ausstoßen dürfen. Die Vereinten Nationen haben als Ziel für den Pro-Kopf-Ausstoß von Treibhausgasen auf der ganzen Welt den Wert von 2 Tonnen pro Jahr angegeben. Wir wollen diesen Wert daher im Weiteren als Zielmarke nehmen.

Fazit!

* In vielen Bereichen des Klimaschutzes können wir als Bürger*innen und Konsument*innen eine Menge bewegen, in anderen ist die Politik gefragt.
* Jeder Mensch in Deutschland ist momentan pro Jahr für über 11 Tonnen Treibhausgasemissionen verantwortlich – um unsere Klimaschutzziele zu erreichen, müssen wir diesen Wert auf ungefähr 2 Tonnen reduzieren.

3.1.3   Der Konsum von Dingen

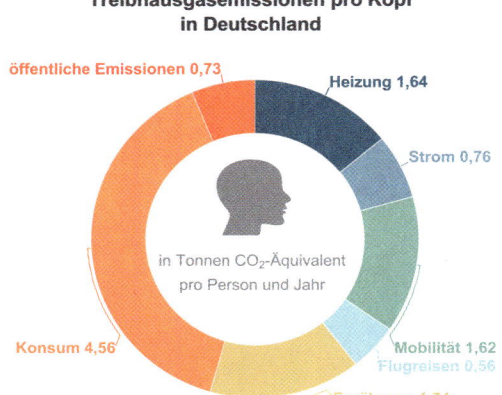

**Treibhausgasemissionen pro Kopf
in Deutschland**

öffentliche Emissionen 0,73

Heizung 1,64

Strom 0,76

in Tonnen CO$_2$-Äquivalent
pro Person und Jahr

Konsum 4,56

Mobilität 1,62
Flugreisen 0,56

Ernährung 1,74

Der Kreis zeigt die Emissionsbeiträge aus unseren Lebensbereichen. Die Zahlen sind Mittelwerte, die je nach individuellem Lebensstil für den einzelnen Menschen auch völlig anders aussehen können.

Fangen wir der Frage an, wie unser Konsum, also das Einkaufen und der Gebrauch von Produkten, zum Treibhauseffekt beiträgt.

Wie gesagt, jeder Bürger und jede Bürgerin in Deutschland ist pro Jahr für ungefähr 11,6 Tonnen Treibhausgase verantwortlich. Davon gehen im Durchschnitt laut Umweltbundesamt mehr als 4,5 Tonnen auf das Konto des Konsums, und zwar für Produkte und Dienstleistungen. Andere Quellen kommen auf etwas geringere Werte, denn gerade in diesem Bereich ist es sehr schwierig, die vielen kleinen Emissionsbeiträge inklusive aller Materialien und Vorprodukte zusammenzurechnen. Wir wollen hier aber keine Erbsen zählen, sondern uns fragen: Was sind die dicksten Brocken beim Konsum von „Dingen" im Alltag?

Wenn man die Treibhausgasemissionen nach Produktgruppen aufschlüsselt, dann gehen die meisten davon zurück auf Kleidung und Schuhe, dahinter kommen Möbel, Sport- und Spielwaren, Papier und Pappe und Produkte der chemischen Industrie, wie zum Beispiel Plastik, Putzmittel, Klebstoff und so weiter.

Wo können wir ansetzen, diese zu reduzieren? Fangen wir wieder mit einem Beispiel an, und zwar mit der Kleidung: Ein einzelnes T-Shirt aus Baumwolle ist für mehr als 10 kg Treibhausgasemissionen verantwortlich. Zwei Drittel für die Herstellung, die Verpackung, den Transport und den Verkauf, ein Drittel für die Nutzungsphase (jede Menge waschen!). Bei Kleidern aus synthetischen Fasern, die zwei Drittel der weltweiten Produktion ausmachen, sind es noch ungefähr 30 % mehr Emissionen. Der Treibhausgasausstoß, der in einem Paar Turnschuhen steckt, liegt in derselben Größenordnung wie für ein T-Shirt.

Was lässt sich tun? Am besten für das Klima ist es natürlich, insgesamt weniger Kleidung zu konsumieren. Das heißt, die Klamotten möglichst lange zu tragen. Genauso hilft es, gebrauchte Kleidung und Schuhe zu kaufen und seine eigenen, ungeliebten Stücke wieder zu verkaufen oder in die Altkleidersammlung zu geben, damit die Stücke länger genutzt werden. In jeder Stadt gibt es Secondhandläden, und das Internet ist voll von Angeboten.

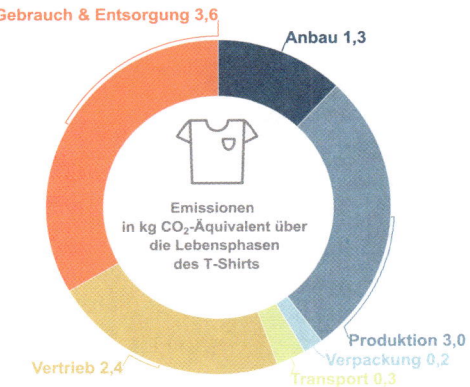

Treibhausgasfußabdruck eines T-Shirts aus Baumwolle

Gebrauch & Entsorgung 3,6
Anbau 1,3
Emissionen in kg CO$_2$-Äquivalent über die Lebensphasen des T-Shirts
Produktion 3,0
Verpackung 0,2
Transport 0,3
Vertrieb 2,4

Wenn es ein neues Kleidungsstück sein so l, sollte man pflanzliche Fasern (am besten aus Bioanbau) anstatt Kunstfasern bevorzugen. Wo Plastik unvermeidlich ist, sollte es möglichst recycelt sein. Es gibt zum Beispiel Unternehmen, die Schuhe oder zumindest Sohlen aus wiederverwendeten Plastikflaschen herstellen.

Ungefähr zwei Drittel der Emissionen fallen bei der Herstellung an, in etwa ein Drittel in der Nutzungsphase.

Diese einfache Regel für Schuhe und Kleidung lässt sich auf fast alle Produkte übertragen: lieber langlebige, qualitativ hochwertige Produkte kaufen, diese länger nutzen und dafür sorgen, dass sie mehrfach gebraucht oder recycelt werden. Am besten für das Klima ist es, unseren Konsum möglichst zu reduzieren, dazu alte, aber noch nutzbare Dinge weiterzuverwenden und die Reststoffe zu recyceln – „reduce, reuse, recycle", so heißt die einfach zu merkende Formel dafür im Englischen. Wegwerfprodukte sollten vermieden und auf aufwendig hergestellte Produkte zugunsten einfacherer Produkte verzichtet werden. Oftmals sagt unser gesunder Menschenverstand schon ganz gut, wie sich diese einfache Regel – reduzieren, wiederverwenden und recyceln – im Alltag anwenden lässt. Am ehesten stehen uns Gewohnheit und Bequemlichkeit im Weg.

Ich kenne das gut von mir selbst, im Alltag über die kleinen Klimasünden hinwegzusehen. „Ach Mist, den Jutebeutel zum Einkaufen vergessen, also doch an der Kasse die Plastiktüte genommen, weil die Papiertüte immer so schnell einreißt." Aber man

kann sich daran gewöhnen, all seine Alltagsgewohnheiten auf den Prüfstand zu stellen. Konsequent durchdacht, kann daraus auch eine Lebensphilosophie werden, und es gibt mittlerweile viele Menschen weltweit, die es vormachen. Die „No waste" oder „Zero waste"-Bewegung zum Beispiel hat einen wachsenden Zulauf. Hier geht es um die Vermeidung jeglichen Abfalls und damit um konsequente Müllvermeidung durch Kreislaufnutzung von Rohstoffen. Es werden immer mehr Menschen zu Verpackungsgegnern, und verpackungsfreie Läden entstehen in vielen deutschen Städten. Damit lässt sich über das Jahr eine riesige Menge an Plastik, Papier und Pappe mit seinem CO_2-Rucksack einsparen.

Viele Produkte, deren Benutzung wir absolut gewohnt sind, die aber aufwendig hergestellt werden oder viel Müll produzieren, können bei genauerem Hinsehen durch andere Produkte ersetzt werden, oder wir können ganz auf sie verzichten. Shampoofla-

schen oder Flüssigseifenspender zum Beispiel sind überflüssig, wenn wir Shampoo und Handwaschseife in Seifenform benutzen. Kaffee aus kleinen Alu- oder Plastikkapseln kann man prima durch Kaffee aus der Espressokanne für die Herdplatte ersetzen, man spart dabei ein ganzes Küchengerät und viel Müll. Auf Papier lässt sich heute schon an vielen Stellen verzichten, zum Beispiel wenn man Zeitungen und Bücher

Plastikmüll am Strand

digital liest. Das verursacht zwar auch einen CO_2-Ausstoß, dieser ist aber vergleichsweise geringer. Der lästigen Werbung im Briefkasten kann man per Aufkleber widersprechen.

Unter den Stichwörtern „Simple Living", „Konsumverzicht" oder „Downshifting" findet man viele Erfahrungsberichte und jede Menge Anleitungen für einfache „Lifehacks", die durch reduzierten Konsum das Klima schonen. Nicht alles davon ist für jedermann oder -frau geeignet, aber vieles ist es wert, ausprobiert zu werden. Oft spart man nebenbei auch noch eine Menge Geld! An Stellen, an denen wir nicht um den Konsum herumkommen, ist es allerdings noch schwierig, klimaschonend zu handeln. Wir wissen recht wenig über den Treibhausgasrucksack von einzelnen Produkten. Es gibt Labels, die uns über den Energieverbrauch von Elektrogeräten Auskunft geben (dazu später mehr), und Apps, die uns alle möglichen Inhaltsstoffe aufschlüsseln. Es gibt aber leider keine Kennzeichnung, die uns etwas zum Klimafußabdruck eines Produkts sagt. Solche „Klimalabels" würden den Druck auf die Unternehmen erhöhen, klimafreundliche Produkte herzustellen. Denn bisher gibt es noch viel zu wenig Anreize für die Hersteller*innen, sich um einen kleinen Klimafußabdruck zu bemühen. Transparenz durch Labels kann hier als erster Schritt helfen. Auf der Basis einer Erfassung des Klimafußabdrucks wäre es sogar denkbar, den Unternehmen vorzuschreiben, wie hoch der „Treibhausgasgehalt" einzelner Produkte sein darf, so wie das beim Energieverbrauch bereits getan wird. Hierzu liefen und laufen noch Forschungsarbeiten, aber die Politik hat bisher keine Pläne, auch nur eine Kennzeichnung für den Klima- oder Umweltfußabdruck von Produktion einzuführen.

Die Europäische Kommission (sozusagen die „EU-Regierung") hat nun im Rahmen ihres „europäischen grünen Deals" – der Europa bis 2050 zum ersten klimaneutralen Kontinent machen soll – versprochen, sich um die Kreislaufwirtschaft, um langlebige, reparierbare und recycelbare Produkte und auch um einen „elektronischen Produktpass" zum Umweltfußabdruck zu kümmern. Man darf also gespannt sein, ob Europa hier demnächst vorankommt.

Fazit!

* Die dicksten Brocken beim Konsum von Produkten sind Schuhe und Kleidung, Papier und Möbel, Hausrat sowie Sport- und Spielwaren.
* Durch Konsumreduktion können wir zum Klimaschutz beitragen – zudem hilft es, möglichst langlebige Produkte zu nutzen, auch mal Gebrauchtes zu kaufen und zur Weiter- und Wiederverwendung von Produkten und Materialien beizutragen.
* Leider können sich Konsument*innen noch keinen guten Überblick über den Treibhausgasrucksack von Produkten verschaffen – hier ist die Politik gefragt.

3.1.4   Der Konsum von Dienstleistungen

Bei den Dienstleistungen sind die emissionsintensivsten Bereiche der Handel, also Einkaufsläden und der Großhandel, Hotels
und Gaststätten (dazu mehr im Kapitel 3.5.5), das Gesundheits-
wesen sowie Sport und Unterhaltung wie zum Beispiel Kinobe-
treiber. Hier ist es etwas schwieriger, nach der Methode „reduce,
reuse, recycle" vorzugehen, da wir viele Dinge aus diesem Bereich nicht freiwillig tun oder vermeintlich wenig Einfluss darauf haben. Natürlich gehen wir zum Arzt oder ins Krankenhaus,
wenn es uns schlecht geht, und hier haben Einwegprodukte und
die vielen sterilen Verpackungen auch einen Sinn, der Leben retten kann. Trotzdem gibt es auch bei den Dienstleistungen Bereiche, in denen wir ganz einfach Emissionen vermeiden können.
Der Stadtpark eignet sich zum Beispiel genauso gut zum Joggen
wie das klimatisierte Fitnessstudio. Wichtig ist auch hier, Alltagsgewohnheiten zu überdenken und Konsum zu reduzieren!

Mit Blick auf die hohen Emissionen beim Handel stellt man sich
die Frage, ob Onlineshopping oder das Einkaufen im Laden klimafreundlicher ist. Das ist leider nicht so einfach zu beantworten. Beim Onlinekauf fallen das Ladengeschäft weg, das meist
viel Energie verbraucht, und ebenso der Weg des Einzelnen dorthin. Gerade wer Fahrten mit dem Auto zum Geschäft vermeidet,
kann mit dem Onlinekauf CO_2 einsparen. Aber auch durch den
Paketversand werden CO_2 ausgestoßen (ca. 0,5 kg pro Paket) und
zusätzlich Treibhausgase durch die Verpackung verursacht. Mehr
als jedes sechste online bestellte Produkt wird zurückgeschickt,
dadurch entsteht wiederum zusätzliches CO_2. Rücksendungen
sollte man also, wenn möglich, unbedingt vermeiden! Das Prinzip „Ich bestelle drei Paar Schuhe und schaue, welche passen" ist
also nicht gut für das Klima. Da wäre es besser, mit dem Fahrrad
in den Schuhladen zu fahren und anzuprobieren.

Aber wie finde ich heraus, welcher Laden sich um Klimaschutz
bemüht? Die großen Handels- und Supermarktketten haben eigene Programme zur Umweltverträglichkeit. Informiert euch vor

dem Einkaufen, wer wie viel für die Umwelt tut. Umweltschutz-
verbände geben regelmäßig Ratgeber zum nachhaltigen Konsum in Supermärkten und Ladenketten heraus und stellen posi-
tive Beispiele vor. Nur durch das Interesse in der Bevölkerung an
solchen Vorreitern steigt der Druck auf die Unternehmen!

Zum Thema CO_2-Rucksack des Videostreaming wurde in jüngster
Zeit viel berichtet. Hier wird noch geforscht, aber einige der Mel-
dungen, die Streaming als Klimakiller verteufeln, scheinen übertrieben zu sein. Expert*innen gehen davon aus, dass der CO_2-
Fußabdruck durch das Anzeigegerät dominiert wird. Wer also
auf dem Tablet guckt anstatt auf dem 42"-Flatscreen, spart schon
mal deutlich CO_2 ein. Ökostrom hilft natürlich zusätzlich. Und
dann kommt es auch immer auf den Vergleich an: Wer joggen
geht, anstatt zu streamen, spart CO_2. Stattdessen mit dem Auto
ins Kino zu fahren ist dagegen mit Sicherheit klimaschädlicher.

Zuletzt noch ein paar Worte zu Banken und Versicherungen. Diese beiden Branchen sind sehr wichtig für den Klimaschutz, denn
sie verwalten große Mengen Geld und investieren in verschie-
denste Unternehmen und Projekte, um Rendite zu erwirtschaf-
ten. Dies erwarten wir als Kunden von ihnen, denn wir wollen
am Ende des Jahres Zinsen sehen und möglichst geringe Versi-
cherungsbeiträge bezahlen. Die Frage ist nun, nach welchen Regeln unser Geld angelegt wird, und hier zeigen sich große Unterschiede. Finanziert meine Bank Kohlekraftwerke in China, den
Kauf von Torpedobooten durch Saudi-Arabien oder Solarparks in
Chile? Welche Banken und Versicherungen stecken unser Geld in
nachhaltige Investments? Hierzu liefert der „nachhaltige Warenkorb" (siehe Klimatipp 5 in Anhang I) Links und Informationen.

Fazit!

* Onlineshopping kann CO_2 einsparen, aber die zahlreichen Rücksendungen wirken
  sich negativ aus.
* Finanzdienstleister wie Banken und Versicherungen sollten zu Klimaschutz und
  Nachhaltigkeit beitragen. Nachhaltigkeitsbewertungen helfen bei der Auswahl.

3.1.5   Der Zwang zum Wachstum

Interessant ist, dass man mit der Empfehlung zur Konsumreduktion in Konflikt mit unserer Wirtschaftsordnung gerät. Hier lohnt es sich, etwas genauer hinzuschauen.

Unser Wirtschaftssystem setzt Wachstum als eine Art Grundbedingung voraus. Wachstum heißt eine immer weiter steigende Wirtschaftsleistung, die natürlich auch mit steigendem Konsum einhergeht. In dieser Logik wird arbeitenden Menschen mehr Lebensqualität durch wirtschaftliches Wachstum versprochen. Die Grunderwartung von immer weiter steigendem Wachstum ist auch in verschiedene staatliche Systeme eingebaut: Staaten können zum Beispiel nur dann Schulden machen, wenn sie diese in der Zukunft durch dann höhere Steuererträge zurückzahlen können. Da durch technische Entwicklung permanent Arbeitsplätze ersetzt werden, braucht es nach gängigen Wirtschaftstheorien Wirtschaftswachstum, um genügend Jobs zu erhalten. In den letzten 30 Jahren hat sich die Wirtschaftsleistung zum Beispiel in Deutschland mehr als verdoppelt, und auch in anderen Ländern geht es mit der Wirtschaft stetig bergauf. Leider ist die weltweit steigende Wirtschaftskraft aber bisher stets auch mit höherem Verbrauch natürlicher Ressourcen einhergegangen – dazu zählen zum Beispiel Rohstoffe, Energie sowie das „Überstrapazieren" unserer Atmosphäre, der Meere, Böden und Wälder. Doch die natürlichen Ressourcen sind leider endlich!

Nun gibt es schon seit Langem Bestrebungen, das Wachstum vom Ressourcenverbrauch unabhängig zu machen. Wichtige Elemente sind dabei Recycling und eine „Kreislaufwirtschaft", die gebrauchte Produkte wieder zu neuen Rohstoffen macht – mithilfe von erneuerbarer Energie in der Produktion. Viele Forscher*innen glauben, dass es möglich sein könnte, das Wirtschaftswachstum komplett vom Verbrauch natürlicher Ressourcen „abzukoppeln". Allerdings sind wir in beinahe allen Bereichen noch sehr weit von einer funktionierenden Kreislaufwirtschaft entfernt. Momentan stammen in Deutschland beispielsweise gerade einmal 5 % der Plastikproduktion aus recyceltem Kunststoff, obwohl wir Weltmeister im Sammeln und Mülltrennen sind. Die Ansätze sind da, aber noch sind die Wertstoffketten längst nicht im Kreis geschlossen.

Wir haben in Deutschland selber vielleicht ein Wachstum ohne weiteren Anstieg der CO_2-Emissionen erreicht, aber jetzt verursachen wir durch unseren immer weiter steigenden Konsum anderswo CO_2-Emissionen – beispielsweise dort, wo unser Müll entsorgt wird. Ihr kennt vielleicht die Geschichten von unserem Plastikmüll, der um die halbe Welt geschifft wird, weil das Recycling hier zu teuer ist. Oder von unserem Elektronikschrott, der von Kindern in Afrika auseinandergenommen wird. Auch konsumieren wir natürlich viele Produkte, die anderswo produziert werden und dabei dort CO_2-Ausstoß verursachen. Auch in Schwellenländern heißt stärkeres Wachstum auch heute noch stets mehr Ressourcenverbrauch.

Mich persönlich macht das nicht besonders zuversichtlich, dass uns eine Umstellung auf einen nachhaltigen Lebensstil gelingen kann, ohne ganz grundsätzlich über unsere Konsumgewohnheiten und unser Wirtschaftssystem nachzudenken. Immerhin hat die Europäische Kommission mit ihrem Plan eines „europäischen grünen Deals" es nun zu einem wichtigen Ziel erklärt, das Wirtschaftswachstum in Europa mit der Begrenztheit der natürlichen Ressourcen in Einklang zu bringen.

Fazit!

❉ Schon unser kontinuierliches Wirtschaftswachstum wirkt dem Ziel einer Emissionssenkung entgegen.

❉ Es ist uns bisher nicht gelungen, eine echte „Kreislaufwirtschaft" aufzubauen, die alle Abfall- und Reststoffe wiederverwertet und damit auf die Ausbeutung natürlicher Ressourcen verzichtet.

❉ Wir werden daher um eine Reduktion des Konsums nicht herumkommen, um die Klimaschutzziele zu erreichen.

3.1.6   Konsum und Nachhaltigkeit

Wenn wir schon dabei sind, all unsere Kauf- und Nutzungsge-
wohnheiten zu überdenken, dann sollten wir den Blick noch etwas weiten. An vielen Stellen greift es zu kurz, nur den Klimaschutz zu betrachten. Nehmen wir wieder das Beispiel Kleidung:
Wir hatten gesehen, dass für die Produktion von Kleidung und
Schuhen eine Menge CO_2 in die Atmosphäre geblasen wird. Aber
das ist nicht die einzige Nebenwirkung, denn viele Kleidungs-
stücke werden in Entwicklungs- oder Schwellenländern unter
schlechten Arbeitsbedingungen hergestellt, mitunter von Kindern. Der Anbau von Baumwolle zieht den Einsatz großer Mengen Chemikalien nach sich, verbraucht große Mengen Wasser,
und die anbauenden Kleinbäuer*innen werden oft ausgebeutet.

Wenn wir also unser Verhalten ändern wollen, dann sollten wir
dabei auch gleich in allgemeinerer Weise über die Umwelt, unsere Mitmenschen und die Folgen unseres Konsums nachdenken.
Leider ist die Klimaerwärmung aus Sicht unseres Planeten und
seiner Ökosysteme nicht das einzige Problem, das wir Menschen
verursachen. Auch die anderen Dinge, die wir neben dem Treib-

hausgasausstoß und der Klimaerwärmung verschulden, sind
ebenso eingreifend und gefährlich: Wir überfischen die Weltmeere, wir roden den Urwald, wir rotten zahllose Spezies durch
Jagd oder Verdrängung aus, wir gefährden die Biodiversität
durch Monokulturen in der Landwirtschaft, wir überdüngen den
Boden und damit die Gewässer, wir setzen zahllose langlebige
chemische Verbindungen frei, die in der Natur negative Wirkungen auf Tiere und Pflanzen haben, wir verschmutzen die Natur
mit Gasen, Staub, Licht und Lärm, wir verteilen Mikroplastik über
den ganzen Planeten, wir halten Nutztiere unter unwürdigen Bedingungen und so weiter und so fort. Einiges davon tun wir aus
Ignoranz oder aus der Notwendigkeit heraus, für uns selbst Nahrung zu gewinnen, anderes wiederum als Nebeneffekt unserer
Wirtschaftstätigkeit. Wie auch immer motiviert, all das schädigt
die Ökosysteme auf unserem Planeten in einer unumkehrbaren
Weise.

Wir müssen also ganz allgemein und nicht nur zur Bekämpfung des Klimawandels zu einer Lebensweise finden, die auf die umfassenden Belange der Tiere und Pflanzen in unserer Umwelt wie auch auf die Interessen unserer Mitmenschen Rücksicht nimmt. Wir nennen diese Lebensweise eine nachhaltige Lebensweise.

Der Begriff der Nachhaltigkeit wurde vor ungefähr 300 Jahren durch die Holzwirtschaft geprägt. Zu dieser Zeit, ca. 100 Jahre vor Beginn der Industrialisierung, stieg die Einwohnerzahl in Europa stark an, und das Holz wurde knapp. Wir hatten davon im ersten Teil bereits gehört. Den Menschen fiel auf, dass ein Wald nur überleben kann, wenn man nicht zu viele Bäume auf einmal fällt. Ansonsten verliert er an biologischer Vielfalt und wird damit anfälliger, zum Beispiele für Schädlinge. Rodet man ihn komplett, versiegt natürlich auch die Holzquelle. Am besten ist also eine Nutzung geringer Intensität, die dem Wald Möglichkeiten zur Regeneration lässt. Heute definiert der Duden Nachhaltigkeit ganz allgemein als „Prinzip, nach dem nicht mehr verbraucht werden darf, als jeweils nachwachsen, sich regenerieren, künftig wieder bereitgestellt werden kann".

Wir haben uns bisher „nur" mit der Frage beschäftigt, was mit unserem Klima passiert und wie wir es schützen können. Wichtig ist aber auch, den Klimaschutz in eine allgemein nachhaltige Lebensweise einfließen zu lassen. Die beiden Themen Klimaschutz und Nachhaltigkeit sind an vielen Stellen eng verbunden. Im Großen ist das offensichtlich: Wenn es uns nicht gelingt, den Klimawandel einzudämmen, dann gefährden wir unsere Lebensgrundlagen und setzen viele Menschen, besonders in Entwicklungsländern, erhöhten Gefahren aus.

Aber auch beim Schutz des Klimas selbst müssen wir auf die Nachhaltigkeit achten: Wenn wir beispielsweise in großem Stil Pflanzen anbauen, um daraus Biokraftstoffe für Autos zu machen, dann kann die Natur schnell überstrapaziert werden, oder es bleibt gar nicht mehr genug Ackerfläche für unser Essen übrig. Hier würde Klimaschutz also in Konflikt mit dem Prinzip der

Die 17 Ziele für nachhaltige Entwicklung. Details dazu findet ihr auf www.17ziele.de

Nachhaltigkeit stehen. An vielen Stellen gehen Klimaschutz und nachhaltige Entwicklung aber auch Hand in Hand. Zum Beispiel, wenn in Entwicklungsländern eine Stromversorgung mithilfe von Sonnenenergie aufgebaut wird. Oder wenn mit ökologischer Landwirtschaft nicht nur das Klima, sondern auch die Biodiversität geschützt wird.

Von den Vereinten Nationen gibt es mit den „17 Zielen für nachhaltige Entwicklung" oder auch der „Agenda 2030" einen Plan, wie Nachhaltigkeit gehen soll. Die Weltgemeinschaft hat sich im Jahr 2016 diese Ziele unter anderem für den Klimaschutz, aber auch für die Gesundheit, die Bildung, die Bekämpfung von Armut und Ungleichheit sowie die Geschlechtergleichstellung gegeben. Jedes Land soll seinen Beitrag bis 2030 umsetzen. Deutschland tut das seit 2017 mit der „Deutschen Nachhaltigkeitsstrategie". Der „Rat für nachhaltige Entwicklung", in dem auch Umweltverbände vertreten sind, passt auf, dass die Ziele angemessen verfolgt werden. Bisher ist er nicht zufrieden – es gibt einige gute Ansätze, aber auch hier hat die Politik noch viele Hausaufgaben.

Fazit!

Wir sollten Klimaschutz und eine nachhaltige Lebensweise gleichzeitig angehen, denn nur so können wir auch andere Umwelt- und gesellschaftliche Probleme sinnvoll lösen.

3.1.7 Was tut die Wirtschaft?

Jetzt haben wir länger aus der Perspektive der Konsument*innen auf die Herstellung von Produkten geschaut. Was aber tut die Industrie selbst für den Klimaschutz? Wir hatten in Teil 1 gesehen, dass der Beginn der Kohlenutzung eine wesentliche Grundlage für die Entstehung der Industrie war. Der Energiehunger der Industrie hat damit den Grundstein für unser Klimaproblem gelegt. Heutzutage stammt der CO_2-Ausstoß der Industrie nur noch zum kleineren Teil aus Kohle. Der Großteil entsteht aus Öl und Gas, die wir aus anderen Teilen der Welt importieren, zum Beispiel aus Russland oder dem Nahen Osten.

In Deutschland hat sich der Treibhausgasausstoß der Industrie seit 1990 um ein Drittel reduziert, was unter anderem am Zusammenbruch der Wirtschaft der ehemaligen DDR liegt (ein „Nachwendeeffekt"). Einige besonders CO_2-intensive Wirtschaftszweige sind auch aus Deutschland verschwunden und wurden in Länder verlagert, in denen die Lohn- und Energiekosten geringer sind. Beispielsweise gibt es nur noch wenige deutsche Stahlwerke. Außerdem ist es über die Jahre an vielen Stellen gelungen, Industrieprozesse effizienter zu machen. Was wird nun aktuell getan, um die Industrie auf einen klimafreundlichen Weg zu bringen?

Es gibt hierzu ein ganz kluges Instrument, das die Kräfte der Wirtschaft für den Klimaschutz nutzbar macht: den europäischen Emissionshandel. Dahinter steckt folgende Idee: Unternehmen stehen in Zeiten der Globalisierung im internationalen Wettbewerb. Das heißt, wenn wir in Deutschland einer Chemiefabrik Regeln auferlegen, die zu weniger Treibhausgasausstoß führen sollen, dann muss die Fabrik diese einhalten und ihre Produktion anpassen. Sie müsste in neue Anlagen oder in die Forschung für bessere Herstellungsmethoden investieren. Dadurch wären ihre Produkte teurer als die der Konkurrenz aus anderen Ländern, die diese neuen Regeln nicht zu beachten haben. Das Unternehmen würde weniger verkaufen und im schlimmsten Falle pleitegehen.

Damit wären Arbeitsplätze verloren und dem Klimaschutz nicht geholfen, denn nun stellt einfach ein anderes Unternehmen anderswo auf der Welt die Produkte her, aber eben ohne die neuen Regeln zum Klimaschutz. Das nennt man neudeutsch „carbon leakage", also „Kohlenstoffleck". Und das bedeutet im Ergebnis, dass der CO_2-Ausstoß einfach ins Ausland wandert.

Das zweite Problem ist, dass es sehr schwer ist, solche Regeln überhaupt vernünftig aufzustellen. Denn dazu müsste man genau wissen, wo in der Industrie Treibhausgase eingespart werden können. Ist es einfacher, die Chemiefabrik klimafreundlicher zu machen oder die Papierherstellung und die Zementproduktion? Da es unglaublich viele unterschiedliche Produkte und Herstellungsmethoden gibt, wären diese Regeln sehr schwer zu entwerfen.

Man nimmt daher einen Weg, der vom Ziel ausgeht und es der Wirtschaft selbst überlässt, die Stellen zu finden, an denen Klimaschutz am günstigsten ist: Wir wissen ja, welche Menge Treibhausgase wir einsparen müssen, um das 1,5-°C-Ziel einzuhalten. Auch die Industrie soll natürlich einen fairen Beitrag zu der notwendigen Minderung leisten. Man legt also eine Art „Treibhausgasbudget" fest, welches der Industrie zur Verfügung steht. Dies gilt für die gesamte Europäische Union, damit zumindest innerhalb Europas kein Unternehmen benachteiligt wird.

Dieses Budget wird dann auf die einzelnen Länder und innerhalb der Länder auf die Unternehmen aufgeteilt. Das heißt, ein Unternehmen braucht nun eine offizielle Berechtigung zum Treibhausgasausstoß, ein sogenanntes Emissionszertifikat. Am Anfang haben die Unternehmen eine bestimmte Zahl dieser Zertifikate kostenlos zugeteilt bekommen, inzwischen muss der Großteil bezahlt werden. Die Unternehmen können mit den Zertifikaten auch handeln, das heißt, sie können sie sich untereinander verkaufen. Wenn ein Unternehmen seine Zertifikate also nicht ausschöpft, weil es in treibhausgasärmere Prozesse investiert hat, dann kann es die übrig bleibenden an ein anderes Un-

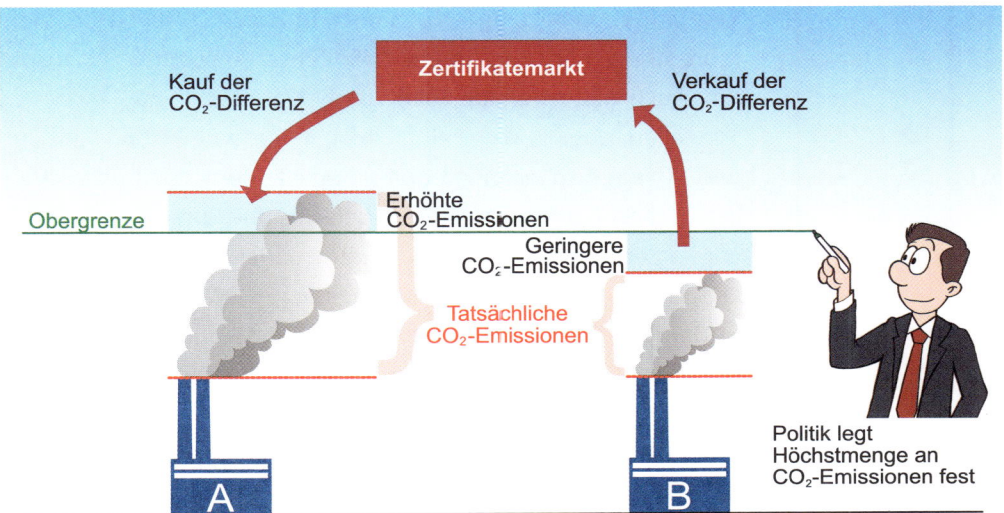

Kauf der CO$_2$-Differenz

Zertifikatemarkt

Verkauf der CO$_2$-Differenz

Erhöhte CO$_2$-Emissionen

Obergrenze

Geringere CO$_2$-Emissionen

Tatsächliche CO$_2$-Emissionen

Politik legt Höchstmenge an CO$_2$-Emissionen fest

A

B

ternehmen verkaufen, das noch welche braucht. Auf diese Weise bekommt CO$_2$-Ausstoß einen Preis!

Das ganze System funktioniert also erstens über die Begrenzung der Treibhausgasmenge, die für alle Unternehmen zusammen verbindlich ist, und zweitens durch den Handel mit den Zertifikaten, durch den sich der Preis für CO$_2$-Ausstoß bildet. Dafür hat sich der englische Begriff „cap and trade" – beschränken und handeln – eingebürgert. Treibhausgasemissionen bekommen damit einen Preis und werden so Teil der wirtschaftlichen Unternehmensplanung. Das ist extrem wichtig und wirkungsvoll! Jedes Unternehmen wird nämlich nun von sich aus prüfen, ob es nicht günstiger ist, an seinem Produkt oder Prozess etwas zu verändern und damit Treibhausgase einzusparen, als sich Emissionszertifikate zu kaufen. So hat man automatisch einen Wettbewerb der Klimaschutztechniken: Unternehmen setzen die Techniken und Methoden ein, die zu günstigsten Preisen CO$_2$ und andere Treibhausgase einsparen, und das ohne komplizierte Regeln und Verbote.

So weit die Theorie, aber am Anfang gab es mit diesem System einige Probleme: Die Politik wollte den Unternehmen zunächst keine zu strengen Regeln geben, daher wurden zu viele Zertifi-

Mechanismus des europäischen Emissionshandels (ETS): Die Politik legt Obergrenzen für die Emissionen aller teilnehmenden Unternehmen fest. Die Unternehmen handeln dann untereinander mit den Zertifikaten, die zur CO$_2$-Emission berechtigen.

kate vergeben und diese auch noch umsonst verteilt. Über viele Jahre hinweg entstand damit kein echter Anreiz, CO_2 einzusparen. Auch gab es einige Fälle von Betrug, denn man kann sich vorstellen, dass es nicht einfach ist, insgesamt 11 000 Fabriken und Anlagen in allen europäischen Ländern zu überwachen. Inzwischen hat man aber dazugelernt, und das System wurde vor kurzer Zeit deutlich überarbeitet, sodass die Zertifikate nun knapper sind und ab 2021 weiter verknappt werden. In der Folge ist der Preis für die Zertifikate schon von deutlich unter 10 Euro pro Tonne CO_2 auf über 20 Euro angestiegen – der Markt reagiert und stellt sich auf knappere Mengen von Emissionszertifikaten ein. Es besteht also Hoffnung, dass das System in Zukunft wirksam funktionieren wird.

Im Emissionshandel nehmen die fossil befeuerten Kraftwerke, der innereuropäische Flugverkehr und all die Industriebranchen teil, die den größten Ausstoß an Treibhausgasen verursachen. Insgesamt ist damit ungefähr die Hälfte des gesamten Treibhausgasausstoßes Europas erfasst! Der Emissionshandel ist also im Prinzip ein mächtiges Instrument für den Klimaschutz in den europäischen Ländern.

Deutschland steigt mit dem CO_2-Preis vergleichsweise niedrig ein, und auch die 65 Euro Maximalwert für das Jahr 2026 sind in einigen anderen Ländern bereits überschritten.

Nicht vom europäischen Emissionshandel erfasst sind die übrigen Branchen der Wirtschaft und die weiteren Teile des Verkehrs (also der Straßen-, Schienen- und Schiffsverkehr und der internationale Luftverkehr), die privaten Haushalte und die Landwirtschaft. Nach langen Diskussionen hat die deutsche Regierung nun auch eine Klimaabgabe für die Bereiche Heizen und Verkehr eingeführt, die ab 2021 greift. CO_2-Ausstoß soll also auch in diesen Bereichen zukünftig etwas kosten. Hierfür wird es Preisaufschläge auf Heizöl, Gas, Benzin und Diesel geben. Der Preis liegt zunächst bei 25 Euro pro Tonne CO_2 und soll bis höchstens 65 Euro pro Tonne im Jahr 2026 steigen. Die Idee ist, dass die Vermeidung von CO_2-Ausstoß in allen Bereichen des Wirtschaftens und unseres Alltags einen Wert bekommt. Damit würden automatisch die Techniken und Produkte günstiger, die das Klima schonen.

Das ist schon mal ein Anfang, allerdings liegt man damit noch immer deutlich unter den Werten, die in Vorreiterländern wie Schweden oder der Schweiz erhoben werden. Ein Liter Benzin würde bei 65 Euro pro Tonne ungefähr um 18 Cent teurer werden. Das ist natürlich spürbar, aber in diesem Bereich schwankt der Preis an der Tankstelle ohnehin je nach Ölpreis, Wochentag, Ferienzeit und so weiter. Viele Fachleute sind daher der Meinung, dass der bis jetzt beschlossene CO_2-Preis nicht ausreichen wird, um viele Menschen zum Umstieg aufs Fahrrad oder E-Auto zu bewegen. Auf den CO_2-Preis im Bereich des Heizens werden wir im Kapitel Wohnen noch weiter eingehen. Jetzt soll es erst einmal um unser Essen gehen.

❋ Die Teile der Industrie, die am meisten Treibhausgase ausstoßen, sind vom europäischen Emissionshandelssystem erfasst, das dem CO_2-Ausstoß einen Preis gibt.
❋ Ab 2021 wird es in Deutschland auch im Bereich Heizen und Verkehr einen CO_2-Preis geben, den viele Expert*innen jedoch für zu niedrig halten.

3.2   Ernährung und Landwirtschaft

3.2.1   Wie trägt unser Essen zum Klimawandel bei?

Treibhausgasemissionen pro Kopf in Deutschland

öffentliche Emissionen 0,73
Heizung 1,64
Strom 0,76
in Tonnen CO_2-Äquivalent pro Person und Jahr
Konsum 4,56
Mobilität 1,62
Flugreisen 0,56
Ernährung 1,74

Die Ernährung schlägt bei allen Bürger*innen im Durchschnitt mit ungefähr 1,7 Tonnen Treibhausgasemissionen pro Jahr zu Buche. Zur Erinnerung: Insgesamt sind es ungefähr 11,6 Tonnen. Nun könnte man sagen: Essen und Trinken müssen wir aber doch auf jeden Fall! Tatsächlich macht die Entscheidung, was wir essen und trinken, aber einen riesigen Unterschied. Und sogar der Zeitpunkt, wann wir dies tun, aber schauen wir uns das alles Schritt für Schritt an:

Unsere Ernährung trägt mit durchschnittlich 1,74 Tonnen pro Jahr zu unserem Treibhausgasfußabdruck bei.

Sollte der Kohlenstoff, den wir essen, nicht im Kohlenstoffkreislauf bleiben und gar nicht zum Klimawandel beitragen? Wir atmen ihn zwar als Kohlendioxid wieder aus, aber er wurde doch beim Wachstum der Pflanzen, die wir essen (oder die das Tier gegessen hat, das wir dann wiederum essen), aus der Atmosphäre aufgenommen? Woher kommt also der Beitrag des Essens zum Klimawandel? Leider verursacht das meiste Essen auf dem Weg zu deinem Teller schon jede Menge Treibhausgasemissionen.

Ein Apfel, der in deinem Garten wächst, ist tatsächlich CO_2-neutral. Der Baum nimmt beim Wachsen CO_2 auf und speichert den Kohlenstoff daraus unter anderem in seinen Früchten. Du isst den Apfel, der deinem Körper Energie liefert, und dabei atmest du Kohlendioxid wieder aus. Wir bewegen uns im natürlichen Kohlenstoffkreislauf, und alles ist so weit gut.

Was aber, wenn der Apfel aus Südtirol kommt? Dann muss er natürlich hierhertransportiert werden, und dafür stößt ein Diesel-LKW Kohlendioxid aus. Was aber, wenn du den Apfel gern im Januar essen würdest und nicht im September, wenn er hier im

Garten wächst? Dann kommt der Apfel vielleicht aus Neuseeland und ist mit dem Schiff um die halbe Welt gereist, oder er wurde 4 Monate im Kühlhaus gelagert – beides ergibt natürlich CO_2-Ausstoß.

Du siehst also schon: Eine wichtige Frage ist, ob wir *regionale* und *saisonale* Produkte essen.

Schauen wir jetzt einmal auf die Tiere, die wir essen. Wie ist dort der Weg des Kohlenstoffs? Das Tier ernährt sich von Pflanzen, nimmt dabei Kohlenstoff auf und gibt über seine Atmung Kohlendioxid ab. Ein wenig des aufgenommenen Kohlenstoffs aus jeder seiner Mahlzeiten baut es in seinen eigenen Körper ein, denn es wächst. An irgendeinem Punkt wird es geschlachtet, wir essen sein Fleisch und nehmen dabei den gespeicherten Kohlenstoff auf, der nun wiederum ursprünglich aus den Pflanzen stammt, die das Tier während seines Lebens gefressen hat. Diesen Kohlenstoff geben wir über unseren Atem wieder in die Atmosphäre ab. Hier sind also verschiedene Stationen des Kohlenstoffkreislaufs auf einmal im Spiel, aber eigentlich läuft alles noch im natürlichen Kreislauf, oder? Solange wir Jäger und Sammler waren und uns von wild lebenden Tieren ernährten, stimmte das. Aber nun müssen wir genauer hinschauen, denn hier geht es ja um Nutztiere, und da ist es etwas anders. Auf welche Weise wirkt sich also das Halten von Nutztieren auf die Atmosphäre aus?

Zunächst einmal brauchen Nutztiere viel Platz. Was macht also der Mensch? Er holzt den Wald ab und legt Viehweiden an. Eine Weide kann aber viel weniger Kohlendioxid aufnehmen als ein Wald, denn auf der Weide stehen ja nur dünne Gräser anstatt dicker Bäume. Damit steigt die Konzentration von Kohlendioxid in der Atmosphäre, und damit ist es ein indirekter Beitrag zum Treibhauseffekt. Wir nennen diesen Effekt „indirekter CO_2-Ausstoß durch Landnutzungsänderung".

Außerdem ist es so, dass die Tiere neben ihrer Atemluft (die sich im Kohlenstoffkreislauf bewegt) auch noch Verdauungsgase aus-

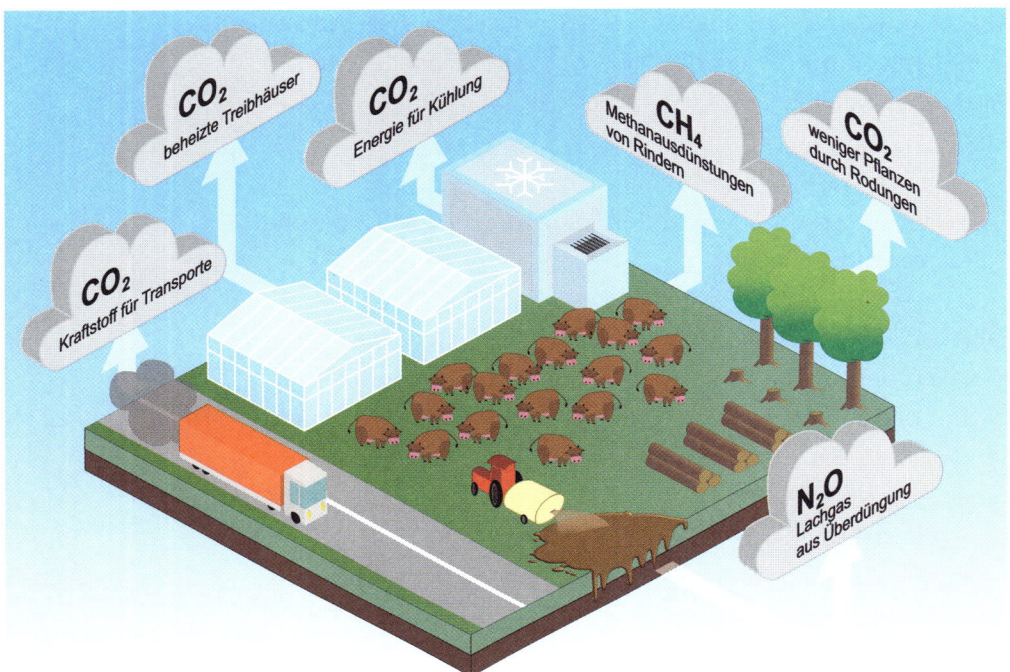

Landwirtschaft und Ernährung tragen auf unterschiedliche Weise zur Erderwärmung bei. Viehhaltung und der Anbau von Nutzpflanzen spielen dabei ebenso eine Rolle wie Transport, Kühlung und Heizung.

stoßen. Das klingt komisch, aber diese Gase spielen vor allem bei den Wiederkäuern eine große Rolle. Alle Wiederkäuer, also Rinder und damit auch Milchkühe, aber auch Schafe und Ziegen, rülpsen Methan in die Atmosphäre, und dieses ist ein sehr wirksames Treibhausgas, wie wir gelernt haben. Da es die Nutztiere ohne uns nicht geben würde und dieses Methan durch keinen natürlichen Kreislauf wieder aus der Atmosphäre entfernt wird, ist es ein menschengemachter Beitrag zum Klimawandel. Für unsere Milch- und Fleischversorgung leben heute mehr als 1,5 Milliarden Kühe und Rinder auf der Erde. Dazu halten wir eine jeweils ähnlich große Anzahl an Schafen und Ziegen, wobei der größte Beitrag zum Klimawandel eindeutig von den Rindern und Kühen kommt. Bei den ungefähr 12 kg Treibhausgasen, die pro kg Rinderfleisch anfallen, geht ungefähr die Hälfte auf das Konto der Methanrülpser!

Zu guter Letzt ist es so, dass heutzutage leider die wenigsten Nutztiere auf der Weide stehen. Die meisten stehen im Stall und werden gefüttert. Das Futter muss angebaut werden, und auch das

erzeugt Treibhausgase, selbst wenn für die Anbaufelder kein Wald gerodet wurde. Als Futter kommen zum Beispiel Mais, gemähtes Gras, Weizen und Sojabohnen infrage. Gerade Soja spielt bei der Fütterung eine wichtige Rolle, denn es enthält viel Eiweiß, das die Tiere schnell wachsen lässt. Soja wird vor allem außerhalb Europas angebaut und verursacht relativ hohe Treibhausgasemissionen – durch den Transport, aber auch durch Landnutzungsänderungen. Weltweit wird ein riesiger Aufwand betrieben, um Nutztiere zu ernähren. 80 % aller Felder werden für Weidehaltung und Futteranbau genutzt! Dabei tragen Tiere nur mit 20 % zu unserer Nahrungsversorgung bei. Nutztierhaltung ist also, wenn man nüchtern darauf schaut, vor allem eine große Ressourcenverschwendung.

80 % der landwirtschaftlich genutzten Fläche auf der Welt werden für die Tierzucht eingesetzt (Weidewirtschaft, Futteranbau etc.), die wiederum nur zu 20 % zu unserer Ernährung beiträgt.

Du siehst hiermit: Eine zweite wichtige Frage ist, wie viele *tierische Produkte* wir zu uns nehmen.

* Durch unsere Ernährung verursachen wir im Durchschnitt 1,7 Tonnen Treibhausgase pro Jahr.
* Diese Emissionen stammen aus der Tierhaltung, der Überdüngung von Feldern, den Änderungen der Landnutzung (zum Beispiel Rodung von Urwäldern zur Gewinnung von Feldern und Weiden) sowie aus Heizung, Kühlung und Transporten von Lebensmitteln.
* Besonders die Haltung von Nutztieren für die Fleisch- und Milchproduktion inklusive der dafür nötigen Futterproduktion schadet dem Klima beträchtlich.

3.2.2   Was können wir ändern, indem wir anders essen?

Schauen wir uns einmal konkret an, wie viel Treibhausgasaus-stoß von unterschiedlichen Nahrungsmitteln verursacht wird:

Die Treibhausgasintensität einzelner Lebensmittel ist sehr unterschiedlich.

Art	Lebensmittel	THG-Fußabdruck (kg CO_2-Äquivalent pro kg Produkt)
Fleisch & Fisch	Rindfleisch	12,3
	Schweinefleisch	4,2
	Hähnchenfleisch	3,7
	Fisch (tiefgekühlt)	4,1
tierische Produkte	Käse	5,8
	Butter	9,2
	Frischmilch	1,4
	Joghurt	2,4
	Hühnereier	2,0
pflanzliche Produkte	Margarine (vollfett)	1,8
	Reis	3,0
	Obst/Gemüse (EU-Feldanbau)	0,2–0,6
	Gewächshaustomate	2,9
	Überseefrüchte	0,7–2,3
	Hülsenfrüchte & Nüsse	0,6–1,0
	Tofu	1,7
	Milchersatz (Kokos-/Sojadrink)	0,5–0,7
	Nudeln & Brot	0,4–0,6

Du siehst zunächst, dass tierische Produkte mit großem Abstand am meisten Treibhausgase verursachen. Dabei stechen vor allem die Kühe und Rinder sehr negativ hervor. Das liegt daran, dass diese Tiere groß sind, recht langsam wachsen, viel Platz brauchen und vor allem große Mengen Methan produzieren. Das belastet natürlich auch die Milchprodukte mit einem Treibhausgasruck-sack, denn für ihre Herstellung müssen auch Kühe gehalten und gefüttert werden.

Du kannst aus der Tabelle ableiten, dass ein Umstieg von nor-maler auf vegetarische Kost einen großen Unterschied machen würde, denn die pflanzlichen Produkte verursachen einen deutlich geringeren Treibhausgasausstoß. Dabei kann man natürlich nicht Gurken mit einem Steak vergleichen, indem man nur auf die Treibhausgasbilanz pro Kilogramm schaut. Es ist klar, dass man weniger Fleisch als Gemüse braucht, um satt zu werden. Allerdings haben auch bei den kalorienreichen Nahrungsmitteln die pflanzlichen klar die Nase vorn: Wer Butter durch Margarine ersetzt, spart vier Fünftel der Treibhausgase ein. Wer sein Eiweiß statt aus einem Stück Rind aus Nüssen bezieht, spart fast neun Zehntel ein. Reis ist übrigens unter den pflanzlichen Produkten relativ treibhausgasintensiv, da er oft auf überfluteten Feldern angebaut wird, in denen Fäulnisprozesse ablaufen, die ebenfalls Methan produzieren.

Die Werte in der Tabelle sind natürlich immer noch abstrakt, da ja niemand einfach nur ein Kilo Rind oder ein Kilo Kartoffeln zum Mittagessen isst. Daher haben Forscher*innen ausgerechnet, wie typische Mahlzeiten abschneiden, wenn man alle Zutaten und die Zubereitung miteinbezieht:

Ein Burger mit Pommes verursacht ungefähr 3 kg Treibhausgase, eine Portion Schweinebraten mit Klößen sogar 3,5 kg und eine Bratwurst mit Brötchen ungefähr 1,9 kg. Ein Teller Spaghetti mit Tomatensoße verursacht dagegen nur ungefähr 630 Gramm. Auch hier sieht man wieder: Je weniger Fleisch dabei ist, desto besser fällt die Klimabilanz aus. Man geht davon aus, dass ein vegetarischer Lebensstil ungefähr 25 % Treibhausgase einsparen kann und ein veganer Lebensstil sogar bis zu 40 %. In Bezug auf veganes Essen musst du aber vor allem als Jugendliche*r beachten, dass die Versorgung mit Nährstoffen und Vitaminen sichergestellt wird. Es ist möglich, sich auch im Wachstum vegan zu ernähren, aber dafür ist eine ärztliche Beratung notwendig! Vor allem Vitamin-B_{12}-Mangel kann bei vegan ernährten Kindern und Jugendlichen auftreten.

Braten mit Klößen   **Spaghetti mit Tomatensoße**

Fleischgerichte haben einen deutlich höheren Treibhausgasfußabdruck als vegetarische oder vegane Gerichte.

Schauen wir noch einmal auf den Transport der Lebensmittel, der bei nicht regional erzeugtem Essen anfällt. Forscher*innen schätzen, dass jemand, der überhaupt nicht auf regionale Herkunft achtet, durchschnittlich ca. 10 % höhere CO_2-Emissionen verursacht im Vergleich zu dem, der nur regionales Essen kauft. Einen ähnlichen Effekt hat es, vor allem saisonale Kost zu essen. Kommen Obst und Gemüse aus einem beheizten Gewächshaus oder lagern lange in Kühlhäusern, dann tragen sie einen schweren Treibhausgasrucksack. Will man das Gewächshaus vermeiden und dennoch im Winter Rhabarber oder Erdbeeren essen, dann müssen sie wieder von weit her transportiert werden, wo gerade Saison dafür ist.

In der Summe heißt das, dass eine konsequente Umstellung auf veganes, saisonales und regionales Essen den Treibhausgasausstoß im Bereich Ernährung um mehr als die Hälfte reduzieren kann. Aber auch eine teilweise Umstellung kann den Klimabeitrag unserer Ernährung bereits deutlich reduzieren.

Interessant ist der Blick auf den Treibhausgasfußabdruck von Bioessen, also von Lebensmitteln, die mithilfe der ökologischen Landwirtschaft hergestellt wurden. Zunächst müssen wir uns vor Augen führen, dass die ökologische Landwirtschaft eine ganze Reihe von Zielen hat: artgerechte Tierhaltung, Verzicht auf künstliche Dünger und Futterbestandteile, Schutz des Bodens und des Grundwassers, Verzicht auf Gentechnik, künstliche Pflanzenschutzmittel und Nahrungszusätze und noch einige weitere. Es soll damit eine Landwirtschaft betrieben werden, die mit den Bedürfnissen der Natur und vor allem auch der Nutztiere insgesamt im Einklang steht, also eine nachhaltige Landwirtschaft. Klimaschutz ist dabei nur ein Aspekt und nicht unbedingt der vordergründige.

Der Beitrag von ökologischer Landwirtschaft zum Klimaschutz ist im Moment noch ein Forschungsthema. Die meisten Expert*innen sind sich aber einig, dass durch Biolandwirtschaft weniger Treibhausgase ausgestoßen werden als durch konventionelle

Landwirtschaft. Dies liegt vor allem am Verzicht auf künstliche Dünger (diese sind energieintensiv in der Herstellung) und sparsamem Düngereinsatz, was zu weniger Lachgasausstoß durch überdüngte Böden führt. Zudem kann Bioackerboden größere Mengen CO_2 speichern, und der Verzicht auf importierte Futtermittel wie zum Beispiel Soja reduziert indirekte Emissionen durch Transport und Landnutzungsänderungen. Auf der anderen Seite sind bei der Biolandwirtschaft die Erträge pro Hektar Anbaufläche geringer.

Lebensmittel aus Bioanbau haben je Mengeneinheit des Produkts einen geringeren Treibhausgasausstoß (je nach Forschungsergebnis und Produktgruppe zwischen 10 und 30 % weniger), sodass eine Ernährung mit Bioprodukten das Klima schonen kann.

Erwähnt sei noch, dass der Biolandwirtschaft von Kritiker*innen oft vorgeworfen wird, sie könne wegen der geringeren Erträge keine Lösung für die gesamte Landwirtschaft sein, denn damit müssten mehr Lebensmittel importiert werden, was wiederum zu Umweltschäden in anderen Ländern führe. Der Vorwurf ist nur dann berechtigt, wenn wir von heutigen Konsumgewohnheiten ausgehen. Wenn jedoch weniger Fleisch gegessen und Milchprodukte verzehrt würden, dann könnten wir auch mit Biolandwirtschaft ausreichend versorgt werden. So macht der Umstieg auf Biolandwirtschaft also Sinn, wenn gleichzeitig der Konsum tierischer Produkte reduziert wird. Das schont übrigens auch den Geldbeutel. Einen Beitrag zu nachhaltiger Landwirtschaft leistet man mit Bioessen in jedem Falle.

Fazit!

- ❋ Ein vegetarischer Lebensstil kann ungefähr 25 % der Treibhausgasemissionen durch unsere Ernährung einsparen und ein veganer Lebensstil sogar bis zu 40 %.
- ❋ Das Bevorzugen von regionaler und saisonaler Kost spart Treibhausgase ein.
- ❋ Bioprodukte helfen beim Klimaschutz und tragen vor allem zu einer nachhaltigen Landwirtschaft bei.

3.2.3   Nachhaltige Landwirtschaft

Jetzt haben wir viel darüber gehört, wie wir als Ernährungs-„Konsument*in" passiv das Klima schonen können, und zwar durch die Auswahl unserer Lebensmittel. Das ist gut und wichtig, aber können wir noch mehr tun, um auch unserem Anspruch nach einem nachhaltigen Leben besser gerecht zu werden? Immerhin ist die Landwirtschaft einer der Bereiche, in dem wir Menschen am direktesten in unsere Umwelt eingreifen – über die Hälfte der Gesamtfläche Deutschlands wird landwirtschaftlich genutzt! Da sollte es uns neben dem Klimaschutz auch interessieren, was dort genau passiert und wie dies auf Wasser, Luft, Tiere, Böden, Biodiversität und so weiter wirkt.

Die Landwirtschaft wird heutzutage oft industriell betrieben. Das bringt höhere Erträge, schadet der Umwelt aber an vielen Stellen – durch Überdüngung, Ackergifte, Monokulturen, Massentierhaltung oder Abholzung.

Leider hat die heutige Landwirtschaft sehr wenig mit unserem romantischen Bild vom Landleben zu tun, denn es handelt sich um eine weitgehend „industrialisierte" Produktionsform. Zwei Beispiele verdeutlichen dies: Über die Hälfte der Kühe stehen in Betrieben mit über 100 Tieren, bei den Schweinen leben sogar über drei Viertel in Betrieben mit über 1000 Tieren. Ein familienbetriebener Bauernhof mit wenigen gemischten Tieren ist also die Ausnahme. Der Bauernverband nennt das nüchtern „Strukturwandel" und meint damit, dass seit Jahren vor allem die großen Höfe und die industrielle Landwirtschaft wachsen, während die kleineren Betriebe langsam aussterben.

Es ist bekannt, dass die industrielle Landwirtschaft einen deutlich größeren Umweltfußabdruck als die klassische Kleinlandwirtschaft hat. Stehen mehr Tiere beisammen, müssen mehr Medikamente eingesetzt werden, auf Effizienz getrimmter Hochleistungspflanzenanbau setzt große Mengen Dünger, Unkraut- und Insektenvernichter ein, und große Höfe bedeuten auch oft große Monokulturen auf den Feldern. Dies sollte nicht als Bäuer*innen-Bashing missverstanden werden. Ich habe bei Urlauben auf Bauernhöfen selbst oft erlebt, dass viele Landwirt*innen ihren Beruf mit Stolz und dem Anspruch an ein gesundes Verhältnis zur Natur ausüben. Aber die Landwirtschaft wird immer mehr von rein wirtschaftlich orientierten großen Unter-

Flächennutzung in Deutschland

nehmen betrieben und nicht von solchen Landwirt*innen „aus Überzeugung". Biolandwirtschaft findet bisher nur auf 9 % der landwirtschaftlich genutzten Fläche statt, und nur 5 % der in Deutschland verkauften Lebensmittel sind Biolebensmittel, bei Fleisch sogar weniger als 2 %.

Der größte Teil unserer Landesfläche wird konventionell landwirtschaftlich genutzt. Ökologische Landwirtschaft wird nur auf 9,1 % der landwirtschaftlichen Flächen betrieben.

Wie können wir als Konsument*innen also noch mehr tun, als im Supermarkt die Produkte mit den Biosiegeln zu kaufen? Ein erster Schritt wäre, Erzeugnisse direkt von lokalen Biolandwirt*innen zu beziehen. In vielen Orten gibt es Bauernmärkte, oder man lässt sich ganz bequem eine sogenannte Biokiste bringen. Das sind an die Haustür gelieferte Kisten mit Bioware regionaler Höfe, die meistens in Form eines wöchentlichen Abos kommen. Da die Kiste immer einmal pro Woche geliefert wird und der Fahrer jeweils eine feste Tour hat, fällt dafür nicht viel Transportaufwand an.

Wer möchte, kann sich heutzutage auch selbst als Bauer oder Bäuerin betätigen, selbst wenn er oder sie in einer Stadt wohnt. „Urbane Landwirtschaft" heißt der Trend, bei dem auch in dicht besiedelten Gebieten auf kleinen Parzellen Obst und Gemüse angebaut werden. Meistens passiert das in sogenannten Gemeinschaftsgärten, also einem Stück Land, das von vielen gemeinsam bewirtschaftet wird, meist aufgeteilt in kleine Beete oder Abschnitte. Für wenig Geld kann hier jede*r das anbauen, was er oder sie selbst haben möchte, und die Ernte wird oft mit anderen Teilnehmenden geteilt. Vielleicht gibt es auch in deiner Stadt einen Gemeinschaftsgarten, in dem noch eine Parzelle für dich und dein eigenes Biogemüse frei ist?

Wer einen Schritt weiter gehen will, der kann sich in der „Solidarischen Landwirtschaft" engagieren und einen als „SoLaWi" betriebenen Hof unterstützen. Das bedeutet, dass Kund*innen sich gemeinsam die Kosten und die Erzeugnisse eines landwirtschaftlichen Betriebs teilen. Jede*r bezahlt einen monatlichen Beitrag, und dann werden die Produkte den Teilnehmenden regelmäßig geliefert oder zum Abholen bereitgestellt. Man ist damit also so etwas wie ein „Mitbetreiber" und kann in vielen Fällen auch über den Betrieb des Hofes mitentscheiden – zum Beispiel, was im nächsten Jahr angebaut werden soll.

Fazit!

❄ Weniger als 10 % der landwirtschaftlichen Fläche in Deutschland wird nach Biostandards bewirtschaftet.
❄ Es gibt verschiedene Möglichkeiten, eine nachhaltige Landwirtschaft zu unterstützen: bewusster Konsum, Biokisten von regionalen Erzeugern, „SoLaWis" oder sogar der eigene Anbau in Gemeinschaftsgärten.

3.2.4 Essen retten und dabei sparen

Zuletzt wollen wir noch auf einen traurigen Fakt eingehen, der auch für das Klima negative Folgen hat: Wir werfen unglaublich viel Essen einfach weg. In etwa ein Drittel der Lebensmittelproduktion landet im Müll! Die Gründe dafür sind vielfältig: Obst und Gemüse müssen gewisse „Marktstandards" erreichen, um überhaupt verkauft werden zu können. Braune Flecken zum Beispiel stören den Käufer, und komische Formen lassen sich nicht in Kisten packen. Natürlich könnten schrumpelige Äpfel oder krumme Gurken eigentlich noch zu Tierfutter werden, aber leider bekommen unsere Nutztiere ja Hochleistungsfutter und nicht unsere Obst- und Gemüsereste. Auf dem Weg zum Lebensmittelhandel und auch dort verdirbt ein Teil der Produktion, und auch wir zu Hause werfen das eine oder andere weg, was verdorben ist. So summieren sich die Verluste auf rund ein Drittel, was umgekehrt heißt, dass deutlich mehr Essen produziert werden muss, als wir eigentlich brauchen. Wie können wir dies vermeiden?

Erst einmal sollten wir alle verdorbenen Lebensmittel und überhaupt alle Reste wie Schalen, Verschnitt und so weiter in die Biotonne geben, damit wenigstens noch Kompost oder Biogas daraus werden kann. Ein großer Teil des Essens, der im Handel oder bei uns zu Hause verdirbt, könnte aber auch gerettet werden, indem man ihn rechtzeitig isst oder überlegter einkauft. Unter dem Stichwort „Lebensmittel retten" oder „Foodsharing" gibt es außerdem viele Angebote und auch Apps, mit deren Hilfe man bei Supermärkten und Restaurants Lebensmittel günstig oder sogar umsonst bekommt, die ansonsten weggeworfen werden müssten, oder man seine eigenen, bald ablaufenden Lebensmittel an Bedürftige spenden kann. So wird das Ganze ein Beitrag zu weniger Konsum und hilft damit auch wieder dem Klima!

Fazit!

Auch das Vermeiden von Lebensmittelmüll leistet einen Beitrag zum Klimaschutz, denn derzeit landet in etwa ein Drittel der Lebensmittelproduktion im Müll.

3.3   Wohnen

3.3.1   Warm und gemütlich ohne Verschwendung

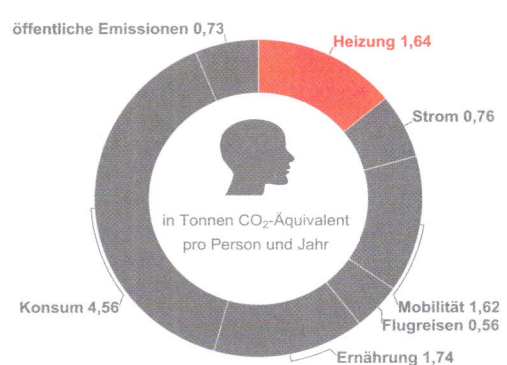

Treibhausgasemissionen pro Kopf in Deutschland

öffentliche Emissionen 0,73

Heizung 1,64

Strom 0,76

in Tonnen CO$_2$-Äquivalent pro Person und Jahr

Konsum 4,56

Mobilität 1,62
Flugreisen 0,56

Ernährung 1,74

Das Heizen trägt mit durchschnittlich 1,64 Tonnen pro Jahr zu unserem Treibhausgasfußabdruck bei.

Das Wohnen bringt für die meisten von uns neben dem Konsum den größten Einzelposten an Treibhausgasemissionen mit sich. Und zwar einfach nur, damit wir es warm und gemütlich haben. „Gebäude", also Wohnhäuser und andere Bauten zusammen, sind hierzulande für ungefähr ein Viertel aller Emissionen verantwortlich – ein riesiger Batzen!

Bleiben wir hier bei den Wohnhäusern: Aus deren Heizungen kommen pro Wohnung im Durchschnitt 3,5 Tonnen CO$_2$ für warmes Wasser und zum Heizen. Das macht pro Person ungefähr 1,6 Tonnen. Was kann jede*r von uns tun, damit unsere Wohnhäuser klimafreundlicher werden?

Als ersten Schritt kann man den Energieverbrauch für das Heizen senken, indem man Verschwendung vermeidet: Die Temperatur auf 19 bis 20 °C herunterregeln und lieber einen Pulli anziehen, als im T-Shirt herumzulaufen, Heizkörper in nicht benutzten Räumen abstellen, zweimal täglich Stoßlüften, anstatt die Fenster ständig auf Kipp zu lassen, lieber kurz duschen, als ausgedehnt zu baden. Es gibt auch ganz smarte Techniken, die dabei helfen können: Man kann zum Beispiel die Thermostatventile an den Heizkörper gegen „intelligente Thermostate" tauschen, die sich automatisch abregeln, wenn niemand zu Hause ist. Bevor man zurückkommt, kann man sie per App wieder einschalten. Durch solche „Nutzungsoptimierung" lassen sich in vielen Fällen bereits mehr als 20 % der Energie einsparen. Damit lohnen sich Investitionen wie die in intelligente Thermostate oft bereits nach wenigen Jahren. Jede Verbraucherzentrale hat Broschüren, die über solche Einsparmöglichkeiten informieren.

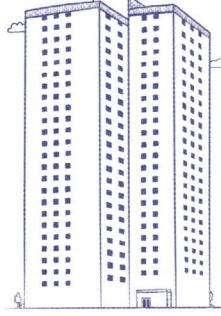

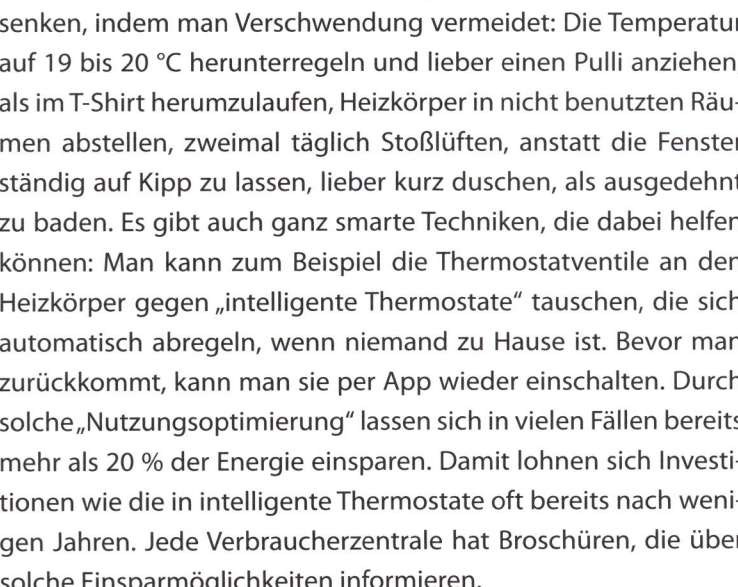

3.3.2   Die Heizung: Fossiles Lagerfeuer oder Sonnensammler?

Wenn man den CO_2-Ausstoß durch das Heizen noch deutlich mehr reduzieren will, dann muss man leider tiefer in die Tasche greifen. Dies ist aber letztendlich die Voraussetzung dafür, die Klimaziele auch im Bereich der Gebäude zu erreichen.

Es gibt in Deutschland etwa 21 Millionen Heizungen. Nur 2 dieser 21 Millionen Heizungen nutzen bereits heute zum überwiegenden Teil erneuerbare Energien. Weitere 2 Millionen sind fossile Heizungen mit einer solarthermischen Anlage, die 15 bis 20 % der Treibhausgase einspart, indem die Sonne bei der Erwärmung von Trinkwasser und seltener auch beim Heizen unterstützt. Die restlichen 17 Millionen Heizungen laufen allein mit fossiler Energie! Hier muss sich in den nächsten 30 Jahren dramatisch etwas ändern, aber das ist leider in den meisten Fällen teuer.

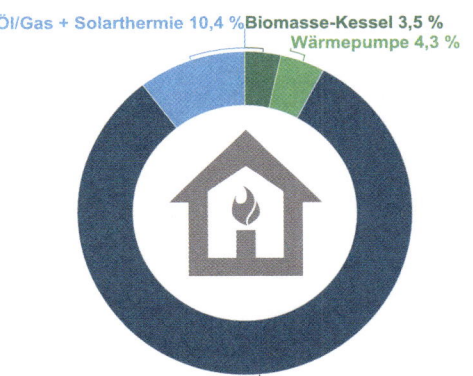

Heizungsarten in Deutschland

Öl/Gas + Solarthermie 10,4 % Biomasse-Kessel 3,5 %
Wärmepumpe 4,3 %

Öl- und Gaskessel 81,8 %

Nur knapp 8 % der Heizungen nutzen überwiegend erneuerbare Energien (Biomassekessel, Wärmepumpen), weitere circa 10 % zumindest zum Teil (fossil befeuerte Kessel mit Solarthermieanlage). Über vier Fünftel der Heizungen werden rein fossil betrieben.

Wer mit Gas heizt, der kann ganz einfach (wie beim Strom, wie wir in Kapitel 3.4 sehen werden) auf die Lieferung von Biogas umsteigen. Das ist Gas, welches aus biologischen Kohlenstoffquellen stammt, also zum Beispiel aus biologischen Abfällen, Mist und Gülle, Pflanzenresten oder extra angebauten Pflanzen wie Raps oder Mais. Natürlich bekommt man dafür keine eigene Biogasleitung ins Haus gelegt, aber der Biogasanbieter verpflichtet sich, genau den Energiebetrag, den der Kunde an Gas verbraucht, als Biogas in das Erdgasnetz einzuspeisen. Mit Biogas heizt man fast klimaneutral, im Vergleich zu fossilem Erdgas ist es aber leider zurzeit fast doppelt so teuer.

Wohnt man im Eigentum, sollte man sich überlegen, seine Heizung auf kurz oder lang auszutauschen, und zwar durch eine, die weniger CO_2 für die gleiche Menge Wärme ausstößt und erneuer-

bare Energien nutzt. Natürlich fallen hier Kosten an, und es dauert viele Jahre, bis sich die Investition rentiert. Dem Klima hilft es aber sofort und damit auch jedem von uns. Es gibt eigentlich nur zwei erneuerbare Energien, mit denen man ein Haus komplett heizen kann: Biomasse und Umweltwärme.

Biomasse lässt sich als Holzscheite in Öfen nutzen, aber auch in sogenannten Biomassekesseln. Die stehen wie eine fossile Heizung im Keller und verfeuern Holzschnitzel, Holzscheite oder gepresstes Holzmehl, sogenannte Pellets. Da Holz ein nachwachsender Rohstoff ist, entsteht dabei kein zusätzliches CO_2 – wir bewegen uns wie beim Biogas auch im Kohlenstoffkreislauf. Holzschnitzel und Pellets werden übrigens zumeist aus den Holzabfällen von Sägewerken und der Holzverarbeitung hergestellt. Biomasse ist also im Prinzip eine umweltfreundliche Art zu heizen. Da das Heizen mit Holz in Häusern und Kraftwerken aber immer mehr zugenommen hat, kommt es häufiger auch zu nicht nachhaltiger oder sogar illegaler Holznutzung aus Wäldern. Man muss also sehr darauf achten, woher die Pellets kommen. Bereits heute wissen wir, dass wir nicht so viel Holz übrig haben, um alle Gebäude auf Biomasse umzustellen. Außerdem werden wir Holz und andere Biomasse in Zukunft auch vermehrt in anderen Bereichen brauchen, um den Klimaschutz voranzubringen.

Noch besser ist es daher, **Umweltwärme** zum Heizen zu verwenden. So nennen wir die Wärme, die auch im Winter in der Luft, dem Boden oder dem Grundwasser steckt. Normalerweise fließt Wärme immer vom wärmeren Ort zum kälteren, zum Beispiel an kalten Tagen aus unserer Wohnung nach draußen. Dadurch wird es drinnen immer kälter, sofern wir nicht nachheizen. Wenn man allerdings Energie aus Strom „zum Pumpen" nutzt, kann Wärme auch den umgekehrten Weg fließen. Auf diese Art lässt sich Umweltwärme zum Heizen nutzen: Man benutzt dafür eine „Wärmepumpe", die mithilfe von Strom die Umgebungswärme von außerhalb des Hauses in die Wohnung pumpt, um diese zu heizen. Die Installation einer Wärmepumpe ist im Vergleich mit Öl- oder Gasheizungen leider komplizierter. Man braucht einen „Sammler" für die Umgebungswärme, außerdem kann die Wärmepumpe das Wasser nicht mit so hohen Temperaturen in die Heizkörper schicken wie fossile Heizungen. Das bedeutet, dass man Wärmepumpen vor allem

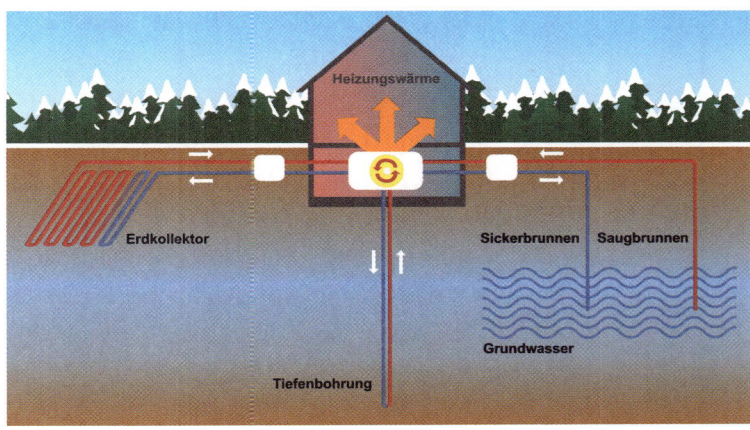

in Wohnungen und Häusern einsetzen kann, die eine gute Isolierung besitzen. Bei alten Häusern ohne Isolierung geht so viel Wärme durch die Wände und Fenster verloren, dass eine Wärmepumpe diese nicht alleine warm halten kann. Diese Häuser müssen also isoliert werden (siehe unten), bevor man sie mit einer Wärmepumpe heizen kann.

Funktionsprinzip einer Wärmepumpe: Über „Wärmeeinsammler" wird aus Boden oder Grundwasser Wärme entzogen und mithilfe der Wärmepumpe so „verdichtet", dass sie zum Heizen genutzt werden kann.

Wer heute bereits **Fernwärme** bezieht (das betrifft ca. 15 % aller Haushalte), also seine Heizenergie über unterirdische Rohre von einem Heizkraftwerk bekommt, der kann sich nicht selbst um die CO_2-Bilanz seiner Heizung kümmern. Es gibt aber berechtigte Hoffnung, dass diese sich zukünftig trotzdem verbessert. Der Staat hat begonnen, mit großen Förderprogrammen dafür zu sorgen, dass die Fernwärmeanbieter ihre Heizwerke klimafreundlicher machen – das geht zum Beispiel durch Umstellung von Kohle auf Gas oder Biomasse und zunehmend auch durch Einkopplung erneuerbarer Wärme, zum Beispiel aus solarthermischen Anlagen. In Dänemark hängen heute bereits ungefähr zwei Drittel aller Haushalte an der Fernwärme, und diese wird jetzt schon zur Hälfte mit erneuerbaren Energien versorgt, mit steigender Tendenz. Heute ist dies überwiegend Biomasse, in Zukunft soll aber die Solarthermie eine wichtige Rolle spielen. Es ist also auch möglich, die Fernwärme klimaneutral zu machen! In Deutschland ist dies leider noch ein weiter Weg.

3.3.3   Das Dämmen: Die Daunenjacke fürs Haus

Ein weiterer Ansatz, um den CO_2-Ausstoß zu reduzieren, ist das Dämmen des Hauses, damit weniger geheizt werden muss. Dies funktioniert besonders gut in Kombination mit einer neuen Heizung. Wieder ist die Voraussetzung aber, dass man in seinem Eigentum wohnt. Und auch hier fallen natürlich Kosten an, die sich erst nach vielen Jahren rechnen. Da der Gebäudebereich für den Klimaschutz aber so wichtig ist, wollen wir dennoch einen genaueren Blick darauf werfen.

Für neue Häuser schreibt der Staat bereits vor, dass diese gedämmt und mit guten Isolierfenstern ausgestattet werden müssen. Wenn man dies beim Bau gleich mit einplant, ist es nicht viel teurer. Man spart so auf lange Sicht sogar viel Geld und schützt das Klima. Alte Häuser ohne moderne Dämmung brauchen für jeden Quadratmeter Wohnfläche gut und gern das Doppelte oder sogar Dreifache an Heizenergie und stoßen entsprechend mehr CO_2 aus. Wer beim Bauen den gesetzlichen Mindeststandard überbietet, der bekommt Förderung vom Staat. Bei Neubauten werden mittlerweile über die Hälfte aller Häuser besser gebaut als der Mindeststandard, weil es sich einfach rentiert!

Um bereits stehende Gebäude gut zu dämmen, muss man sie meistens leider aufwendig komplett renovieren und die Fenster austauschen. Das Ganze kostet viel Geld und zahlt sich erst nach vielen Jahren durch die eingesparten Heizkosten wieder aus, manchmal allerdings auch niemals. An dieser Stelle kostet Klimaschutz leider recht viel Geld, aber die Wirkung ist auch sehr groß. Die Gebäude sind, wie wir gelernt haben, für einen großen Teil unseres CO_2-Ausstoßes verantwortlich. Bis zum Jahr 2050, wenn wir unseren CO_2-Ausstoß nach den Pariser Klimazielen reduziert haben wollen, werden nicht viele Gebäude abgerissen und neu gebaut werden. Das Renovieren alter Häuser ist daher ein ganz wichtiger Baustein für das Erreichen unserer Klimaziele!

Im Moment wird jedes Jahr nur ungefähr 1 % aller Häuser klimatauglich saniert. Obwohl die Bedeutung des Gebäudebereichs für den Klimaschutz sehr groß ist, hat die deutsche Regierung bisher nur sehr wenige Pflichten und Verbote für Häuser aufgestellt, die bereits stehen. Eine „Renovierungspflicht" für alte Häuser würde wahrscheinlich von den Bürger*innen nicht akzeptiert werden und viele aufgrund der hohen Kosten überfordern. Da die Kaufpreise und Mieten in den letzten Jahren ohnehin stark gestiegen sind, trauen sich Politiker*innen kaum, Vorschläge zum Klimaschutz zu machen, die die Bürger*innen viel Geld kosten.

Es ist also ein Teufelskreis: Die fossilen Energien sind zu billig, daher lohnen sich aus finanzieller Sicht keine Investitionen in das Senken des Energieverbrauchs. Aber genau diese sind notwendig, um den CO_2-Ausstoß zu reduzieren, und dazu noch die Voraussetzung für die Nutzung erneuerbarer Wärmeenergie durch Wärmepumpen. Gleichzeitig will der Staat hier nicht mit strengen Regeln und Vorgaben kommen. Es ist zu hoffen, dass der CO_2-Preis, der ab 2021 für Heizöl und Gas gilt, dafür sorgt, dass mehr Häuser energetisch saniert werden. Allerdings sagen viele Fachleute, dass er dafür noch höher sein müsste.

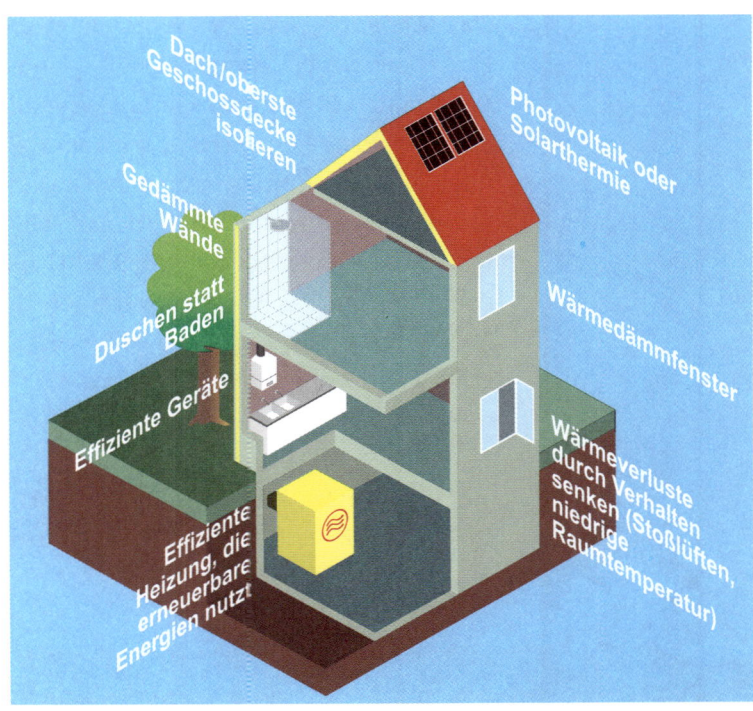

Typische „Klima-Baustellen" im Bereich Gebäude und Wohnen. Viele Maßnahmen können den CO_2-Ausstoß des Heizens reduzieren – von Gewohnheitsumstellungen (Duschen statt Baden, niedrigere Raumtemperatur) bis zu aufwendigen Sanierungen des Hauses (Heizungstausch, Dämmung).

Das wiederum wäre für Mieter ein Problem, also für über die Hälfte der Bevölkerung in Deutschland. Mieter können ihren CO_2-Ausstoß über das sparsame Heizen hinaus nicht selbst reduzieren, da eine Renovierung oder ein Heizungstausch vom Vermieter durchgeführt werden müsste. Der CO_2-Preis trifft sie aber direkt, denn sie zahlen die Heizkosten allein. Sie sind also betroffen, können aber nicht selbst handeln – außer durch Frieren oder einen Umzug. Das ist sicher nicht gerecht, und daher wird von Fachleuten kritisiert, dass die Politik nicht die Besitzer*innen der Häuser und Wohnungen stärker in die Verantwortung für den Klimaschutz nimmt.

Ihr seht also: Der Gebäudebereich ist nach wie vor eine Großbaustelle des Klimaschutzes, bei der wir leider noch keinen guten Bauplan entwickelt haben.

Fazit!

❋ Durch das Heizen unserer Häuser und Wohnungen ist jede*r von uns im Durchschnitt für ungefähr 1,6 Tonnen Treibhausgasausstoß verantwortlich.

❋ Wir können diesen Wert reduzieren, wenn wir uns den Energieverbrauch bewusster machen und im Alltag darauf achten, Heizenergie nicht zu verschwenden.

❋ Wenn wir den CO_2-Ausstoß substanziell senken wollen, kommen wir an energetischer Sanierung nicht vorbei. Hier gibt es eine Menge unterschiedlicher Techniken für jede Art von Gebäude sowie staatliche Unterstützung.

❋ Besonders klimafreundlich heizt man mit Wärmepumpen in einem gut gedämmten Haus.

❋ Im Moment werden in Deutschland viel zu wenige Häuser energetisch saniert. Der CO_2-Preis auf Heizöl und Gas könnte daran etwas ändern, er trifft aber mit den Mietern auch viele Menschen, die selbst gar nichts an ihrem CO_2-Ausstoß ändern können.

3.4   Strom

3.4.1   Wie erzeugen wir Strom, und was heißt das fürs Klima?

Strom ist für uns ein zentraler Energieträger. Mit ihm beleuchten wir unsere Wohnungen, kühlen oder kochen unser Essen, treiben Bahnen und Maschinen an, betreiben Computer, Fernseher, Smartphones und Telefone ebenso wie medizinische Geräte, Klimaanlagen oder Fahrstühle. Aus ihm kann Wärme, Kälte, Bewegung oder in Computern und Smartphones auch „Intelligenz" gemacht werden. Er ist damit der vielseitigste unserer Energieträger, aber er muss recht aufwendig aus sogenannten primären Energieträgern wie Kohle oder Gas, Wind oder Sonne hergestellt werden, und zwar in dem Moment, in dem er gebraucht wird. Und das ist eine echte Herausforderung, vor allem wenn in Zukunft vor allem Wind und Sonne unseren Strom liefern sollen, denn diese Quellen sind nicht immer verfügbar.

Treibhausgasemissionen pro Kopf in Deutschland

öffentliche Emissionen 0,73

Heizung 1,64

Strom 0,76

in Tonnen CO_2-Äquivalent pro Person und Jahr

Konsum 4,56

Mobilität 1,62
Flugreisen 0,56

Ernährung 1,74

Die private Nutzung von Strom trägt mit durchschnittlich 0,76 Tonnen pro Jahr zu unserem Treibhausgasfußabdruck bei.

Strom kann auf ganz unterschiedliche Weise erzeugt werden. In den meisten Kraftwerken geschieht dies in sogenannten Generatoren, die die Drehung einer Achse in elektrischen Strom umwandeln. Im Prinzip funktionieren diese Generatoren genau wie ein Fahrraddynamo, nur dass die Achse entweder durch eine Turbine oder durch einen Wind- oder Wasserpropeller gedreht wird.

Die Turbinen zur Stromerzeugung drehen sich meistens, indem heißer Dampf durch sie hindurchgeleitet wird, und heißen dann „Dampfturbinen". Der Dampf wiederum kann im Prinzip durch jede Art von Wärme erzeugt werden. In den meisten Fällen geschieht dies durch die Verbrennung von Kohle, Öl, Gas oder Abfall sowie durch die Hitze aus der Spaltung von Atomkernen in Kernreaktoren. Es gibt auch „Gasturbinen", bei denen die Achse direkt durch die Verbrennung von Gas in Drehung versetzt wird, ähnlich wie bei einer Flugzeugturbine. Es gibt also viele verschiedene technische Wege, aus Energieträgern erst einmal Hitze und dann Strom zu erzeugen.

fossile Energie

THG-Ausstoß pro kWh:
Braunkohle 962 g
Steinkohle 794 g
Gas 384 g

Für den Klimaschutz ist vor allem wichtig, mit welchem Energieträger dies passiert und welcher Teil der Energie am Ende zu Strom wird, das heißt also, wie effizient das Kraftwerk die Energie umwandelt. Bis vor Kurzem waren in Deutschland fast alle Kraftwerke Kohle-, Öl- oder Gaskraftwerke, die also aus **fossilen Energieträgern** Strom erzeugten und dabei natürlich CO_2 ausstießen. Hinzu kamen noch einige Kernkraftwerke, über die wir im nächsten Kapitel erfahren. Pro Mengeneinheit CO_2 kann man übrigens mehr Strom aus Erdgas herausholen als aus Öl. Öl wiederum ist energiereicher als Steinkohle und diese wiederum energiereicher als Braunkohle. Strom aus Braunkohle ist somit am „schmutzigsten", Strom aus Gas von allen fossilen Energiequellen noch am „saubersten". Das siehst du an den Zahlen am Rand für den Treibhausgasausstoß pro erzeugter Kilowattstunde Strom.

Solarthermie

THG-Ausstoß pro kWh:
23 g

Doch auch ohne fossile Energieträger lässt sich Bewegungsenergie für die Generatoren gewinnen, und zwar ganz ohne CO_2-Ausstoß bei der Stromerzeugung: Bei **solarthermischen Kraftwerken** werden Spiegel eingesetzt, um große Mengen Sonnenenergie auf einen Punkt oder eine Linie zu bündeln und damit erst Hitze und dann damit Dampf zu erzeugen. Das funktioniert nur in Gebieten, in denen man zuverlässig blauen Himmel und damit direkte Sonneneinstrahlung hat, also zum Beispiel in Südspanien oder Nordafrika.
Ebenso wie für die nachfolgenden Arten der klimafreundlichen Stromerzeugung gilt hier: Ganz ohne Treibhausgasausstoß funktionieren auch diese Kraftwerke nicht, denn die Anlagen haben ja ihrerseits einen CO_2-Rucksack aus ihrer Herstellung, der auch jeder über die Lebensdauer des Kraftwerks erzeugten Kilowattstunde Strom einen kleinen CO_2-Rucksack verpasst. Bei der Solarthermie macht dies ungefähr 23 g CO_2-Äquivalent pro erzeugter Kilowattstunde (kWh) Strom aus.

In Gebieten, in denen Vulkanismus herrscht, kann die Erde auch in der Nähe der Oberfläche sehr heiß sein. Dort kann man die Hitze für die Stromerzeugung direkt aus dem Gestein nutzen – das nennt man **Erdwärme** oder auch **geothermische Energie**. In Island wird etwa ein Viertel des Strombedarfs (und fast der gesamte Wärmebedarf) aus Erdwärme gedeckt. Bei uns gibt es bislang nur sehr wenige und recht kleine Anlagen, die Strom aus Erdwärme erzeugen. Besser sieht es bei der Heizwärme aus, denn dort werden geringere Temperaturen benötigt. Das Problem ist, dass bei uns sehr tief gebohrt werden muss, um die für die Stromerzeugung benötigten Temperaturen zu erreichen. Das macht die Technik hierzulande sehr teuer. Obwohl es auch in Deutschland durchaus Potenziale für Strom aus Erdwärme gibt, glauben die meisten Fachleute, dass andere klimafreundliche Energieträger langfristig günstiger nutzbar sein werden.

Erdwärme

THG-Ausstoß pro kWh: 66 g

Eine andere Möglichkeit, um die Achse des Generators zu drehen, ist, die Kraft der Elemente zu nutzen. Schon sehr lange bauen die Menschen Wehre und Staumauern, um Wasser aufzustauen und die Kraft des Wasserdrucks für sich nutzbar zu machen. Schon vor über 1000 Jahren hat man mit **Wasserkraft** Mühlen oder andere Gerätschaften angetrieben. Wenn man dies in den Bergen macht, wo sich große Mengen Wasser mit hohem Druck speichern lassen, oder bei schnell fließenden Flüssen, dann lohnt es sich auch für die Stromerzeugung. Man leitet dazu das Wasser durch Rohre über einen Propeller, der wiederum an einem Generator dreht. In Gebieten, in denen sich der Ozean zwischen Ebbe und Flut sehr stark hebt und senkt, kann man auch die Kraft der Gezeiten durch solche Wasserpropeller nutzen – das nennt man dann ein **Gezeitenkraftwerk**.

Wasserkraft

Gezeiten

THG-Ausstoß pro kWh:
Wasserkraft 3 g
Gezeitenkraft 14 g

Ebenfalls bereits vor langer Zeit hat man gelernt, die Kraft des Windes zu nutzen: Schon seit über 1000 Jahren gibt es Windmühlen. Wie bei den Wassermühlen ist es also folgerichtig, nun auch mit der Kraft des Windes Strom zu erzeugen. Inzwischen gehören Windkraftanlagen vor allem im Norden zum Landschaftsbild Deutschlands dazu. Hier dreht ein Windpropeller an einem Ge-

THG-Ausstoß pro kWh:
an Land: 9 g
auf See: 4 g

nerator, der in einer Kanzel auf einem hohen Stab sitzt. Die Höhe braucht man, da der Wind dort stärker und gleichmäßiger weht als in Bodennähe. Ein einfaches Prinzip, das in vielen Jahren der Forschung und Entwicklung so weit gebracht wurde, dass **Windenergie** mittlerweile eine der günstigsten Varianten der klimafreundlichen Energie ist. In Deutschland wird daher bereits ein Fünftel des Stroms aus Wind erzeugt – Tendenz stark steigend. Immer mehr baut man Windkraftwerke auch im Meer – hier weht der Wind noch stärker, und es gibt mehr Platz.

In der Forschung schaut man sich im Moment noch ganz neue Möglichkeiten an, die Kräfte der Natur durch Turbinen zu nutzen, zum Beispiel die der Meeresströmungen oder der Wellen auf dem Ozean. Diese Methoden sind aber noch nicht reif für einen Einsatz, der sich auch wirtschaftlich lohnt, und daher noch ein Forschungsthema.

THG-Ausstoß pro kWh:
27 g

Ein wenig anders als die eben beschriebenen Techniken funktioniert die **Photovoltaik** (abgekürzt PV): Hier braucht man keine Generatoren. Die Energie der Sonne wird direkt in Strom umgewandelt, ohne vorher den Umweg über Wärme oder Bewegung zu gehen. Das klingt elegant, allerdings braucht man dafür spezielle und relativ teure Materialien, die das können – die sogenannten Halbleiter. Lange Zeit hatte man geglaubt, dass die Photovoltaik zu teuer sei, um sich in Deutschland, wo die Sonne nicht so intensiv scheint, zu rechnen. Heute ist das – ebenfalls durch langjährige Forschung und Entwicklung – anders geworden. Die Photovoltaik hat vor allem den Vorteil, dass sich durch den Verzicht auf komplizierte Teile schon kleine Anlagen lohnen. Daher ist die Photovoltaik besonders für die dezentrale Stromerzeugung geeignet, und in der Folge bauen sich mehr und mehr Menschen PV-Anlagen auf ihre Dächer. Photovoltaikstrom, zusammen mit Windstrom, ist heute die günstigste Alternative zu den fossilen Energieträgern Kohle, Öl und Gas.

Auch mithilfe der Verbrennung von biologischem Kohlenstoff können wir klimafreundlich Strom erzeugen. Dafür können zum

Beispiel Holz, Pflanzenreste, Pflanzenöle sowie auch Gase oder Flüssigkeiten aus vergorenen Pflanzen (z. B. aus der „Biomülltonne") oder auch vergorenen tierischen Ausscheidungen (Mist und Gülle) und noch einiges mehr verwendet werden. Wir hatten davon bereits im letzten Kapitel gehört, wo es um Biogas ging. Das Biogas gemeinsam mit den festen und flüssigen Varianten des Kohlenstoffs aus biologischem Ursprung bezeichnen wir als **„Biomasse"**. Bei der Verbrennung von Biomasse entsteht zwar auch CO_2, allerdings stammt dieses aus Kohlenstoff, der vorher durch das Wachstum der Pflanzen aus der Atmosphäre entzogen wurde und dann wieder freigesetzt wird. Wir bewegen uns hier also innerhalb des Kohlenstoffkreislaufs des Lebens. Und obwohl das erneute Wachstum der Pflanzen mithilfe von Sonnenenergie ja Monate bis Jahre dauert, wird der Kohlenstoff auf diese Weise im Kreis geführt. Eine Klimawirkung kann Biomassenutzung dennoch haben, wenn Pflanzen extra angebaut werden, um verfeuert zu werden. Hierdurch fällt ein ähnlicher Treibhausgasrucksack an wie beim Essen, wie wir bereits gelernt haben. Daher ist die Nutzung von Biomasserststoffen wie Holzspänen, Faulgasen aus Klärwerken oder auch aus Gülle deutlich klimaschonender als „Anbaubiomasse" wie Mais oder Raps.

THG-Ausstoß pro kWh:
Klär-/Deponiegas 2-3 g
Biogas aus Gülle 42 g
Biogas aus Mais 177 g
Bioöl aus Raps 234 g

Du siehst also, es gibt ganz verschiedene Möglichkeiten, klimafreundlichen Strom zu erzeugen. Bis jetzt haben wir von Sonnenenergie, Windenergie, Wasserkraft (inklusive Wellen-, Gezeiten- und Strömungskraft), Erdwärme und der Verbrennung von biologischem Kohlenstoff gehört. Wir nennen all diese Energieträger gemeinsam „erneuerbare Energieträger", denn sie erneuern sich durch die Sonne, die Elemente und die Prozesse des Lebens sozusagen von selbst.

Fazit!

* Es gibt viele Möglichkeiten, klimafreundlich Strom herzustellen. Hierzulande sind Windenergie, Photovoltaik und Biomasse die verbreitetsten Techniken.
* Bei der Nutzung fossiler Energien für die Stromerzeugung gibt es große Unterschiede in der Klimawirkung: Gas ist am „saubersten", Braunkohle am „schmutzigsten".

3.4.2   Der Sonderfall Kernenergie

Ein wirklicher Sonderfall ist Strom aus Kernenergie. Bei der Spaltung von Atomkernen werden keine Treibhausgase freigesetzt, aber Kernenergie ist ganz prinzipiell eine gefährliche Energieform. Bei einem schweren Fehler in einem Kernkraftwerk können radioaktive Stoffe in die Umwelt austreten, die ganze Landstriche für Jahrzehnte oder länger verseuchen. Radioaktive Strahlung kann bei betroffenen Menschen schwere Krankheiten wie Krebs auslösen. Das ist leider alles auch schon mehrfach passiert. Außerdem haben wir auch nach über 50 Jahren der Nutzung noch keinen sicheren Weg gefunden, den radioaktiven Müll aus der Nutzung der Kernenergie zu entsorgen, der noch viele Jahrtausende vor sich hin strahlt. Es gibt in Deutschland noch immer kein „Endlager" dafür, und obwohl man schon seit Langem darüber streitet, ist nicht absehbar, dass es in den nächsten 20 Jahren eines geben wird.

Verlassene Ortschaft nahe des Reaktors von Tschernobyl (im Hintergrund), der im April 1986 explodierte – einer der bisher folgenreichsten Kernkraftunfälle der Geschichte.

Deutschland hat sich vor einigen Jahren entschieden, die Kernenergie nicht länger zu nutzen. Sie hatte auch nie besonders großen Rückhalt bei den deutschen Bürger*innen. Im Moment sind nur noch sechs Kernkraftwerke in Deutschland in Betrieb, und das letzte soll Ende 2022 abgeschaltet werden. Andere Länder der Welt setzen dagegen weiterhin auf die Kernspaltung, unter anderem auch weil diese eine Stromerzeugung mit sehr kleinem CO_2-Rucksack ermöglicht. Auch werden an vielen Stellen der Welt neue Atomkraftwerke gebaut, und nach Schätzungen vieler Fachleute wird dies auch so weitergehen.

Ich persönlich halte die Entscheidung für richtig, aus der Kernenergie auszusteigen. Die Gefahr eines Kernkraftunfalls wird sich niemals auf null reduzieren lassen – das hat der Unfall vor wenigen Jahren in Fukushima in Japan, einem der am weitesten entwickelten Länder der Erde, gezeigt. Außerdem müsste der Atommüll aus Kraftwerken ungefähr 1 Million Jahre lang von der Biosphäre des Planeten abgeschirmt werden. Ich finde es ziemlich anmaßend zu glauben, dass mit Fässern, die nur einige 100 Meter unter der Erde eingelagert sind, über eine so lange Zeit nichts Unerwartetes passiert. Wenn man sich die Weltgeschichte so anschaut, dann hätten die Menschen vermutlich in ein paar 1000 Jahren schlicht vergessen, wo die Endlager sind, und würden auf der Suche nach irgendetwas auf die strahlenden Überreste unserer Kernenergienutzung stoßen, vermutlich ohne die Gefahr einschätzen zu können.

Wir sollten also unseren heutigen Energiehunger besser mit Techniken decken, die nicht die nächsten ungefähr 30 000 Generationen mit der Aufgabe belasten, unseren gefährlichen Müll zu bewachen.

❋ Die Kernenergie ermöglicht zwar CO_2-freie Stromproduktion, birgt aber die Gefahr schwerer Unfälle.
❋ Auch das Problem der Endlagerung des gefährlichen Abfalls über lange Zeiträume ist noch nicht gelöst.
❋ Deutschland hat sich entschlossen, die Kernenergie nicht länger zu nutzen.

3.4.3   Der Weg zu den erneuerbaren Energien

Vor 20 Jahren wurde der Strom in Deutschland noch zu zwei Dritteln aus fossilen Energieträgern, zu 30 % aus Kernenergie und nur zu 5 % erneuerbar, nämlich aus Wasserkraft, erzeugt. Heute stammt bereits über ein Drittel des Stroms aus erneuerbaren Quellen.

Veränderung des Strommixes in Deutschland durch den Ausbau der erneuerbaren Energien. Während früher Kohle und Atomkraft dominierten, erzeugen die Erneuerbaren heute bereits knapp 40 % des Stroms. Aber auch heute noch trägt Kohle über ein Viertel zur Stromerzeugung bei.

Wie kam es zu diesem Umbau? Bereits seit 1990 gibt es eine sehr wirksame Förderung: Jede*r, der eine PV-Anlage oder eine Windkraftanlage bauen wollte, konnte sich sicher sein, dass er den selbst produzierten Strom auch in das Stromnetz einspeisen kann und dafür Geld bekommt – das nennt man „Einspeisevergütung". Diese Vergütung wird durch einen Aufschlag auf den Strompreis von allen Stromverbraucher*innen bezahlt, die den Ausbau der erneuerbaren Energien damit gemeinsam finanzieren. Die Betreiber der Stromnetze wurden durch Gesetze gezwungen, den Anschluss der neuen Anlagen zu ermöglichen und den Strom abzunehmen. Die Höhe des Geldbetrags wurde vom Staat so festgelegt, dass sich der Aufbau auch finanziell lohnt, und war für die verschiedenen Techniken unterschiedlich hoch. Damit wollte man erreichen, dass nicht nur die Günstigsten (damals Biomasse) zum Zuge kommen, sondern auch die noch jungen Techniken wie Sonnen- und Windenergie. Es hat sich gelohnt, denn diese sind nun stark gewachsen und damit günstiger geworden.

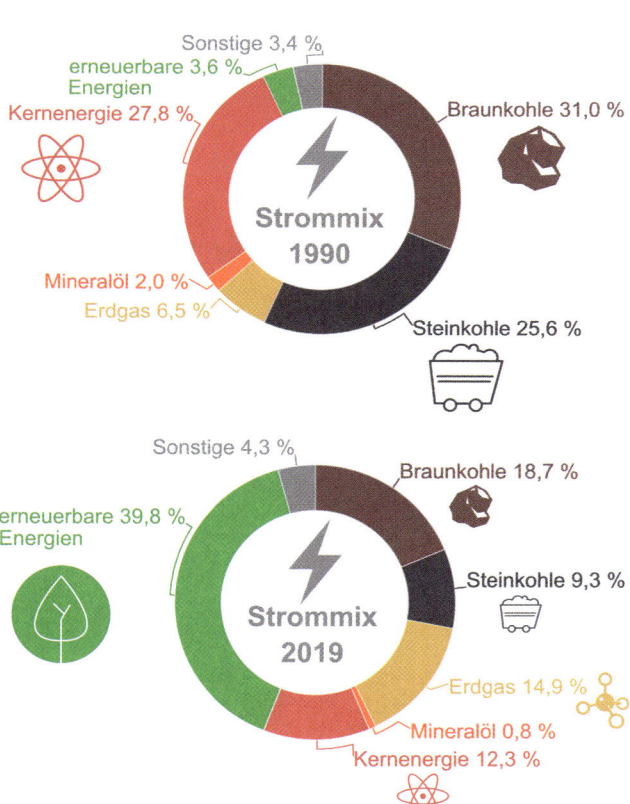

Der Ausbau der erneuerbaren Energien ist bisher also recht gut vorangekommen, allerdings sind dabei einige Probleme mit den Stromnetzen entstanden. Früher haben ja vor allem große Kohle- und Atomkraftwerke den Strom produziert. Diese standen neben Städten und Industriegebieten – also in den Regionen, in denen auch viel Strom gebraucht wird. Außerdem war die Produktion planbar. Heute sieht das ein wenig anders aus: Große Mengen des Stroms stammen aus Wind und Sonnenlicht, die ihre Energie nicht gleichmäßig an uns liefern. Außerdem stehen die Windkraftanlagen vor allem im Norden, wo der Wind stärker und gleichmäßiger weht, und die Photovoltaikanlagen vor allem im Süden, wo die Sonne kräftiger scheint. Man merkt es im Alltag nicht so sehr, aber in München kommen, über das Jahr gerechnet, tatsächlich ungefähr 20 % mehr Sonnenenergie an als in Kiel. Die Orte und Zeiten, an denen viel oder wenig Strom gebraucht wird, haben sich aber nicht verändert. Das hat vor allem zur Folge, dass viel mehr Strom transportiert werden muss, da er eben nicht mehr dort produziert wird, wo er gerade gebraucht wird, sondern dort, wo gerade Wind und Sonne vorhanden sind.

In der Welt des erneuerbaren Stroms aus Wind- und Sonnenenergie müssen die verbleibenden fossilen Kraftwerke also flexibler sein und vor allem die Stromnetze auf Zack! Das ist leider momentan noch nicht so. Es gibt derzeit zu wenige Stromleitungen, die den Norden mit dem Süden verbinden. Zwar sind diese schon länger geplant, aber wir hinken mit dem Neubau deutlich hinter den Plänen her. In der Folge müssen im Moment noch häufig erneuerbare Kraftwerke abgeschaltet werden, weil die Netze den Transport des Stroms nicht schaffen würden. Die Aufgabe ist lösbar, aber sie braucht leider noch Zeit und vor allem viel Überzeugungsarbeit, denn die Menschen sind meistens nicht glücklich, wenn über das Feld hinter ihrem Haus eine neue Stromtrasse gebaut wird. Oder auch ein neues Windrad. Bei einigen besonders langen der neu zu bauenden Hochspannungsleitungen hat man nach Protesten von Bürger*innen entschieden, diese unterirdisch zu verlegen. Dies hat viel Geld und vor allem Planungszeit gekostet und wird auch nicht überall möglich sein.

Der Umbau der Stromversorgung zum Schutz des Klimas ist nicht unsichtbar und nicht folgenlos. Fossile Kraftwerke und Kohletagebaue werden geschlossen. Menschen, die dort lange gearbeitet haben, müssen sich eine neue Tätigkeit suchen. Die Landschaft verändert sich, denn Photovoltaikanlagen, Windkraftanlagen und Stromleitungen brauchen Platz. Wenn wir es mit dem Klimaschutz ernst meinen, dann ist dieser Umbau aber alternativlos. Bis 2030 soll nach den Plänen der Regierung bereits 65 % des Stroms aus erneuerbaren Energien kommen, denn damit werden auch alle elektrisch angetriebenen Maschinen klimafreundlicher – das betrifft Industrieanlagen ebenso wie Elektroautos oder unsere Kühlschränke.

Der Umbau unserer Stromversorgung kann nur gelingen, wenn die Menschen gut darüber informiert werden, warum diese Veränderungen dringend notwendig sind. Vor allem müssen diejenigen, die dadurch ihre Arbeit verlieren, eine neue Perspektive bekommen. Das ist eine große Herausforderung für den Staat, aber es ist machbar. Ich denke, wir sind hier insgesamt auf einem guten Weg, auch wenn immer wieder heftig darüber gestritten wird, wie zuletzt über einen Mindestabstand von Windrädern zu Wohnhäusern. Die Gründe dafür sind im Einzelnen nachvollziehbar, aber es ist nun mal so: Wenn wir die Klimaziele schaffen wollen, dann kommen wir am weiteren starken Ausbau von Windkraft, Sonnenenergie und Stromnetzen nicht vorbei!

❋   Die Stromversorgung in Deutschland wurde in den letzten 30 Jahren sehr stark umgebaut – weg von Kohle und Atomkraft und hin zu den erneuerbaren Energien.

❋   Dieser Umbau unter der Überschrift „Energiewende" wird weitergehen, und 2030 sollen bereits 65 % des Stroms in Deutschland erneuerbar erzeugt werden.

❋   Eine große Baustelle ist im Moment noch der dafür nötige Ausbau der Stromnetze.

3.4.4 Ökostrom: Klimafreundlicher Alltagsbegleiter

Was bedeutet das nun für unseren Alltag? Die Antwort ist einfach: Für uns gibt es einen ganz simplen und wichtigen Schritt in Richtung Klimaschutz: auf Ökostrom umsteigen!

Indem wir einen Stromanbieter wählen, der uns Strom aus erneuerbaren Energien liefert, können wir unseren persönlichen CO_2-Fußabdruck ein gutes Stück kleiner machen. Heute hat fast jeder Anbieter Ökostrom im Programm, und der Wechsel ist mit ein paar Mausklicks online zu machen. Wer seinen Strombezug auf 100 % erneuerbare Energien umstellt, spart also ohne weiteres Zutun und ab sofort pro verbrauchter kWh etwa 400 Gramm CO_2 ein, denn das ist der durchschnittliche CO_2-Rucksack der Strommischung in Deutschland. Bei einem durchschnittlichen Haushaltsstromverbrauch von 4000 Kilowattstunden (kWh) pro Jahr macht das ungefähr 1,6 Tonnen CO_2 aus!

Auf die einzelne Person heruntergebrochen, lassen sich die 0,76 Tonnen CO_2-Äquivalent, die jede*r Deutsche durchschnittlich im Jahr durch seinen oder ihren Stromverbrauch verursacht, also ganz einfach auf fast null reduzieren. Reiner Ökostrom ist zwar ein klein wenig teurer als „grauer Strom" (das ist die Strommischung unbekannter Herkunft aus dem Netz, also eine Mischung aus fossilem, Atom- und Ökostrom), aber der Preisunterschied ist sehr gering.

Damit ist Ökostrombezug eine vergleichsweise günstige und vor allem einfache Art des Klimaschutzes. Am besten wählt man einen Anbieter, der nur Strom aus erneuerbaren Energien vertreibt und selbst in deren Ausbau in Deutschland investiert. Bei der Auswahl kann zum Beispiel das „Grüner Strom Label" helfen, das von einer Organisation vergeben wird, die von verschiedenen Umweltverbänden getragen wird.

Wer ein eigenes Haus hat, der kann noch einen Schritt weiter gehen und durch die Installation einer Photovoltaikanlage selbst

zum Ökostromproduzenten werden. Mittlerweile sind Solarmodule so günstig geworden, dass sich die Installation einer PV-Anlage in den meisten Fällen lohnt, denn man spart sich damit den Strom aus dem Netz. Natürlich gibt es Faktoren wie Dachorientierung und -neigung oder Verschattung durch Bäume, die man bedenken muss, aber in der Regel ist der selbst erzeugte Strom – auch bei Beachtung aller Installations- und Wartungskosten – deutlich günstiger als der aus dem Netz. Dazu gibt es auch heute noch für die Einspeisung der nicht selbst verbrauchten kWh einen kleinen Betrag an staatlicher Förderung.

Besonders viel Sinn macht die Installation einer PV-Anlage in Kombination mit einer Wärmepumpe zum Heizen des Hauses oder mit einem Elektroauto – man kann dann seinen selbst produzierten Strom auch zum Heizen oder für den Antrieb seines Autos nutzen. Vor allem lassen sich diese beiden großen „Stromverbraucher" so steuern, dass der Strom aus der PV-Anlage dann genutzt wird, wenn die Sonne auch scheint.

❄ Ein einfacher und nicht sehr teurer Beitrag zum Klimaschutz ist es, den Stromvertrag auf Ökostrom umzustellen. Man spart damit in einem normalen 4-Personen-Haushalt ungefähr 1,6 Tonnen CO_2 pro Jahr ein.

❄ Wer ein eigenes Haus besitzt, der kann mit einer Photovoltaikanlage selbst zum Ökostromproduzenten werden.

3.4.5 Effiziente Elektrogeräte

Auch wenn wir nach dem Lesen des letzten Kapitels auf Öko-strom umsteigen, dann sollten wir natürlich auch damit sparsam umgehen. Denn wir können in Deutschland nicht beliebig viel erneuerbare Energie nutzbar machen.

Im Bereich der Elektrogeräte hat sich in den letzten zwei bis drei Jahrzehnten technisch viel getan, was sich sehr positiv auf den Stromverbrauch auswirkt. Verschiedene Dinge spielen dabei eine Rolle: Bei der Beleuchtung hat sich beispielsweise die LED-Technik durchgesetzt, energieeffiziente Flachbildschirme haben Röhrenfernseher und -monitore verdrängt, ebenso Tablets und Laptops den Tower-Computer zu Hause. Auch Elektromotoren und ihre Steuerungen sind heute viel effizienter als früher, sodass Geräte wie Kühlschränke, Waschmaschinen und Wäschetrockner deutlich weniger Energie verbrauchen. Im Bereich der Elektrotechnik und Elektronik gibt es also eine sehr schnelle technische Entwicklung, die in den letzten Jahren zu Geräten mit kleinerem Energieverbrauch geführt hat.

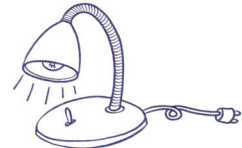

Eigentlich muss nun also vor allem dafür gesorgt werden, dass die Bürger*innen möglichst das effizienteste Gerät kaufen. Hierfür hat sich die Europäische Kommission eine recht schlaue Methode ausgedacht: die sogenannte „Energieverbrauchskennzeichnung". Es ist für alle wichtigen Produktgruppen von Haushaltsgeräten ebenso wie für Fernseher und sogar Autos vorgeschrieben, den Energieverbrauch auf einem Energielabel übersichtlich darzustellen und einzuordnen. Du hast das sicher schon einmal gesehen: Produkte werden mit einer Farbskala und Buchstaben zwischen A+++ (sehr sparsam) bis G (sehr hoher Verbrauch) eingestuft.

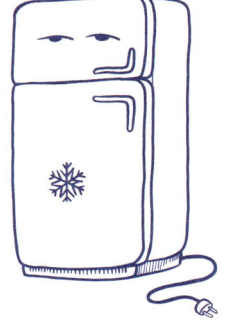

Die Kunden können damit auf einen Blick sehen, was ihr Gerät verbrauchen wird. Andere Informationen ergänzen den Verbrauch, zum Beispiel bei Waschmaschinen die „Waschwirkungsklasse". So kann man sehen, ob man für niedrigeren Verbrauch anderswo Abstriche in Kauf nehmen muss.

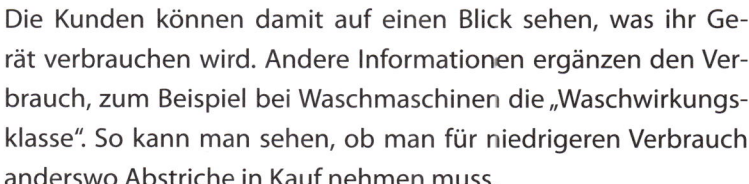

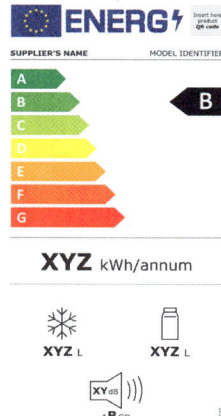

Beispiel für ein Energielabel nach der europäischen Öko-design-Verordnung, hier für einen Kühlschrank.

Die Europäische Kommission hat dazu noch die sogenannte Ökodesign-Richtlinie erlassen. Diese regelt, dass in fast jedem für den Energieverbrauch wichtigen Produktbereich Mindestanforderungen für den Energieverbrauch gelten. Nach und nach werden die jeweils schlechtesten Techniken jeder Klasse verboten. Für Haushaltsbeleuchtung gilt zum Beispiel seit 2012, dass nur noch Lampen mit Effizienzklasse C oder besser verkauft werden dürfen – Lampen mit Glühwendel, also klassische „Glühbirnen", sind damit (bis auf Sonderformen wie Lampen für Autos oder Backöfen) verboten!

Die Kombination dieser beiden Elemente – Verbrauchskennzeichnung und Ökodesign – ist sehr wirksam und wird in Zukunft auch auf andere Produkte ausgeweitet. Für uns als Verbraucher*innen wird es damit relativ einfach, klimafreundliche Elektrogeräte zu kaufen. Durch das schrittweise Verbot der Geräte mit hohem Verbrauch ist dies außerdem irgendwann unvermeidlich. Achte also darauf, dass ihr Geräte und Produkte der höchsten Effizienzklasse kauft. In einigen Fällen sind diese ein wenig teurer, aber da dann weniger Strom verbraucht wird, lohnt sich der höhere Preis meist nach sehr kurzer Zeit.

❄ Elektrogeräte aller Art sind in den vergangenen Jahren deutlich energieeffizienter geworden.

❄ Energielabels helfen Dir bei der Auswahl eines sparsamen Geräts.

❄ Die EU-Ökodesignverordnung sorgt dafür, dass in vielen Produktgruppen über die Zeit jeweils die energetisch schlechtesten Geräteklassen verboten werden.

3.5 Mobilität

3.5.1 Leben ist Bewegung

Kommen wir nun zu einem Bereich, in dem der Klimaschutz leider noch nicht weit gekommen ist: zur Mobilität. Leben ist Bewegung, und immerzu mobil zu sein ist mittlerweile selbstverständlich. Es wird von der Gesellschaft und in der Arbeitswelt von uns immer mehr erwartet. Wie aber funktioniert klimafreundliche Mobilität?

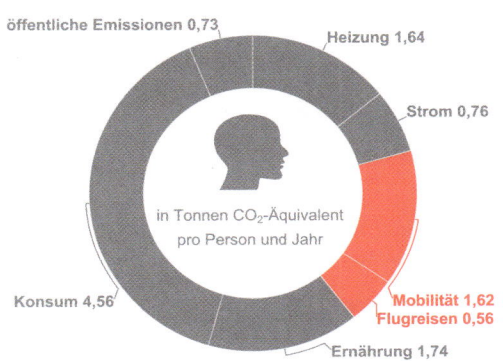

Treibhausgasemissionen pro Kopf in Deutschland

öffentliche Emissionen 0,73

Heizung 1,64

Strom 0,76

in Tonnen CO_2-Äquivalent pro Person und Jahr

Konsum 4,56

Mobilität 1,62
Flugreisen 0,56

Ernährung 1,74

Die Mobilität oder auch „der Verkehr" trägt mit ungefähr einem Fünftel unserer Treibhausgasemissionen wesentlich zum Klimawandel bei. Dabei geht es sowohl um Personenmobilität als auch um Gütertransport. Es ist offensichtlich, dass die meisten Verkehrsmittel direkt Treibhausgase ausstoßen: Fast alle Autos, Lastwagen und Schiffe haben Verbrennungsmotoren, in denen Benzin, Dieselöl oder andere Kraftstoffe verbrannt werden, um die darin gespeicherte Energie in „Vortrieb" umzuwandeln. Hinzu kommen Diesellokomotiven, und auch Flugzeuge verbrennen fossile Kraftstoffe in ihren Triebwerken. Genau wie beim Heizen werden aus den fossilen Kraftstoffen Kohlendioxid und noch ein paar andere Abgase erzeugt, von denen viele gesundheitsschädlich und einige andere auch Treibhausgase sind. Der wesentliche Beitrag zum Klimawandel kommt aber vom Kohlendioxid, das bei der Verbrennung entsteht. Elektroautos, Züge (also auch S- und U-Bahnen) und Trams dagegen nutzen Strom als Energieträger. Hier entsteht der CO_2-Rucksack aus der Erzeugung des Stroms, sodass diese Verkehrsmittel auch nicht ganz klimaneutral sind, es sei denn, sie werden mit Ökostrom betrieben.

Alle Bürger*innen in Deutschland tragen über ihr eigenes Verkehrsverhalten im Durchschnitt 2,2 Tonnen Treibhausgase im

Unsere Mobilität trägt mit durchschnittlich 2,18 Tonnen pro Jahr zu unserem Treibhausgasfußabdruck bei. Dabei steuert die Alltagsmobilität im Mittel 1,62 Tonnen bei und Flugreisen 0,56 Tonnen. Da das Mobilitätsverhalten sich jedoch von Mensch zu Mensch viel stärker unterscheidet als beispielsweise die Ernährung, können diese Zahlen auch individuell deutlich anders sein.

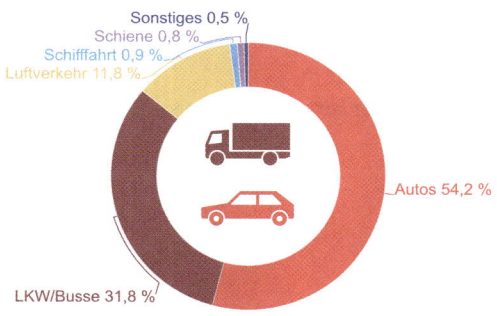

Treibhausgasemissionen der Verkehrsträger in Deutschland

Sonstiges 0,5 %
Schiene 0,8 %
Schifffahrt 0,9 %
Luftverkehr 11,8 %
Autos 54,2 %
LKW/Busse 31,8 %

Der Straßenverkehr liefert mit großem Abstand den höchsten Beitrag zu den THG-Emissionen des Verkehrssektors. Der Autoverkehr allein trägt über die Hälfte zu den Verkehrsemissionen bei.

Jahr zum Klimawandel bei. Davon entfallen 1,6 Tonnen auf die Alltagsmobilität und 0,6 Tonnen auf Flugreisen. Diese Durchschnittswerte sind nicht ganz so aussagekräftig, denn sie hängen sehr stark vom persönlichen Mobilitätsverhalten ab. Vielleicht hat deine Familie kein Auto, du fährst mit dem Fahrrad zur Schule und in den Ferien mit dem Zug zur Oma. Dann sind es bei dir wahrscheinlich weniger als 100 kg. Vielleicht hat deine Familie zwei Autos, du wirst jeden Tag zur Schule gefahren, und in den Urlaub geht es mit dem Flieger. Dann sind es mehrere Tonnen.

Der Straßenverkehr macht ungefähr 85 % des Beitrags unserer Mobilität zum Klimawandel aus! Der Luftverkehr trägt 12 % zum Treibhausgasausstoß des Verkehrs bei, andere Verkehrsmittel wie Schiffe, Diesellokomotiven etc. zusammen weniger als 3 %. Auf das Fliegen kommen wir weiter unten noch einmal zurück. Im Straßenverkehr stammen ungefähr zwei Drittel des CO_2 von Autos und ein Drittel von Lastwagen.

Um noch mal zu verdeutlichen, wie stark Autos also zu unserem Klimafußabdruck beitragen: Jeder Kilometer mit einem normalen benzinbetriebenen Auto schlägt im Durchschnitt mit ungefähr 210 g CO_2 zu Buche. Nehmen wir an, du bist mittlerweile regional und saisonal einkaufende*r Veganer*in geworden und sparst damit ungefähr die Hälfte der Emissionen aus dem Essen ein (also ungefähr 870 kg CO_2 im Jahr), dann sparst du so viel, wie ein normales Auto durchschnittlich in nur 4 Monaten ausstößt.

Fazit!

❋   Durch unsere Alltagsmobilität (das heißt vor allem durch das Autofahren) ist jede*r von uns im Mittel für 1,6 Tonnen Treibhausgase verantwortlich.

❋   Der Straßenverkehr mit Autos ist allein für mehr als die Hälfte des Treibhausgasausstoßes im Verkehrsbereich verantwortlich.

3.5.2   Klimafreundlich vorankommen

Wir sehen aus den Zahlen, dass das Autofahren wirklich einen sehr großen Beitrag zum Klimawandel liefert. Hier macht es also großen Sinn, über Verhaltensänderung oder andere Techniken nachzudenken. Schauen wir uns also die Alternativen an.

Elektroautos: Schon seit der Erfindung des Autos vor ca. 130 Jahren wissen wir, dass man es auch mit Elektromotoren antreiben kann. Am Anfang der Geschichte des Automobils war es tatsächlich gar nicht so klar, dass sich die Variante mit dem Verbrennungsmotor durchsetzen würde. Zu dieser Zeit erschien es mindestens genauso exotisch, große Mengen eines hochgiftigen, explosionsgefährlichen Stoffes an Bord zu nehmen, der wiederum beim Verbrennen massenhaft ebenso giftiges, rußiges Abgas erzeugt, wie große Mengen schwerer Batterien in das Auto einzubauen. Trotzdem hat sich am Ende der Verbrennungsmotor durchgesetzt, da die Reichweite mit den Akkus schlicht zu klein war. Die Probleme mit dem giftigen Kraftstoff hat man dann „relativ" gut in den Griff bekommen, aber noch immer stoßen Verbrennungsmotoren große Mengen giftiger Stoffe, Treibhausgase und Feinstaub aus, was besonders in der Stadt zu gesundheitlichen Problemen der Menschen führt und unserer Atmosphäre schadet.

Eines der ersten Elektroautos: das Ayrton & Perry Electric Tricycle aus dem Jahr 1882. Es hatte immerhin eine Reichweite von 40 km.

In den letzten ungefähr 20 Jahren hat es aber einige technische Entwicklungen gegeben, die Elektroautos inzwischen zu einer echten Alternative machen: die Erfindung der Lithium-Ionen-Akkus und große Entwicklungssprünge bei Elektromotoren und der Elektronik, die sie steuert. So werden schon heute Elektroautos gebaut, die 500 km Reichweite haben und in ungefähr einer halben Stunde fast komplett wieder aufgeladen werden können.

Leider sind Elektroautos aber immer noch ein gutes Stück teurer als normale Autos, und obwohl man beim Fahren spart, da E-Autos im Vergleich sehr wenig Energie verbrauchen und auch weniger Reparaturen anfallen, rechnen sie sich finanziell derzeit noch nicht. Es gibt auch noch zu wenige Ladestellen, daher ist die Angst, unterwegs einmal liegen zu bleiben, immer noch verbreitet. Besonders für Mieter ist es im Alltag noch kompliziert, ein E-Auto zu nutzen, denn sie können sich nicht einfach eine Ladeeinrichtung in die Garage oder vor die Tür bauen.

Diese Probleme scheinen aber überwindbar: Neue Gebäude und öffentliche Parkplätze müssen bald vom Gesetz her mit Ladestationen ausgerüstet werden, und die Städte und Gemeinden sind bereits dabei, in großem Stil Ladestationen im öffentlichen Raum aufzubauen. In der nächsten Zeit kommen auch viele neue E-Modelle auf den Markt, die erschwinglicher sind. In Deutschland gibt es bisher ungefähr 150 000 Elektroautos, aber obwohl E-Autos immer beliebter werden, haben hierzulande nur knapp 2 % der neu zugelassenen Autos einen reinen Elektroantrieb. Andere Länder sind da weiter: In Norwegen werden schon über 40 % der neuen Autos allein mit Batterien betrieben. Obwohl die Regierung gerade die Förderung für Elektrofahrzeuge ausgebaut hat, haben wir hierzulande also noch einen weiten Weg bei der Elektromobilität vor uns.

Für die Übergangszeit, in der noch nicht flächendeckend Ladestellen zur Verfügung stehen, gibt es mit dem „Plug-in-Hybrid" auch eine Mischung aus Verbrenner und E-Auto. Dieses ist besonders attraktiv für Menschen, die öfter lange Strecken fahren. Hier ist neben dem Elektroantrieb noch ein Verbrennungsmotor eingebaut, sodass das Auto für kurze Strecken (z. B. in der Stadt) als E-Auto fahren kann, für längere Strecken aber als Verbrenner. In der

Anteil von Elektroautos (batterieelektrische und Plug-in-Hybridautos gemeinsam) an den gesamten Neuzulassungen im Jahr 2019. Die E-Mobilität ist in den verschiedenen Ländern bislang sehr unterschiedlich stark verbreitet. Die Hauptrolle spielen dabei bisher staatliche Prämien wie Kaufzuschüsse oder Steuererleichterungen.

Anteil elektrischer Fahrzeuge an neu zugelassenen Autos im Jahr 2019

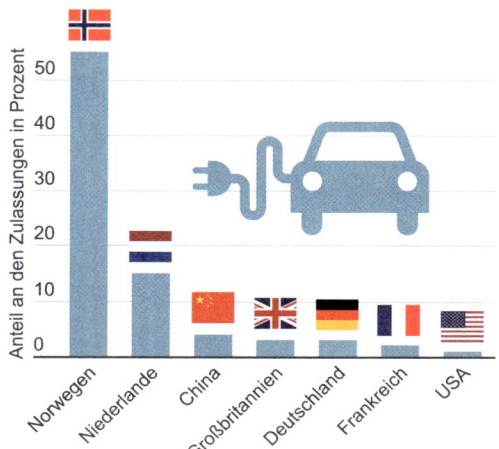

Summe ist das natürlich klimaschädlicher als ein reines E-Auto, könnte aber manchen Menschen die Angst nehmen, liegen zu bleiben. Meiner Meinung nach sind Plug-in-Hybride ein Übergangsphänomen, aber sie erleichtern den Einstieg in die Elektromobilität.

Der Fairness halber sei gesagt, dass natürlich auch ein E-Auto heutzutage noch nicht emissionsfrei fährt. Der Strom kommt aus dem Stromnetz, und daran hängen leider auch heute noch Kohlekraftwerke. Wird es mit grauem Strom betankt, so verursacht ein E-Auto derzeit ungefähr 70 bis 105 g CO_2 pro km. Diesen indirekten CO_2-Ausstoß kann man aber vermeiden, wenn man reinen Ökostrom tankt. Durch den steigenden Anteil erneuerbarer Energien im Stromnetz werden diese Emissionen in den kommenden Jahren auch für grauen Strom immer geringer werden.

Auch für die Produktion der Batterien werden zurzeit noch viele Ressourcen gebraucht, sodass E-Autos mit einem schwereren CO_2-Rucksack in ihr Autoleben starten als vergleichbare Verbrennerautos. Je nach Fahrzeug- und Batteriegröße kann es bis zu 5 Jahre dauern, diesen Startnachteil durch den klimafreundlicheren Betrieb auszugleichen. Wer aber keine riesige Batterie bestellt und sein E-Auto viel fährt, der spart über das Autoleben auf jeden Fall viel CO_2 ein.

Ein anderes häufig gehörtes Argument gegen E-Autos betrifft die Stoffe Lithium und Kobalt, die in den Batterien stecken und zum Teil aus Gebieten stammen, in denen Kinderarbeit vorkommt oder die nicht nachhaltig produziert werden. Diese Vorwürfe sind im Kern richtig, werden zum Teil aber absichtlich übertrieben. Hier ist erneut der Staat gefragt, den Batterieproduzenten zur Nachhaltigkeit ihrer Rohstoffquellen klare Vorgaben zu machen und für eine hohe Recyclingquote der Batteriematerialien zu sorgen, damit weniger Material aus dem Bergbau kommen muss. Die EU-Kommission will noch in diesem Jahr Regeln dazu aufstellen. Also besteht Hoffnung, dass die Batterieproduktion weiter verbessert und E-Autos damit schon bald noch ein Stück nachhaltiger und „grüner" werden.

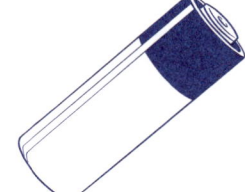

Bisher haben wir davon gehört, wie man Verbrennerautos durch klimafreundlichere Autos ersetzen kann. Aber wird das reichen? Auch ein E-Auto braucht schließlich jede Menge Ressourcen – Stahl, andere Metalle, Kunststoffe –, deren Recycling wir noch nicht vollständig beherrschen. Auch nehmen Autos und der Autoverkehr einen großen Platz in unseren Städten ein, den man auch anders nutzen könnte. Gleichzeitig werden immer mehr Kilometer auf der Straße gefahren. In den letzten 25 Jahren hat der Personenverkehr mit dem Auto um etwa ein Drittel zugenommen. Der Güterverkehr auf der Straße hat sich im selben Zeitraum sogar fast verdoppelt. Wir werden immer mobiler, pendeln und verreisen weitere Strecken. Außerdem erfordern die Veränderungen in unserem Wirtschaftssystem – Globalisierung, Versandhandel, kompliziertere Lieferketten – immer mehr Warentransport. Gleichzeitig ist der Anteil der Transporte mit Schiff und Schiene, obwohl dieser viel klimafreundlicher ist, deutlich zurückgegangen.

Dazu kommt noch ein weiterer Effekt: Zwar verbrauchen die Motoren durch die technischen Fortschritte heute bei gleicher Leistung weniger Kraftstoff und stoßen dadurch weniger CO_2 aus als früher, aber wir fahren leider gleichzeitig immer größere und schwerere Autos, auch weil wir sie uns wegen der sparsameren Motoren nun leisten können. Als Ergebnis sinken Kraftstoffverbrauch und CO_2-Emissionen viel weniger deutlich, als sie es könnten. Wir nennen diesen Effekt, dass eine Einsparung durch höhere Effizienz einen erhöhten Konsum auslösen kann, einen „Reboundeffekt". Leider macht uns dieser auch an anderer Stelle beim Klimaschutz Probleme (dazu später mehr).

Wegen dieser Trends wird uns nach Meinung der meisten Fachleute der Umstieg auf elektrisch betriebene Autos allein nicht helfen, um den Klimaschutz im Verkehr entscheidend voranzubringen. Natürlich kann nicht jede*r von heute auf morgen einfach auf sein Auto verzichten. Was ist mit einem Pendler, der jeden Tag 40 km in die nächste Stadt fahren muss? Oder der Krankenschwester, die im Schichtdienst arbeitet und Feierabend hat, wenn Busse und Bahnen nicht mehr fahren? Dennoch: Wir werden um ein grundsätzliches Umdenken im Bereich der Mobilität nicht herumkommen und vor allem auf den motorisierten Straßenverkehr stärker verzichten müssen.

Das Nutzen **öffentlicher Transportmittel** ist definitiv eine klimaschonende Alternative zum Auto, denn pro Personenkilometer stoßen Bus, U- oder S-Bahn und Tram nur etwa 60 bis 80 g CO_2 aus. Diese Bandbreite ergibt sich durch den Mix an Dieselantrieben für Busse und den elektrischen Antrieben in Bahnen und Trams. Die Zahl wird noch sinken, wenn es mehr Busse mit E-Antrieb gibt und Bahnen mit Ökostrom betrieben werden. Wer in einer Stadt oder einem Ballungsgebiet wohnt, ist in Deutschland fast überall an ein Verkehrsnetz des öffentlichen Nahverkehrs angeschlossen. Trotzdem werden nur 15 % der Fahrten im Personenverkehr mit den „Öffis" zurückgelegt. Als Gründe werden in Umfragen immer wieder Unzuverlässigkeit genannt, ebenso Langsamkeit im Vergleich zu anderen Verkehrsmitteln, hohe Ticketpreise und ein fehlendes Angebot vor allem in ländlichen Gebieten. Natürlich ist die Fahrt mit dem Bus vielleicht nicht ganz so bequem wie mit dem eigenen Auto. Aber durch die intelligente Verbindung mit anderen Mobilitätsangeboten, zum Beispiel Fahrradleihe, Carsharing oder auch Shuttles für die letzte Meile, können die meisten Fahrten sehr gut bewältigt werden, wenn das Netz gut ausgebaut ist und die Verkehrsträger gut vernetzt sind. Der Staat hat hier die Aufgabe, die öffentlichen Verkehrsnetze weiter auszubauen, zu verschmelzen, günstiger zu machen und die ländlichen Räume gut anzubinden. Und alle, die schon heute eine Haltestelle vor der Tür haben, können etwas bewegen, indem sie sich so oft wie möglich für den öffentlichen Nahverkehr und gegen das Auto entscheiden.

Und noch viel besser: **Fahrräder**! Seit über 150 Jahren gibt es sie, und sie sind damals wie heute ein intelligentes Fortbewegungsmittel. In der Stadt sind sie oftmals nicht viel langsamer als Autos und stoßen dabei genau 0 kg CO_2 aus. In Deutschland spielt der Radverkehr dennoch leider keine wesentliche Rolle. Doch es gibt

auch andere Länder, in denen Fahrräder schon heute als ernst zu nehmendes Verkehrsmittel gelten. In den Niederlanden zum Beispiel nutzt über ein Drittel der Bevölkerung das Rad für den täglichen Weg zur Arbeit, und durchschnittlich werden von allen Bürger*innen fast 900 km im Jahr auf dem Fahrrad zurückgelegt – in Deutschland sind es weniger als 300 km. Fahrräder gibt es inzwischen auch mit Elektrohilfsantrieb, sodass sich auch lange Strecken ohne allzu große Anstrengung zurücklegen lassen. 20 km Pendeln sind also eigentlich keine Ausrede mehr dafür, unbedingt ein Auto zu brauchen. Natürlich lädt das Wetter im Winterhalbjahr nicht unbedingt dazu ein, täglich große Radtouren zu unternehmen, aber auch hierfür gibt es eigentlich gute Lösungen: In den Niederlanden stehen zum Beispiel große Fahrradparkhäuser an vielen Bahnhöfen, sodass das Fahrrad mit dem öffentlichen Verkehr kombiniert werden kann. Auch hier ist wieder der Staat gefragt. Dazu, und das ist nicht unwichtig, leistet Radfahren einen wichtigen Beitrag zur Gesundheit.

Vergleich der durchschnittlichen Emissionen unterschiedlicher Verkehrsmittel im Personenverkehr, ausgedrückt als Gramm CO_2-Äquivalent pro transportierter Person und Kilometer. Ein Auto ist übrigens in Deutschland im Durchschnitt mit knapp 1,5 Personen besetzt – das erklärt den Unterschied zu den bereits genannten Emissionen von 210 g/km für das durchschnittliche Auto.

Verkehrsmittel	Treibhausgasemissionen pro Personenkilometer
Flugzeug	230 g
Auto	147 g
Eisenbahn (Fernverkehr)	32 g
Reisebus	31 g
Eisenbahn (Nahverkehr)	57 g
Stadtbus	80 g
Straßen-/Stadt-/U-Bahn	58 g

Es gibt also durchaus gute und klimafreundliche Alternativen zum Verbrennerauto. Warum also fahren hier trotzdem immer noch so viele davon herum? Am Ende scheint Deutschland vor allem leider einfach ein „Autofahrer*innenland" zu sein. Wir haben das Auto erfunden, und wir lieben es. Andere Nationen haben ein wesentlich entspannteres Verhältnis zu ihren Fortbewegungsmitteln, für uns jedoch ist das Auto heilig. Wir waschen es am Wochenende ausgiebig, und schon ein kleiner Kratzer stürzt stolze Besitzer*innen beinahe in Depressionen. Nach Gehör einzuparken und dementsprechend zerkratzte Autos wie in anderen Ländern wären hier undenkbar. Auch die Politik tut sich sehr schwer mit allem, was den Klimaschutz auf Kosten des Autofahrens voranbringen würde – ein Tempolimit auf Autobahnen zum Beispiel ist in allen anderen Ländern der Welt selbstverständlich, spart CO_2 ein und vermeidet Unfälle, aber in Deutschland ist dies leider immer noch in weiter Ferne. So kommt es, dass trotz aller Bemühungen zum Klimaschutz der Treibhausgasausstoß im Verkehr seit 30 Jahren in etwa derselbe ist.

Die Alternativen zum Auto haben es hierzulande leider sehr schwer, aber es bleibt dabei: Wir können unsere Klimaziele auch im Verkehr nur erreichen, wenn wir unser Verhalten ändern. Mit Technik allein werden sich die Emissionen so schnell nicht so drastisch senken lassen, wie nötig ist. Jeder Kilometer, den wir nicht mit dem Verbrennerauto zurücklegen, spart Treibhausgase ein. Fahrradfahren ist umsonst und hält gesund, und der öffentliche Nahverkehr ist eine gute Alternative. Und wenn wir unbedingt Auto fahren wollen, dann sollten wir zunächst überlegen, ob nicht ein über Carsharing geliehenes oder mit Kolleg*innen oder Freund*innen geteilt genutztes Auto auch reichen würde. Denn wenn nicht immer eines vor der Tür steht, dann fahren wir auch weniger. Wenn es doch unbedingt ein eigenes sein muss, dann sollte es wenigstens ein Elektroauto sein.

❋ Die Fahrleistung für Personen und Güter ebenso wie das mittlere Fahrzeuggewicht nehmen immer weiter zu und fressen damit die Effizienzgewinne bei der Motorentechnik auf – die CO_2-Emissionen sind daher über die Jahre fast konstant.

❋ Klimaschutz im Verkehr erfordert eine Änderung des Verhaltens – weg von Individualmobilität im Auto und hin zum öffentlichen Nahverkehr und Fahrradfahren.

❋ Wenn es ein Auto sein muss, dann ist das Elektroauto mit Abstand die ausgereifteste klimafreundliche Alternative zum Verbrenner.

3.5.3   Zukunftsmusik: Benzin aus Sonne?

Es werden im Moment noch andere Techniken heiß diskutiert, die uns auch helfen könnten, den Verkehr umweltverträglicher zu gestalten. Auch wenn dies bisher noch Zukunftsmusik ist, hier ein paar Worte zu Brennstoffzellen und künstlichen Kraftstoffen.

Brennstoffzellen oder auch „Wasserstoffautos": Die Idee klingt erst einmal super: Man tankt einen Kraftstoff – wie gewohnt an einer Tankstelle –, und das Auto stößt mithilfe der sogenannten Brennstoffzelle nur reines Wasser aus. Getankt wird Wasserstoff, und in der Brennstoffzelle läuft kontrolliert eine chemische Reaktion ab, in der der Wasserstoff mit dem Sauerstoff aus der Luft reagiert und dabei Strom entsteht. Dieser wird durch ein elektrisches Antriebssystem (wie beim Elektroauto) genutzt. Leider gibt es hier noch einige Probleme: Zunächst einmal ist das Ganze nur sinnvoll, wenn der Wasserstoff erneuerbar erzeugt wird. Der Wasserstoff, den man heute in Gasflaschen kaufen kann, wird aber aus Erdgas erzeugt, und dabei entsteht CO_2 – so ist Wasserstoff natürlich überhaupt nicht klimaschonend!

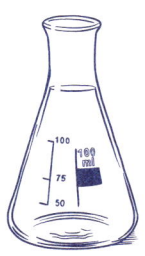

Eigentlich müsste man den Wasserstoff also aus Ökostrom herstellen, durch die sogenannte Elektrolyse aus Wasser. Damit wird er allerdings verglichen mit Benzin und mit der direkten Nutzung von Ökostrom in Elektroautos sehr teuer. Zusätzlich muss man den Wasserstoff auch noch komprimieren, also verflüssigen, und zu den Tankstellen hinschaffen. Das Ganze kostet natürlich auch wieder Energie. Wenn man diesen Aufwand mit dem reinen Elektroauto vergleicht, dann schneidet das Brennstoffzellenauto deutlich schlechter ab. Es kann zwar im besten Falle klimaneutral sein, aber es bleibt deutlich weniger effizient als ein Elektroauto. Brennstoffzellen könnten aber dennoch vor allem für Lastwagen eine gute Alternative zum Verbrenner darstellen, um die nötige Reichweite auch ohne schwere Akkus sicherzustellen.

Im Moment wird in verschiedenen Ländern (auch in Deutschland) diskutiert, ob man Wasserstoff nicht trotzdem in großem

Stil aus fossilen Energieträgern herstellen sollte und das dabei entstehende CO_2 auffangen und unterirdisch lagern könnte – das nennt man „carbon capture and storage" (CCS). Ich finde dies allerdings keine überzeugende Idee, und meines Erachtens sollte man lieber alle Anstrengungen darauf richten, die Herstellung von Wasserstoff aus erneuerbarem Strom so günstig wie möglich zu machen.

Künstliche Kraft- und Brennstoffe: Theoretisch kann man aus Wasserstoff, den man aus erneuerbarem Strom hergestellt hat (siehe oben), auch künstliches Benzin, Gas oder Öl machen. Dazu braucht man auch noch Kohlenstoff sowie einen chemischen Umwandlungsprozess. Der Kohlenstoff darf natürlich, wenn das Ganze Sinn machen soll, nicht aus fossilen Quellen stammen, sondern er müsste aus der Luft entzogen werden. Auch das kostet viel Energie (und damit auch Geld) und macht die ganze Herstellung im Vergleich zur direkten Nutzung des Ökostroms sehr ineffizient.

Wie gesagt, theoretisch ist die Herstellung von künstlichen Kraft- und Heizstoffen möglich, der Haken ist nur: Wir haben bei Weitem nicht so viel erneuerbaren Strom, wie wir dafür bräuchten! Die Preise für die künstlichen Energieträger wären vermutlich sehr viel höher als die, die wir heute für fossile Kraft- und Heizstoffe bezahlen. Schon bei der Umwandlung von Strom in künstliches Benzin, Gas und Öl geht die Hälfte der Energie einfach verloren. Und auch die Nutzung in Verbrennerautos und Heizkesseln ist nicht so effizient wie die elektrischen Alternativen, also Elektroautos und Wärmepumpen. Auf diese Art würden wir also sehr viel erneuerbaren Strom verschleudern, und der ist kostbar.

Nun gibt es einige, die künstliche Kraftstoffe trotzdem als die große Lösung ansehen – für das Verkehrs-, aber auch das Heizungsproblem. Man kann sich vorstellen, dass dies vor allem die Hersteller*innen von Autos mit Verbrennungsmotoren und von Heizungen sind. Wenn man in großem Stil künstliche Brenn- und Kraftstoffe zu ähnlichen Preisen herstellen könnte, wie wir heute für Benzin, Diesel, Erdgas und Heizöl bezahlen, dann könnte alles so bleiben, wie es ist: Wir könnten weiterhin große Autos fahren und unsere Häuser mit Öl- und Gasheizungen warm machen. Deshalb sagen die Verfechter der künstlichen Energieträger, dass wir diese importieren müssten. Denn die Länder, zum Beispiel im Nahen Osten, die heute Öl und Gas fördern und exportieren, bekommen auch viel Sonnenenergie. Die Idee wäre nun, dass dort riesige Solarparks errichtet werden und der Strom in künstliche Kraft- und Brennstoffen umgewandelt wird. Diese würden dann, wie heute die fossilen Energieträger, mit Tankschiffen und Pipelines zu uns transportiert werden. Die Idee klingt verlockend: Wir müssten praktisch nichts ändern, und Klimaschutz würde über die künstlichen Kraftstoffe passieren – eine schöne neue Welt. Viele Unternehmen bemerken natürlich, dass eine elektrische Zukunft für sie ernste Probleme bereiten würden, und immer mehr Politiker*innen sind offenbar der Meinung, dass man den Bürger*innen die nötigen Umwälzungen nicht zumuten kann. Da ist so eine Vision, bei der im Alltag alles beim Alten bleibt, natürlich attraktiv.

Momentan wird diese Idee also immer beliebter. Ich persönlich denke nicht, dass sie funktionieren kann. Denn daran, dass man sehr große Mengen erneuerbaren Stroms und eine nichtfossile Kohlenstoffquelle braucht, wird sich nie etwas ändern. Und das macht es eben aufwendig und teuer, und zwar egal, wo und wie man den Strom genau produziert. Es wird einige Bereiche, wie zum Beispiel den Flugverkehr, geben, wo wir um die künstlichen Kraftstoffe vermutlich nicht herumkommen. Aber für den Straßenverkehr, ebenso wie für das Heizen von Gebäuden, gibt es bessere technische Alternativen.

Fazit!

Wasserstoff und künstliche Kraftstoffe ermöglichen ebenfalls klimaschonende Mobilität – sie sind allerdings weniger ausgereift und derzeit auch deutlich teurer als die direkte Nutzung von Strom in Elektroautos.

3.5.4   Und wie kommen wir in den Urlaub?

Urlaub soll eine besondere Zeit sein. Für viele bedeutet das, sich Luxus zu gönnen, der uns im Alltag versagt bleibt. Das heißt aber auch, dass wir im Urlaub besonders viel und intensiv konsumieren: Obwohl wir im Jahr nur wenige Wochen auf Reisen sind, ist damit jede*r von uns im Durchschnitt für mehr als 1 Tonne Treibhausgasausstoß verantwortlich. Diese teilt sich bei der „Durchschnittsperson" ungefähr zur Hälfte auf Unterkunft und das Verkehrsmittel Flugzeug auf. Wie bereits angemerkt: Da das Mobilitätsverhalten gerade beim Reisen sehr unterschiedlich ist, kann der Wert im Einzelfall auch sehr anders sein.

Wir schauen uns an, wie wir hier besser werden können. Meist brauchen wir schon große Mengen an Energie, um überhaupt an unser Ziel zu kommen. Dabei hängt die Klimawirkung unserer Reise sehr stark von dem genutzten Verkehrsmittel ab. Auch die Wahl der Unterkunft hat eine Wirkung auf die Klimabilanz unserer Reise.

Fangen wir mit den Verkehrsmitteln an: Wir hatten in der Tabelle auf S. 160 gesehen, dass Eisenbahn und Reisebusse im Fernverkehr im Durchschnitt ca. 30 g CO_2 pro Personenkilometer ausstoßen, das Auto 147 g und das Flugzeug 230 g. Die Wahl des Verkehrsmittels für unsere Urlaubsreise macht also einen riesigen Unterschied. Über das Auto haben wir eben schon viel gehört, daher kommen wir nun einmal zum Flugzeug: Der Flugverkehr macht zwar unter 3 % der aus Deutschland insgesamt gemeldeten CO_2-Emissionen aus, aber es gibt keinen Bereich des Verkehrs (und in den Industrieländern wahrscheinlich keinen Wirtschaftsbereich überhaupt), dessen Treibhausgasemissionen so stark wachsen. Der internationale Flugverkehr wuchs bisher jährlich um ungefähr 3 %, in den letzten Jahren aufgrund der bis vor Kurzem guten Wirtschaftslage sogar um 5 bis 8 %. Bereits heute trägt der Flugverkehr auf der Welt zu etwa 5 % der gesamten Klimaerwärmung bei.

Aber schauen wir einmal aus unserer Perspektive auf das Fliegen: Vielleicht habt ihr ja schon einmal eine Anzeige von einer Fluggesellschaft gesehen, in der es heißt „Unsere Flugzeuge verbrauchen weniger als 3 Liter Kerosin pro 100 Kilometer." Das klingt doch erst einmal ganz gut, denn immerhin verbrauchen die meisten Autos deutlich mehr Benzin oder Diesel. Da sollte doch ein Flug in den Urlaub ungefähr so abschneiden wie die Fahrt mit dem Auto, oder nicht? Leider ist das überhaupt nicht so, und zwar aus mehreren Gründen.

Zunächst einmal ist die Klimawirkung der Flugzeugabgase viel größer als die der Autoabgase. Das Flugzeug produziert die Treibhausgase bereits genau da, wo sie ihre Wirkung entfalten. Und das macht leider einen sehr großen Unterschied: Die Klimawirkung von Flugzeugen pro ausgestoßenem Kilogramm CO_2 ist ungefähr um das 2- bis 3-Fache schlimmer. Im direkten Vergleich würde das Flugzeug also 6 bis 9 Liter verbrauchen und damit genauso viel oder sogar etwas mehr als ein modernes Auto.

Der zweite Unterschied ist, dass im Auto meistens mehrere Plätze besetzt sind und sich die Emissionen damit auf die Personen verteilen. Im Flugzeug sitzen zwar noch mehr Personen, aber die Emissionen werden pro Sitzplatz berechnet! Das heißt, wenn ihr zum Beispiel als 4-köpfige Familie mit dem Auto in den Urlaub fahrt, dann teilen sich die Emissionen des Autos durch 4, beim Fliegen aber nicht. Eine Flugreise zu viert ist also so, als würdet ihr mit vier Autos in den Urlaub fahren.

Der dritte Unterschied ist, dass man mit dem Flugzeug anders reist als mit dem Auto. Wenn ihr als 4-köpfige Familie beispielsweise nach Thailand fliegt, dann beträgt die Strecke hin und zurück 18 000 Kilometer. Das würde kein Mensch mit dem Auto fahren! Zusammengenommen wäre die Klimawirkung dann so, als würden vier Autos diese Strecke fahren. Und das übertrifft sogar die Kilometerzahl, die durchschnittlich jedes Auto in Deutschland in einem ganzen Jahr fahren würde. Und das alles für zwei Wochen Urlaub am Strand!

Ihr seht also: Die Klimabilanz vom Fliegen ist verdammt schlecht. Und daran wird sich leider auch in der nächsten Zeit nicht viel ändern. Es gibt für lange Strecken einfach noch keine technische Alternative zu Flugzeugtriebwerken, die mit Kerosin laufen. Zwar forschen inzwischen einige Firmen an elektrischen Flugzeugen, aber das ist noch Zukunftsmusik und wird dann vermutlich nur für kurze Strecken und bei recht niedrigen Geschwindigkeiten funktionieren.

Das Fliegen wird wahrscheinlich der erste Bereich sein, in dem künstliche Kraftstoffe praktisch eingesetzt werden. Auch beigemischtes Biokerosin wird zur Verbesserung der CO_2-Bilanz einen Beitrag leisten können, aber wie wir bereits in Kapitel 3.3 gelernt hatten, haben wir leider nicht genug Biomasse, um alle Sektoren damit zu versorgen. Egal, ob mit Biokerosin oder künstlichen Kraftstoffen: Das Fliegen wird sehr viel teuer werden!

Vielleicht habt ihr auch schon einmal gehört, dass man die Treibhausgasemissionen eines Flugs „kompensieren" kann? Dafür zahlt man bei der Buchung etwas mehr, und jemand kümmert sich dann darum, dass die Klimawirkung wieder aufgehoben wird. Es werden dafür zum Beispiel Bäume gepflanzt oder Windkraftanlagen errichtet. Das Geld, das man für die Kompensation bezahlt, wird also dafür eingesetzt, an anderer Stelle genau den Betrag der Klimawirkung wieder einzusparen, der durch den Flug zustande gekommen ist. Es gibt verschiedene Organisationen, die solche Klimakompensationen anbieten. Die Fluggesellschaften kooperieren mit diesen Organisationen und können so die Kompensation per Mausklick auf ihrer Buchungsseite anbieten. Wie ihr euch vielleicht vorstellen könnt, klappt das im Prinzip auch für andere „Klimasünden", also zum Beispiel für die Autofahrt in den Urlaub. Dann muss man sich allerdings selbst darum kümmern, das heißt auf die Seite des Kompensationsanbieters gehen, dort die Daten der Reise eingeben und direkt bezahlen.

Die CO_2-Kompensation beruhigt zunächst einmal unser Klimagewissen. Es ist auch ein guter Schritt in die richtige Richtung und bewirkt direkt etwas für das Klima. Vor allem aber fördert es das Bewusstsein für das Thema Klimaschutz, denn CO_2 bekommt damit einen Gegenwert in Geld. Trotzdem werdet ihr mir sicher zustimmen, dass man auf diese Art nur ein kleines Stück weit kommen kann. Wenn der Flugverkehr weiter so wächst wie bisher und seine CO_2-Emissionen nur an anderer Stelle kompensiert werden, dann gehen uns bald die Optionen zur Kompensation aus. Auch in allen anderen Bereichen müssen wir ja viel tun, und die Anstrengungen dürfen wir nicht doppelt zählen. Das heißt, eine Windkraftanlage, die sowieso gebaut wird, um im Strombereich CO_2 einzusparen, kann natürlich keine Flüge ausgleichen. Das kann nur eine zusätzliche Windkraftanlage. Ihr seht das Problem: Kompensation ist ein guter erster Schritt und beruhigt unser Gewissen, aber es kann ein grundsätzliches Umdenken nicht ersetzen.

Es bleibt also dabei: Wer klimafreundlich reisen will, der muss zuallererst über die Wahl des Verkehrsmittels nachdenken. Busse und vor allem die Bahn sind hier die besten Alternativen, dann kommt das Auto, und mit großem Abstand ist das Flugzeug die klimaschädlichste Möglichkeit.

Fazit!

❄ Durch unsere Urlaube und Reisen sind viele von uns für eine große Menge Treibhausgase verantwortlich.

❄ Am einfachsten sparen wir Treibhausgase ein, indem wir auf das Fliegen und das Autofahren verzichten und stattdessen Bahn oder Bus benutzen.

❄ Unsere „Klimasünden" durch die Anreise lassen sich durch eine „CO_2-Kompensation" ausgleichen.

3.5.5 Wie man sich bettet, so emittiert man

Nun ein paar Worte zur Unterkunft im Urlaub: Auch diese hat einen großen Einfluss auf die Klimabilanz der Reise. Das Hauptproblem ist, dass Hotels für die gleiche Aufgabe, die sonst unsere

Wohnung erfüllt, nämlich einen Schlafplatz, ein Bad und Essen bereitzustellen, im Vergleich sehr viel mehr Energie und Ressourcen verbrauchen: Handtücher und Bettwäsche werden fast jeden Tag gewaschen, die Zimmer und Flure gesaugt, die Bäder geputzt, Unmengen von Essen werden gekocht und davon sehr viel auch wieder weggeworfen, Schwimmbad und Sauna werden betrieben und so weiter. Wenn man all diesen Aufwand an Energie und Ressourcen auf die einzelne Person und Übernachtung herunterrechnet, dann liegt man damit deutlich schlechter als zu Hause, wo man viel seltener wäscht und putzt und sein Essen nach Bedarf kocht. Je nach Ausstattung des Hotels und der Zimmerbelegung fallen pro Gast und Übernachtung ungefähr 10 bis 35 kg CO_2 an. Zum Vergleich: Ein durchschnittlicher Singlehaushalt kommt auf ca. 8 kg CO_2 pro Tag, und bei Mehrpersonenhaushalten sinkt dieser Wert, auf die einzelne Person bezogen, nochmals deutlich.

Pensionen und andere weniger aufwendige Unterkünfte wie Jugendherbergen, Bed & Breakfasts etc. produzieren entsprechend weniger Treibhausgasausstoß, aber immer noch mehr als der Aufenthalt in einer Ferienwohnung, die am nächsten an die eigenen vier Wände herankommt. Das Übernachten im Zelt dagegen verursacht so gut wie keinen Ausstoß und ist damit die klimafreundlichste Urlaubsvariante. Das heißt also zusammengefasst, dass auch die Auswahl der Unterkunft einen großen Unterschied machen kann. Man könnte ganz pauschal sagen, dass weniger Komfort auch weniger Ressourcen verbraucht.

Ein Sonderfall sind Kreuzfahrtschiffe – hier handelt es sich um Unterkunft und Reisegefährt in einem. Kreuzfahrten erfreuen sich steigender Beliebtheit: Über 25 Millionen Passagiere werden heute jedes Jahr gezählt, während es vor 20 Jahren noch weniger als 10 Millionen waren. Leider belasten Kreuzfahrten das Klima vergleichsweise stark. Für eine 14-tägige Kreuzfahrt in einer Doppelkabine rechnet ein Treibhausgas-Kompensationsanbieter mit 3 Tonnen CO_2-Ausstoß pro Person! Dazu kommt in vielen Fällen die Anreise per Flugzeug, da ja die meisten Kreuzfahrten in südlichen Gewässern stattfinden und nicht in Nord- oder Ostsee. Kreuzfahrten sind also leider im Vergleich eine sehr klimaschädliche Art, Urlaub zu machen.

Welche Optionen haben wir aber nun, klimafreundlich Urlaub zu machen? Was ist mit dem „Ökotourismus", der in letzter Zeit immer mehr umweltbewusste Reisende anspricht? Viele Hotels rühmen sich mittlerweile mit CO_2-neutralen Übernachtungen. Wie in vielen Bereichen ist es aber auch hier gar nicht so leicht zu unterscheiden, wo ernsthaft etwas getan wird und wo nicht. Der recycelbare Kugelschreiber macht natürlich noch kein Ökohotel aus, also lasst euch nicht von kleinen Gesten in die Irre führen. Wichtiger sind die großen Verbraucher Klimaanlage, Schwimmbad und Wellnessbereich sowie die Baumaterialien des Hotelgebäudes. Außerdem kann es einen großen Unterschied machen, welche Lebensmittel verwendet werden und wie damit umgegangen wird. Dies kann man natürlich als Besucher*in nicht alles beurteilen und schon gar nicht von ferne vor Buchung der Reise. Es gibt aber inzwischen auch im Tourismus Zertifikate und Siegel wie zum Beispiel die „viabono-Zertifizierung", die bei der Auswahl einer umweltverträglichen Unterkunft helfen können. Auch hier liefert der „nachhaltige Warenkorb" viele nützliche Informationen.

Verbände kleinerer Reiseveranstalter wie das „Forum anders reisen" oder Marketinggemeinschaften wie die „Biohotels" haben Statuten für ihre Mitglieder festgelegt, an die sich alle halten müssen. Das schafft für die Reisenden einen besseren Überblick über das vielfältige Angebot. Natürlich ist der Tourismus und damit auch der Ökotourismus eine sehr lebhafte Branche, in der sich ständig viel bewegt. Daher nenne ich hier nur diese wenigen konkreten Beispiele. Es lohnt sich auf jeden Fall, vor einer Reise selbst zu recherchieren.

Hat man dann eine klimafreundliche, nachhaltige Unterkunft gefunden, kann dies sogar eine Chance sein, sich für den Alltag inspirieren zu lassen, denn auch dafür sind die Ferien ja gut: Neues kennenlernen, Dinge ausprobieren und Zeit haben, Gewohntes zu überdenken. So kann der Urlaub in einem Hotel, das vegetarisch oder sogar vegan kocht, viele neue Anregungen geben. Man kann auch im Wellness- oder Kosmetikbereich ökologische Produkte kennenlernen, auf die man sonst vielleicht nicht gestoßen wäre, und in einigen Ferienunterkünften kann man sogar erleben, wie angenehm es ist, in einem Haus zu wohnen, das komplett mit Naturmaterialien eingerichtet ist.

Schwieriger ist es bei Reisen ins Ausland, wo es oft keine Ökosiegel gibt oder man zumindest nicht weiß, was hinter einem Begriff wie „Eco-Resort" wirklich steckt. Hier kann man sich an internationalen Zertifizierungen wie zum Beispiel der „Green Globe"-Zertifizierung orientieren. In Schwellen- und Entwicklungsländern kommen auch noch andere Aspekte der Nachhaltigkeit dazu, die man beachten sollte: Unterstützt ein Hotel die lokale Wirtschaft und Entwicklung? Werden Umweltauflagen umgesetzt? Wie sind die Investoren zu dem Bauland gekommen? Hier ist es sehr schwer, eine gute Entscheidung zu treffen. Eine wertvolle Informationsquelle hierzu kann der „Studienkreis für Tourismus und Entwicklung e. V." sein – ein Verein, der sich seit vielen Jahren für einen nachhaltigen, sozial- und umweltverantwortlichen Tourismus einsetzt. Und es können auch wieder kleinere Reiseanbieter helfen, die sich auf Ökoreisen ins Ausland spezialisiert haben. Sie kennen die Gegebenheiten vor Ort und können daher besser beraten. Auch diese findet man im Internet oder auf Reisebörsen und -messen.

Wie in allen anderen Bereichen, die wir bisher angeschaut haben, gilt auch beim Reisen: Weniger Konsum schont das Klima. Das ist natürlich für manche gerade im Urlaub schwer. Aber wenn man sich bewusst macht, dass man die Länder und Gegenden direkter und unverstellter kennenlernt, wenn man sich beim Reisen den überflüssigen Luxus verkneift, hat man sogar einen positiven Nebeneffekt. Wer mit der Bahn oder dem Bus reist, sieht mehr Landschaft und lernt dabei mehr Leute kennen als jemand, der fliegt. Wer campen geht oder gar Couchsurfing macht, lernt mehr über die Kultur des Landes als jemand, der im Resort wohnt. Und wer auf dem Markt isst, erfährt andere Geschmäcker als jemand, der zur Fast-Food-Kette oder ins noble Restaurant geht. Vielleicht sind es ja auch gerade diese Erfahrungen, die eine Reise am Ende wertvoller machen?

Fazit!

* Auch die Wahl der Unterkunft hat eine große Auswirkung auf den CO_2-Fußabdruck der Reise. Im Allgemeinen gilt hier: Je einfacher der Standard, desto geringer die Klimawirkung.
* Nachhaltiger Tourismus schont das Klima und die Ressourcen, aber auch hier gilt: Je weiter und je aufwendiger eine Reise ist, desto größer ihr Fußabdruck.

3.6 Anders leben

3.6.1 Wie viel ist genug?

An all den bis hier besprochenen Themen – dem Konsum, der Ernährung, dem Wohnen und der Mobilität – kann man bei genauerem Hinsehen ein größeres Problem festmachen, das uns beim
Klimaschutz ganz grundsätzlich im Weg steht: Wir Bürger*innen
der westlichen Industriestaaten haben einen Anspruch an unsere Lebensweise aufgebaut, der mit den Möglichkeiten unseres
Heimatplaneten auf Dauer nicht verträglich ist.

Das gilt schon für uns Menschen aus den privilegierten Ländern,
die wir den Klimawandel durch unsere Art zu leben verursacht
haben. Und es gilt erst recht, wenn dieses Leben als Vorbild für eine wachsende Zahl von Menschen in den aufstrebenden Schwellenländern wie China oder Indien gelten soll.

Es ist sogar so, dass wir unseren Lebensstandard auch heute
noch immer weiter ausbauen: Wir wohnen in immer größeren
Wohnungen, fahren immer weitere Strecken in immer schwereren, luxuriöseren Autos, fliegen immer häufiger mit dem Flugzeug und haben bis vor Kurzem auch immer mehr Fleisch gegessen. Wie wir gesehen haben, sinkt der Treibhausgasausstoß
in Deutschland zwar seit einigen Jahren, aber ein Teil der Erfolge
im Klimaschutz wird durch unseren steigenden Lebensstandard
wieder zunichtegemacht. Das heißt: Wir könnten schon viel weiter sein, wenn wir unsere Ansprüche nicht parallel zu unseren Bemühungen zu mehr Energieeffizienz und weniger Treibhausgasausstoß immer weiter in die Höhe schrauben würden.

Bleiben wir einmal beim Beispiel Fleisch: In Deutschland wurden im Jahr 1950 ungefähr 25 kg Fleisch pro Jahr und Person verzehrt – das waren knapp 500 g pro Woche, also in etwa der Sonn-
tagsbraten und dazu vielleicht etwas Wurst und Schinken. Heute sind es über 60 kg, also ungefähr 1,2 kg pro Woche oder 160 g
am Tag. Zum Vergleich: Forscher*innen haben jüngst einen Er-

● Menschen ● Rinder
● Schweine ● Schafe
● Ziegen ● Hühner

Mengenverhältnisse der auf
der Erde lebenden Menschen
im Vergleich zu den Nutz-
tieren.

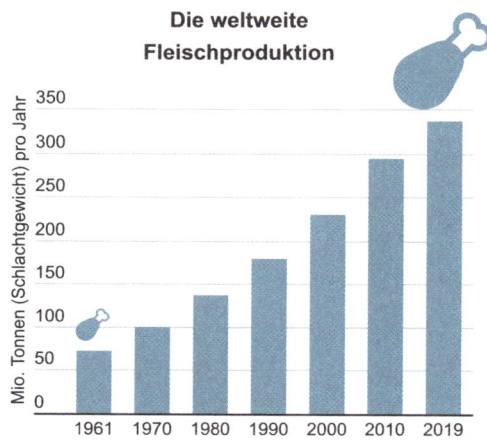

Die weltweite Fleischproduktion

Entwicklung des Fleischkonsums weltweit. Aktuell werden jedes Jahr Tiere mit einem Gesamtgewicht von über 300 Mio. Tonnen geschlachtet. Zum Vergleich: Das ist fast das Gewicht der gesamten Menschheit.

nährungsplan zusammengestellt, der sowohl aus Gesundheitsicht wie auch für den Klimaschutz optimal wäre, und darauf finden sich nur ungefähr 15 g Fleisch pro Tag und dazu 5 g tierische Fette. Wir essen also viel mehr Fleisch, als wir müssten und aus der Sicht von Klima und Gesundheit sollten. Zwar ist die Menge in den letzten 30 Jahren ungefähr dieselbe geblieben (anscheinend hat sich herumgesprochen, dass Fleisch nicht das gesündeste Lebensmittel ist), aber Deutschland produziert trotzdem stetig mehr Fleisch. In den letzten 20 Jahren hat sich die Produktion an Geflügelfleisch verdoppelt, und auch die Schweinefleischproduktion steigt, während der Bioanteil, wie wir bereits gesehen haben, bei verschwindenden 2 % liegt. Und das trotz aller Diskussionen um artgerechte Haltung. Die steigenden Mengen gehen in den Export, denn im weltweiten Maßstab steigt der Fleischkonsum weiter rasant an. Besonders die Schwellenländer steigern ihren Fleischkonsum derzeit stark – sie eifern sozusagen den Industriestaaten nach. Länder wie China, Südafrika oder Russland haben inzwischen ähnliche Pro-Kopf-Werte des Fleischkonsums wie wir. Trotz unseres Wissens um die Klimawirkung und unserer Wertschätzung für nachhaltige, artgerechte Tierhaltung produzieren wir also immer mehr Fleisch, und zwar vor allem auf die „konventionelle" Weise und nicht in Bioqualität.

Ein weiteres Beispiel betrifft die Fläche, auf der wir wohnen. Im Jahr 1950 hatte jede Person in Deutschland im Durchschnitt 14 m² zur Verfügung, heute sind es 46 m². Das heißt, unsere Wohnungen sind in knapp 70 Jahren mehr als dreimal so groß geworden. Und damit ist natürlich auch der Energiebedarf zum Heizen gestiegen, obwohl in dieser Zeit die Gebäudetechnik effizienter geworden ist. Aber egal, wie gut gedämmt und ob mit erneuerbaren Energien beheizt oder nicht, eines gilt für alle Häuser: Je größer, desto mehr Ressourcen fließen in den Bau und desto mehr Energie wird gebraucht! Hinzu kommt, dass natürlich

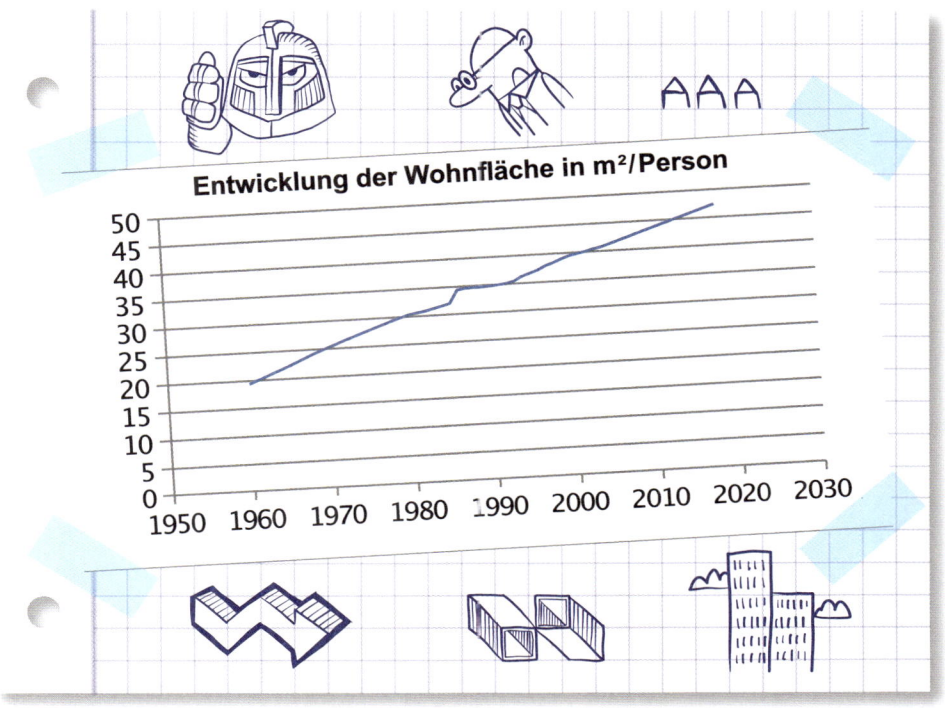

Entwicklung der Wohnfläche in m²/Person

auch mehr Bodenfläche benötigt wird – die sich ausbreitenden „Speckgürtel" um die großen Städte zeigen dies deutlich.

Natürlich ist das nicht nur ein gestiegener Luxus: Im Jahr 1950 waren noch viele Häuser vom 2. Weltkrieg zerstört, und vielerorts herrschte Wohnungsnot. Jetzt wiederum altert unsere Gesellschaft sehr stark, und viele Menschen leben in großen Wohnungen, nachdem ihre Kinder ausgezogen sind. Gleichzeitig werden die Familien im Durchschnitt kleiner: Zwei Kinder sind heute eher die Regel als drei oder mehr, viele Paare trennen sich wieder, und die Kinder leben dann meist mit nur einem Elternteil zusammen. So brauchen viele Menschen unfreiwillig mehr Fläche, aber auch das ist für das Klima problematisch.

Auch im Bereich der Elektrogeräte werden Fortschritte im Klimaschutz, nämlich die steigende Sparsamkeit von Produkten, durch unsere wachsenden Ansprüche oft wieder zunichtegemacht. Früher hatte man einen Kühlschrank, der unter die Arbeitsplat-

Die Wohnfläche, die jede*r Einwohner*in Deutschlands im Durchschnitt zur Verfügung hat, steigt kontinuierlich an.

te passte, und eine Waschmaschine. Heute haben viele einen „American style"-Kühlturm mit Doppeltür, einen Gefrierschrank im Keller, eine Waschmaschine und einen Trockner, eine Mikrowelle, einen Espressovollautomaten, einen Smoothie-Mixer und, und, und. Du siehst schon, wo das Problem liegt: Je effizienter die Produkte mit dem Strom umgehen, desto mehr können wir uns davon leisten und desto größer können sie sein. Dies ist wieder der „Reboundeffekt", von dem wir schon gehört hatten.

Auch dass ein Fernseher oder ein Handy alle zwei Jahre mehr können muss, um technisch Schritt zu halten, führt dazu, dass wir Geräte viel häufiger austauschen – auch wenn sie noch funktionieren. Dies wiederum schlägt dann über den CO_2-Rucksack aus der Produktion des Geräts zu Buche, verbraucht viel mehr Ressourcen und steigert das Problem des Elektroschrotts und seiner oft problematischen Entsorgung. Aus Klimaschutzsicht lohnt sich der Tausch eines noch funktionierenden Geräts nur bei alten Stromschluckern wie Kühlschränken, Heizungspumpen oder Waschmaschinen. Man sollte also immer gut abwägen, ob eine Neuanschaffung sein muss, und wenn ja, dann möglichst ein langlebiges Modell mit Effizienzklasse A+++.

All diese Beispiele werfen eine grundsätzliche Frage auf: Wie viel Komfort brauchen wir eigentlich in unserem Leben? Man nennt dieses Konzept des „rechten Maß" auch Suffizienz, also die Frage nach dem, was für ein gutes Leben ausreichend ist.

Natürlich wollen wir alle gern ein annehmliches Leben, vielleicht sehnen wir uns auch nach Komfort oder gar Luxus. Aber angesichts der Herausforderungen, vor denen wir als Weltgemeinschaft stehen, ist ein möglichst angenehmes Leben nicht automatisch ein gutes Leben. Zumindest nicht, wenn dieser Komfort fast immer auf die eine oder andere Art mit fossiler Energie und damit unweigerlich mit der Gefährdung unseres Planeten verbunden ist. Es ist unsere Verantwortung als Bürger*innen der reichen Industrieländer, die wir die Klimakrise durch unseren Beitrag zu Industrialisierung und Konsum mit verursacht haben, für diese Frage eine neue Antwort zu finden, die auch für die aufstrebenden Schwellenländer ein attraktives Vorbild sein kann. Denn wir wissen ja bereits, dass diese Welt nicht noch mehr Menschen mit unserem Lebensstandard versorgen kann.

Die gute Nachricht ist, dass es inzwischen viele technische Lösungen gibt, die helfen, diese Fehler zu vermeiden: erneuerbare Energien für Strom und Wärme, effiziente Geräte, Elektroautos und vieles mehr. Aber uns dämmert gleichzeitig langsam (um nicht zu sagen, viel zu langsam!), dass uns die Technik allein nicht retten wird, sondern dass wir uns auf die eine oder andere Art auch werden beschränken müssen. Meiner Meinung nach wird dieses Thema in der öffentlichen Diskussion und auch von der Politik noch viel zu stark ausgespart.

* Viele Fortschritte im Bereich des Klimaschutzes werden durch steigenden Konsum wieder zunichtegemacht (zum Beispiel steigende Wohnfläche, steigendes Gewicht von Autos und so weiter).
* Wenn wir es mit dem Klimaschutz und der Nachhaltigkeit ernst meinen, müssen wir hinterfragen, was wir für ein gutes Leben wirklich brauchen, und uns darauf einstellen, auf manchen umweltschädlichen Luxus zu verzichten.

3.6.2   Und wie geht es jetzt weiter?

Wir haben nun gesehen, wie eng unser Leben in den unterschiedlichen Bereichen mit dem Klimawandel verbunden ist. Wir wissen, dass wir unseren Klimafußabdruck über die nächsten zwei oder drei Dekaden von über 11 Tonnen CO_2-Ausstoß pro Jahr auf 2 Tonnen oder weniger reduzieren müssen, wenn wir unseren Beitrag zu den Pariser Klimazielen leisten wollen. Wir haben auch gesehen, wie das in den verschiedenen Bereichen gehen könnte.

Manchmal sind die Lösungen schon da, und wir müssen sie nur beherzt angehen. Zum Beispiel einen Ökostromvertrag abschließen, auf das Fahrrad umsteigen oder beim Kauf von Produkten auf den Energieverbrauch oder die Herkunft achten. Damit kommen wir schon ein Stück weit. An anderen Stellen ist es nötig, bequeme Gewohnheiten oder sogar unsere Lebensweise zu hinterfragen und umzustellen. Und das ist natürlich weder von heute auf morgen noch nebenbei möglich. An vielen dieser Stellen brauchen wir die Unterstützung oder gar den Anschub der Politik, die ihre Hausaufgaben in den meisten Bereichen noch nicht richtig gemacht hat.

Eigentlich wissen wir schon jetzt, dass wir in Zukunft anders und auch weniger verreisen können (und vor allem nicht mit dem Flugzeug!), dass wir deutlich weniger Auto fahren und auf geringerer Fläche leben müssen (oder mindestens aufhören, unsere Wohnfläche ständig zu vergrößern) und dass wir deutlich weniger Fleisch und Milchprodukte konsumieren sollten. Das sind zunächst einmal ziemlich viele „Tu dies und lasse das!" in einem Satz. Aber so sähe gutes Handeln für den Klimaschutz nun einmal aus, ob wir es wollen oder nicht.

Immanuel Kant, ein berühmter Philosoph, hat einmal gesagt: „Handele stets so, dass man deine Handlung zum allgemeinen Gesetz machen könnte." Er war überzeugt, dass er mit diesem Sittengesetz eine allgemeingültige Definition des Guten gefunden hätte, und irgendwie klingt der Satz ja auch überzeugend.

„Allgemeingültig" ist er allerdings nicht wirklich. Wenn wir heute den klimaverträglichen Lebensstil zum Gesetz und damit alle Bürger*innen zu Fahrrad fahrenden Veganer*innen machen würden, dann würde morgen ein Volksaufstand in Deutschland losbrechen. Leider hängt nämlich unsere Wahrnehmung von dem, was gut oder richtig ist, auch sehr stark von den herrschenden Gewohnheiten ab. Und diese lassen sich eben nicht so einfach ändern. Genau deshalb ist der Klimaschutz auch eine Generationenaufgabe, und ihr seid dabei so wichtig!

Wie kann man aber nun einen Schwenk von unserer derzeitigen Lebensweise hin zum klimabewussten und nachhaltigen Dasein schaffen? Leider gibt es darauf keine einfache Antwort. In manchen Bereichen wird eine klimafreundliche Revolution vielleicht über ein Produkt oder eine neue Dienstleistung kommen, die so gut ist, dass alle sie haben wollen. Ich könnte mir zum Beispiel vorstellen, dass in den Städten selbstfahrende Elektrotaxis die individuelle Mobilität mit normalen Autos ablösen können. In anderen Bereichen – vermutlich in den meisten – wird der Wandel aber mit Verzicht oder zumindest einem Umdenken verbunden sein, und das ist immer schwer und benötigt beherzte Begleitung oder sogar Steuerung durch die Politik, die an vielen Stellen noch fehlt. Letztlich wird uns nur die Erkenntnis, dass der Wandel alternativlos ist, dazu bringen.

Aber wieso drehen wir es nicht einmal um: Wir können es auch als DIE Herausforderung dieses Jahrhunderts ansehen, die menschliche Zivilisation in Einklang mit den Bedürfnissen unseres Heimatplaneten zu bringen, zumindest was den Erhalt eines erträglichen Klimas anbetrifft. Das ist eine große, ja eine weltweite Aufgabe, die all unser Können, unsere Ingenieurskunst, aber auch unsere Vorstellungs- und Überzeugungskraft erfordern wird. Vielleicht fragst du dich: Welche Rolle spiele ich dabei? Welche Rolle *kann* ich dabei spielen?

3.6.3   Entscheidungen fürs Leben

Erst einmal ist es wichtig, überhaupt anzufangen. Wo triffst du in deinem Leben Entscheidungen, die das Klima betreffen, und wie könntest du es dort besser machen? Du könntest vielleicht mehr gebrauchte Produkte und Klamotten kaufen und deine eigenen Sachen verkaufen oder spenden, anstatt sie wegzuwerfen. Du könntest versuchen, weniger Plastik zu benutzen und mehr Pfandglas. Ihr könntet in eurer Familie mehr mit dem Rad anstatt mit dem Auto fahren. Du könntest mit deinen Eltern darüber reden, ob ihr nicht mehr LED-Lampen oder einen effizienteren Kühlschrank anschaffen wollt. Und ihr könntet zusammen entscheiden, in den nächsten Urlaub mit der Bahn zu fahren, anstatt das Auto oder das Flugzeug zu benutzen. Der „Kleine Treibhausgasrechner" im Anhang II kann dir dabei helfen herauszufinden, wo du selbst oder auch ihr als Familie gemeinsam am besten Treibhausgase einsparen könnt.

Ein nächster Schritt könnte sein, deine Gedanken und Entscheidungen zu dem Thema mit anderen zu teilen – mit Familie, Freund*innen, Schulkamerad*innen. Wie gesagt, es ist eine Aufgabe für die ganze Gesellschaft, einen anderen Lebensstil zu finden, und viele in deiner Umgebung werden sich noch nicht intensiv mit dem Klimaschutz auseinandergesetzt haben. Wenn du selbst zum Beispiel Vegetarier*in geworden bist, dann erzähle anderen davon. Lass sie wissen, wo du konsequent bist und wo du es schwer findest oder auch an welchen Stellen dich das Thema nervt. Bring das Thema auf die Tagesordnung, zum Beispiel in der Schule. Du könntest einen Projekttag zum Klimawandel vorschlagen, den du auch selbst mitorganisierst. Egal, wie du es anstellst: Es hilft, mit anderen über das Thema zu sprechen, denn jede Person wird ihre eigenen Probleme damit haben und ihre eigenen Antworten und Lösungen finden. Vor allem ist es wichtig, dass möglichst viele Menschen nicht nur ständig in den Nachrichten über den Klimawandel hören, sondern in ihrem Alltag darüber sprechen und aktiv nachdenken, was man dagegen tun kann.

Eine der wichtigsten Herausforderungen ist die Verbreitung von Wissen und Konzepten für den Klimaschutz. Es ist kein Geheimnis, und wir haben es schon an vielen Stellen gesehen: Dass der Klimawandel stattfindet, wir daran schuld sind und dringend etwas unternehmen müssten, ist eher eine „unbequeme Wahrheit" – so hat es Al Gore genannt, der für seine Klimaschutzbemühungen 2007 den Friedensnobelpreis bekam. Inzwischen ist das Thema in Gesellschaft und Medien sehr präsent, aber die Politik tut immer noch so, als könnten wir im Grunde weitermachen wie bisher. Ich finde: Die eigentliche unbequeme Wahrheit ist, dass wir es allein durch technischen Fortschritt nicht schaffen werden, unsere Welt auf den richtigen Pfad zu bringen, sondern dass wir dafür alle gemeinsam unser Leben ändern müssen!

Bisher hat noch niemand eine geniale Idee gehabt, wie man das erreichen könnte, außer mit Verboten und damit, die „unguten" Dinge teurer zu machen. Es gibt zwar einige interessante Ansätze aus anderen Ländern – zum Beispiel ein Siegel für CO_2-neutrale Produkte, oder eine App, mit der man Klimapunkte sammelt, ähnlich wie ein Bonuspunktesystem. Aber so richtig begeistert hat bislang noch keines der Konzepte. Falls dir also etwas einfällt: Der Klimaschutz hätte gute PR-Berater*innen dringend nötig!

Wenn du noch mehr für den Klimaschutz tun willst als in deinem privaten Umfeld, dann kannst du dich ehrenamtlich oder politisch engagieren. Es gibt viele Umweltschutzorganisationen, die sich auch um Klimaschutzthemen kümmern. Schau im Internet nach, wer in deiner Gegend aktiv ist, und guck mal im nächsten Büro vorbei. Lass dir erzählen, was die Organisation macht und wie man mithelfen könnte. Diese Organisationen haben in der Vergangenheit dafür gesorgt, dass Umweltthemen wie Wasserverschmutzung, saurer Regen und Waldsterben in die Öffentlichkeit kamen – zum Teil mit mühsamer Kampagnenarbeit, zum Teil mit spektakulären Aktionen. Auf jeden Fall haben sie unsere Wahrnehmung für Umweltthemen geschärft und sich zum Anwalt für die Natur gemacht, deren Interessen ansonsten von kaum jemandem vertreten werden. Sich dort zu engagieren

kann einen wichtigen Beitrag dazu leisten, dass wir alle gemeinsam das Klima besser schützen.

Auch in der Politik kannst du dich für Klimaschutz und Nachhaltigkeit einsetzen. Obwohl das Thema nicht erst seit gestern da ist, ist es längst nicht in allen Parteien angekommen. Und seit der letzten Wahl sitzt mit der AfD auch erstmals eine Partei im Bundestag, deren Spitzenkräfte offen die Verantwortung des Menschen für den Klimawandel infrage stellen. Die Parteien können einen frischen Wind in Sachen Klimapolitik gut vertragen, und auch in der Lokalpolitik, wo jeder Einstieg in eine Partei beginnen würde, gibt es in Sachen Klimawandel viel zu tun – sei es, Radwege zu bauen oder den Stadtwald zu schützen.

Wenn du politisch aktiv sein willst, aber keine Lust auf Parteien hast, dann kannst du auf die Straße gehen. Greta Thunberg, die im August 2018 allein mit einem Schulstreik für das Klima begann, ist mittlerweile wohl die berühmteste Klimaschützerin der Welt und hat sicherlich mehr erreicht als viele Politiker*innen in hohen Positionen. Ihr ebenso einfacher wie klarer Punkt: Die Politik tut zu wenig gegen den Klimawandel, und besonders die jungen Menschen werden die Suppe auslöffeln müssen. Mittlerweile ist, wesentlich durch Gretas Mut, für das Klima aufzustehen, eine länderübergreifende Bewegung entstanden: Schüler und junge Erwachsene gehen freitags auf die Straße und erinnern die Politik und alle anderen daran, dass wir ihnen gerade die Zukunft verbauen – „Fridays for Future". Mittlerweile ist die Bewegung eine feste Größe in der Berichterstattung zum Thema Klimaschutz und wird auch von der Politik sehr ernst genommen. Auch als Schüler*in kann man also Gehör finden.

Wie auch immer dein Weg aussieht: Keine Form von Engagement ist vergebens, denn jede tatkräftige Hand oder Stimme ist ein Schritt in die richtige Richtung.

Irgendwann wirst du dich entscheiden, was du in deinem Arbeitsleben tun willst. Diese Entscheidung ist natürlich für dein ganzes Leben prägend, und du wirst dabei nicht zuerst an das Klima denken. Aber es gibt zwei Gründe, es trotzdem zu tun: Zum einen wird es dich zufriedener machen, wenn deine Arbeit etwas Gutes bewirkt. Und zum anderen wird das Thema nicht einfach wieder verschwinden. Wir hatten ja gesehen, wie groß und langfristig die Veränderungen sind, die wir vor uns haben. Das heißt auch, dass Jobs, die mit dem Klimaschutz zu tun haben, vermutlich sicherer sind als andere. Das muss jetzt nicht heißen, dass du hauptberuflich Umweltschützer*in werden musst, denn ich meine damit natürlich Klimaschutz im weitesten Sinne.

Wenn du also zum Beispiel Ingenieur*in werden willst, dann sieh zu, dass du z. B. etwas mit Elektroantrieben machst und nicht unbedingt mit Dieseleinspritzung. Du willst Anwalt oder Anwältin werden? Vielleicht ist Energie- oder Umweltrecht etwas für dich. Wenn du Installateur*in wirst, dann schau, dass du dich mit Wärmepumpen beschäftigst. Du willst bei einer Bank oder im Finanzwesen arbeiten? Die brauchen Leute, die sich mit Investitionen in Energieeffizienz auskennen. Klar, dein Beruf muss zuallererst deinen Neigungen und Talenten entsprechen und dir genug Geld einbringen, um dein Leben darauf aufzubauen. Aber bei dem, was du über 40 Jahre lang in fast der Hälfte deiner wachen Zeit machst, hilft es dir zu wissen, warum du es tust, außer um Geld zu verdienen.

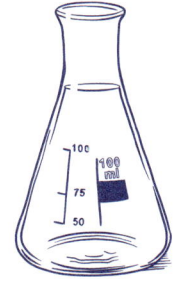

Ich würde also auf die Frage „Was kann ich tun?" antworten: klein anfangen, über die Zeit immer konsequenter werden, deine Gedanken teilen und verbreiten, dich engagieren und, wenn möglich, so arbeiten, dass dein Job deine Ziele und Einstellungen unterstützt. Egal, wo du anfängst und wie weit du damit kommst, irgendetwas zu tun ist immer noch besser, als nichts zu tun. Denn nichts haben wir schon lange genug gemacht.

Neben dem Tun sollten wir auch weiter darüber nachdenken, wo wir eigentlich hinwollen. Muss es stetiges Wachstum und immer weiter steigender Konsum sein? Oder setzen wir uns andere Ziele? Und was heißt das für unser Wirtschaftssystem, unsere Gesellschaft und ihren Zusammenhalt? Und wie kommunizieren und verbreiten wir dies in einer Welt, in der immer mehr Länder wieder verstärkt auf sich selbst schauen anstatt auf das große Ganze? Wie können wir, wenn sich die Welt nach der Corona-Krise wieder aufrappelt, die frei werdende Energie für eine Transformation hin zur Nachhaltigkeit einsetzen?

Unsere Antworten auf diese Fragen müssen auch mit einbeziehen, was das für die anderen Teile der Welt bedeutet. Wie können wir dabei helfen, den Milliarden Menschen in Entwicklungsländern eine Perspektive auf ein besseres Leben, faire Arbeit und eine gesunde Natur zu geben? Wie können wir die Schwellenländer, die sich gerade auf dem Weg zum Industriestaat befinden, dabei unterstützen, in ihrer Gesellschaft auf Nachhaltigkeit zu setzen anstatt auf fossile Energien und ressourcenfressenden Konsum, so wie wir das getan haben?

Diese Fragen sind von größter Bedeutung, doch leider haben wir auf die meisten davon noch keine ansatzweise zufriedenstellende Antwort gefunden. Jede Idee und jeder Vorschlag ist willkommen!

Also denke neu und sei mutig dabei. Es ist deine Welt. Und du hast nur die eine.

Anhang

I Klimatipps

1. Das Rezept für Klimaschutz im Bereich Produkte lautet „reduce, reuse, recycle":
   - Lieber hochwertige, langlebige und „faire" Produkte kaufen, dafür weniger.
   - Kleidung möglichst lange tragen, auch mal Gebrauchtes kaufen, noch nutzbare Sachen weitergeben.
   - Auch Möbel und Haushaltsgegenstände länger nutzen, reparieren anstatt wegschmeißen und sich vor Neuanschaffungen fragen: Brauche ich das wirklich?
   - Papierverbrauch senken. Digital lesen ist sogar meistens preiswerter.
   - Frage dich bei Elektronik, ob du jeden Trend mitmachen musst und alle 2 Jahre ein neues Telefon brauchst. Hier ist das Beachten von Nachhaltigkeitsstandards besonders schwer, aber es gibt bereits fair produzierte Smartphones. Bei Computern ist das noch nicht so, aber man kann sie gut gebraucht kaufen.

2. Vermeide, wo immer es geht, Plastik in Produkten und Verpackungen. Kaufe Produkte mit weniger oder ohne Verpackung, zum Beispiel in Verpackungsfrei-Läden.

3. Fasse Bestellungen beim Onlineshopping möglichst zusammen. Sorge dafür, dass Pakete auch angenommen werden können, um Rücksendungen zu vermeiden.

4. Wähle auch Finanzdienstleistungen wie Banken und Versicherungen nach Nachhaltigkeitskriterien aus.

5. Informiere dich über Nachhaltigkeitsstandards, und lasse diese beim Einkauf mit einfließen. Eine gute und übersichtliche Anlaufstelle ist der „Rat für nachhaltige Entwicklung der Bundesregierung" mit seinem Internetangebot „nachhaltiger Warenkorb". Dort findest du Informationen zu allen relevanten Produktbereichen und auch eine Übersicht über die verschiedenen Nachhaltigkeitslabels.

6. Werde „Flexitarier*in", das heißt, iss nur selten und dann ganz bewusst Fleisch. Wenn es für dich eine Option ist, dann ernähre dich vegetarisch oder vegan, oder reduziere zumindest den Konsum von Milchprodukten.

7. Achte auf regionale und saisonale Kost, und kaufe möglichst Biolebensmittel.

8. Frage dich, wie viel Luxus (Platz, Konsum, technische Geräte usw.) du zum Leben brauchst. Miste deine Konsumgewohnheiten aus, und hinterfrage „Bedürfnisse", die dir von Werbung und Rollenbildern eingeredet werden. Probiere aus, was du benötigst, um zufrieden zu sein, und schätze diese Dinge, d. h., behalte sie lange.

9. Wechsele zu einem echten und unabhängigen Ökostromanbieter.

10. Achte bei Elektrogeräten auf Energielabels, und gib für eine bessere Effizienzklasse lieber etwas mehr aus, denn über den geringeren Verbrauch rechnet sich dies.

11. Versuche, Heizenergie nicht zu verschwenden: Heize nur, wenn es nötig ist, und stelle Heizkörper in nicht benutzten Räumen aus. Versuche im Winter mit 19 °C auszukommen, nur kurz und dafür intensiv zu lüften, anstatt Fenster immer auf Kipp stehen zu lassen. Auch Warmwasser braucht Energie, also lieber duschen als baden.

12. Falls ihr im eigenen Haus wohnt, macht euch gemeinsam Gedanken über Heizungstausch oder Renovierung. Wenn ohnehin etwas ansteht (Fenstertausch, neue Heizung etc.), dann nutzt die Gelegenheit, in erneuerbare Energien einzusteigen oder eine energetische Sanierung des Hauses anzugehen.

13. Klimaschonende Mobilität ist einfach! Vermeide Autofahren, und nutze die zahlreichen Alternativen: Fahrrad, E-Bike, öffentlicher Verkehr, Ridesharing, Carsharing.

14. Wenn es unbedingt ein eigenes Auto sein soll, dann am besten ein batterieelektrisches. Diese werden bald auch gebraucht verfügbar und nicht mehr teurer als ein Verbrennerauto sein, wenn man die Betriebskosten mit betrachtet.

15. Vermeide das Fliegen, wo immer es geht. Bahnen und Fernbusse sind viel klimaschonender. Falls eine Flugreise sein muss, dann wähle wenigstens eine CO_2-Kompensation durch eine anerkannte Organisation.

16. Reise möglichst „auf schmalem Fuß". Lieber Camping statt Hotel, lieber Freibad als Wellness-Spa, lieber auf dem Markt essen anstatt im Restaurant.

17. „Lebe den Klimaschutz"! Verbreite und teile dein Wissen über den Klimawandel, engagiere dich in NGOs oder Politik, oder lasse Klimaschutz sogar in deine Berufswahl mit einfließen.

II   Kleiner Treibhausgasrechner

Wenn du wissen willst, wie viele Treibhausgase du im Jahr verursachst, kannst du dir anhand der folgenden Punkte ein grobes Bild machen. Die Angaben sind pro Person.

1) Heizung (Durchschnitt 1,64 t pro Jahr)
- Nimm den Abrechnungswert des Energieträgers für ein Jahr in kWh x [Gas: 0,25 kg; Öl: 0,31 kg; Fernwärme 0,26 kg; Strom: 0,41 kg; Ökostrom: 0,04 kg; Biomasse: 0,03 kg], geteilt durch die Anzahl der Personen im Haushalt.
- Bei Gas mit Biogasbeimischung um x % das Ganze noch mal (1-x/156) nehmen.

2) Strom (Durchschnitt 0,76 t pro Jahr)
Abrechnungswert für ein Jahr in kWh x [Strom: 0,41 kg; Ökostrom: 0,04 kg], geteilt durch die Anzahl der Personen im Haushalt.

3) Mobilität im Alltag (Durchschnitt 1,62 t pro Jahr)
- Auto: Jahresfahrleistung in km geteilt durch 100 x Verbrauch in l/100 km x [Diesel: 2,98 kg; Benzin: 2,70 kg; Autogas: 1,90 kg] x [v. a. Überlandfahrten: 0,8; v. a. Fahrten in der Stadt: 1,2], geteilt durch Zahl der Personen, die durchschnittlich mitfahren.
- ÖPNV: einfache Strecke pro Werktag in km x 2 x [Arbeit: 220; Schule: 185] x 0,07 kg.

4) Reisen & Urlaub (Durchschnitt 0,56 t für Flüge, 0,46 t für Übernachtungen pro Jahr)
- Anreise: Einfache Wegstrecke in km x 2 x [Werte aus Tabelle auf S. 160].
- Unterkunft: Anzahl der Nächte pro Jahr x [Backpacker/BnB/Ökohotel 10 kg; einfaches Hotel 20kg; hoher Standard 30 kg] geteilt durch Zahl der Personen im Zimmer.

5) Ernährung (Durchschnitt 1,74 t pro Jahr)
1,74 Tonnen mit Abschlägen: −5 % für saisonalen Einkauf, −5 % für regionalen Einkauf, −5 % für Bioprodukte, −25 % für vegetarische Kost, −40 % für vegane Kost.
Ein genaueres Bild bekommst du, wenn du ganze Mahlzeiten miteinander vergleichst und auf ein Jahr hochrechnest. Hierzu ist die Seite www.klimatarier.com zu empfehlen.

6) Konsum (Durchschnitt 4,10 t pro Jahr ohne Hotelübernachtungen)
Leider kennen wir für die meisten Produkte den Treibhausgasrucksack nicht genau, daher können wir hier nur sehr allgemein bleiben.
Grundbetrag: ca. 0,9 Tonnen pro 1200 Euro Konsumausgaben im Jahr. Abschläge: −5 % bei Achten auf Langlebigkeit, −5 % wenn man öfter etwas Gebrauchtes kauft.

7) Öffentliche Emissionen (0,73 t pro Jahr)
Diese Emissionen kannst du nicht beeinflussen, denn sie fallen im Bereich des Staates an, also für Verwaltung, Krankenhäuser, Infrastruktur wie Straßen und so weiter.

Genauer kannst du deinen Klimafußabdruck im Internet bestimmen, zum Beispiel mit dem Klimarechner des Umweltbundesamts: www.uba.co2-rechner.de

III Stichwortverzeichnis

Hier findest du die wichtigsten Seiten, auf denen die unten stehenden Begriffe vorkommen. Die Seiten, auf denen die Begriffe erklärt werden, sind fett gedruckt.

IV   Danke!

Das Projekt des „Jugendbuchs zum Klimawandel" hat mich fast zwei Jahre lang begleitet. Es wäre nicht Wirklichkeit geworden ohne die Hilfe vieler lieber, engagierter und
interessierter Menschen, die mich auf diesem Weg begleitet und unterstützt haben.

Zuallererst möchte ich meiner Frau Sybille danken, die am meisten beigesteuert hat: Sie
hat den Text lektoriert und mit ihrem klaren Blick für die wesentlichen Informationen
dafür gesorgt, dass das Buch überhaupt lesbar geworden ist. Ohne ihre Bekräftigung
und Motivation hätte ich das Projekt auf der Verlagssuche mehr als einmal begraben.
Sie hatte die Idee eines Klimaworkshops für Jugendliche und hat sie in die Tat umgesetzt, sodass wir gemeinsam austesten konnten, wie sich die Inhalte für Jugendliche
aufbereiten lassen. Und ich bin froh über ihre Toleranz an den vielen Abenden, an denen ich „nur noch mal kurz was am Buch machen" wollte – danke dir dafür!

Als Nächstes danke ich meinem Illustrator Bastian Klamke. Er hat mich als mein Nachbar
praktisch beim Gartenzaungespräch mit seiner spontanen Bereitschaft mitzumachen
von einem großen Dilemma befreit: Ich hatte zwar große Pläne für die Illustration, aber
kein Budget und eigentlich auch keine Ahnung. Die Zusammenarbeit hat immer sehr
großen Spaß gemacht und war ebenso effizient wie im Ergebnis überzeugend!

Ein weiterer Dank geht an zwei enge Freunde, die das Projekt sozusagen von der Pike
auf begleitet und auch handfest unterstützt haben: Kirsten Harms von der „hippen sip-
pe" hat wesentliche Beiträge zum Tourismuskapitel geliefert, zahlreiche Kontakte ver-
mittelt und war Sparringspartnerin bei vielen inhaltlichen Gesprächen. Martin Kaelble
hat mich zum Layoutkonzept beraten, ebenfalls wertvolle Kontakte beigesteuert und
mich motiviert, wenn es mal nicht rund lief.
Als Nächstes danke ich meinen frühen Testlesern, die das Manuskript (vor Sybilles Wun-
derpolitur) in der sperrigen Rohfassung gelesen und wertvolles Feedback gegeben haben, darunter Kirsten Harms, Juliane Fischer, Enno Malguth und meine Eltern Ingeborg
Schulze-Reckzeh und Frank Schulze. Außerdem danke ich Silvia Augustin, Ulrike Graalfs,
Mareike Hintz, Klaus Lips, Simone Miske, Erich und Louise Hindorf und allen Weiteren,
die kleine, aber wertvolle Beiträge zum Gelingen des Buches geleistet haben – sei es
durch moralische Unterstützung, hilfreiche Kontakte oder fruchtbare Diskussionen.

Dem oekom verlag danke ich dafür, das Manuskript angenommen zu haben. Das war
ein wichtiger Meilenstein für mich. Clemens Herrmann, Lena Denu und Mirjam Höschl
danke ich für die freundliche und effiziente Zusammenarbeit.
Das Buch wurde über ein Crowdfunding bei oekom-crowd.de teilweise finanziert. Ich
danke allen Unterstützer*innen, die mit Vorbestellungen die Produktion des Buches
überhaupt erst ermöglicht haben. Besonderer Dank geht dabei an Antje Mein, Anni-
ka Bickenbach, Daniel und Sarah Sterzing, Frank Kreutzberg, Klaus Jäger, Emma, Klara,
Annette und Achim Hindorf, Lothar Viereck, Vanessa Krüger und das Institut Gesunde
Karriere, Silvia Augustin und Tilmann Märk.

V   Quellen und Links

Coverbild sowie alle Illustrationen, die nicht unten separat aufgeführt sind:
Bastian Klamke von Klamke Cartoons: www.bastian-klamke.de

Bild-Einzelnachweise:
S. 9   Bild von Evgeniyqw/Shutterstock.com, Bild-Nr. 1597305178
S. 13   Bild von Explorer1001, eigenes Werk, CC BY-SA 3.0, https://commons.wikimedia.org/w/index.php?curid=23849838
S. 42   Bild von Ed Hawkins, University of Reading, https://showyourstripes.info
S. 43 o.   Bild von US Geological Survey, Public Domain,
            https://www.usgs.gov/media/images/muir-and-riggs-glaciers-muir-inlet-alaska-1941
S. 43 u.   Bild von Bruce Molnia, US Geological Survey, Public Domain,
            https://www.usgs.gov/media/images/muir-and-riggs-glaciers-muir-inlet-alaska-2004
S. 47   Grafik von Bastian Klamke, nach J. Lovelock, „The Earth and I"
S. 59   Bild von Tom Page - Flickr: IMG 1965, CC BY-SA 2.0, https://commons.wikimedia.org/w/index.php?curid=25912446
S. 62   Grafik von Scripps Institution of Oceanography, UC San Diego, USA
S. 75   Bild von WikiImages auf Pixabay
S. 97   Bild von Pexels auf Pixabay
S. 106   Bild von H. Hach auf Pixabay
S. 114   Bild von Unbekannt - un.org, Public Domain, https://commons.wikimedia.org/w/index.php?curid=80531292
S. 128 o.   Bild Public Domain, https://commons.wikimedia.org/w/index.php?curid=8014771
S. 128 u.   Bild von David Jenne auf Pixabay
S. 144   Bild von Amort1939 auf Pixabay
S. 152   Vorlage für Energielabel der EU-Kommission
S. 155   Bild von Louis Poyet - Buch (1884), Gemeinfrei, https://commons.wikimedia.org/w/index.php?curid=16989918

Diagramme und Datenquellen:
S. 11   Grafik von Bastian Klamke, Datenquelle: ourworldincata.org/co2-and-other-greenhouse-gas-emissions
S. 30   Grafik von Bastian Klamke, Datenquelle: ourworldincata.org/co2-and-other-greenhouse-gas-emissions
S. 34   Grafik von Tim Schulze, Datenquelle: Umweltbundesamt,
            www.umweltbundesamt.de/daten/klima/atmosphaerische-treibhausgas-konzentrationen
S. 43   Grafik von Bastian Klamke, Datenquelle: NASA / US NSIDC, https://climate.nasa.gov/vital-signs/arctic-sea-ice
S. 44   Grafik von Bastian Klamke, Datenquelle: NASA / CSIRO, https://climate.nasa.gov/vital-signs/sea-level
S. 45   Grafik von Tim Schulze, Datenquelle: Munich Re NatCatService
S. 51   Grafik von Bastian Klamke nach der Darstellung „Kippelemente – Achillesfersen im Erdsystem", Potsdam-Institut für
            Klimafolgenforschung, https://www.pik-potsdam.de/services/infothek/kippelemente/kippelemente
S. 80   Grafik von Bastian Klamke, Datenbasis: ourworldindata.org/co2-and-other-greenhouse-gas-emissions
S. 81   Grafik von Tim Schulze, Datenquelle: The Australia Institute auf Basis von Daten der IEA
S. 82   Grafik von Bastian Klamke, Datenquelle: ourworldindata.org/co2-and-other-greenhouse-gas-emissions
S. 85   Grafik von Tim Schulze nach einer Darstellung von climateactiontracker.org, Stand Dez. 2019
S. 93   Grafik von Tim Schulze, Datenquelle: Umweltbundesamt,
            https://www.umweltbundesamt.de/indikator-emission-von-treibhausgasen
S. 94   Grafik von Bastian Klamke auf Basis einer Darstellung des BMUB (2017)
S. 104, 132, 139, 153 Grafik von Tim Schulze, Datenquelle: CO_2-Rechner des Umweltbundesamts
S. 105   Grafik von Tim Schulze, Datenquelle: Jungmichel, N., The Carbon Footprint of Textiles, Systain Consulting, 2010
S. 118   Grafik von Tim Schulze, Datenquelle: World Bank Carbon Pricing Dashboard,
            https://carbonpricingdashboard.worldbank.org/

S. 120   Grafik von Tim Schulze, Datenquelle: CO_2-Rechner des Umweltbundesamts

S. 123   Grafik von Bastian Klamke, Datenquelle: FLEISCHATLAS 2018, Heinrich-Böll-Stiftung/BUND/Le Monde Diplomatique

S. 124   Datenquelle der Tabelle: www.klimatarier.com (auf Basis von Daten des ifeu)

S. 125   Grafik von Bastian Klamke, Datenquelle: WWF

S. 129   Grafik von Tim Schulze, Datenquelle: Statistisches Bundesamt und Umweltbundesamt (Quote der Biolandwirtschaft)

S. 133   Grafik von Tim Schulze, Datenquelle: BDH

S. 140-143   Grafiken von Bastian Klamke, Datenquelle für THG-Ausstoß: GEMIS, NREL (Solarthermie), Tidal Lagoon Swansea Bay (Gezeitenkraft)

S. 146   Grafiken von Tim Schulze, Datenquelle: Umweltbundesamt

S. 154   Grafik von Tim Schulze, Datenquelle: BMU

S. 156   Grafik von Tim Schulze, Datenquelle: heise.de/CAR-Institut

S. 160   Datenquelle der Tabelle: Umweltbundesamt, Zahlen für 2018

S. 173   Grafik von Tim Schulze, Datenquelle: FAOSTAT

S. 174   Grafik von Tim Schulze, Datenquelle: Statista

S. 175   Grafik von Bastian Klamke, Datenquelle: Statistisches Bundesamt, Statistisches Jahrbuch

Daten zu den Jahreszahlen am Rand auf den Seiten 60-63, 66, 76, 79, 85 und 90:
     ourworldindata.org/co2-and-other-greenhouse-gas-emissions

Daten zum Treibhausgasrechner in Anhang II: Umweltbundesamt, GEMIS, VDR, FNR

Einige Ausführungen in Teil 2 des Buches zur Geschichte im Zeitraum 1979–1989 sind inspiriert vom Essay „Losing Earth" von Nathaniel Rich aus dem New York Times Magazine vom August 2018:
     https://www.nytimes.com/interactive/2018/08/01/magazine/climate-change-losing-earth.html
Diesen empfehle ich Allen, die mehr zu den ersten Versuchen der Forscher*innen erfahren wollen, die Politik über die drohende Gefahr des Klimawandels aufzuklären.

Links zum Weiterstöbern:

- Den in Kapitel 3.1.4 und 3.5.5 sowie in Klimatipp 5 erwähnten „Nachhaltigen Warenkorb" findest du hier:
  www.nachhaltiger-warenkorb.de
- Online-Rechner zum Treibhausgasfußabdruck findest du zum Beispiel hier:
  www.uba.co2-rechner.de (vom Umweltbundesamt)
  www.wwf.de/themen-projekte/klima-energie/wwf-klimarechner (vom WWF)
- Artikel und anschauliche Grafiken (auch für den Schulunterricht geeignet) zu wissenschaftlichen Grundlagen der Klimaforschung sowie ein Klima-Wiki findest du hier:
  www.bildungsserver.hamburg.de/klimawandel
- Übersichtsartikel zum Stand des Klimaschutzes und der Energiewende in Deutschland findest du hier:
  www.umweltbundesamt.de/themen/klima-energie
- Tipps für einen nachhaltigen Alltag findest du hier:
  www.utopia.de
- Fakten zu Klimawandel und Klimaschutz sowie Erklärungen zu den IPCC-Berichten findest du hier:
  www.klimafakten.de
- Tipps zu Energiesparen und Klimaschutz im Bereich Haushalt und Gebäude findest du hier:
  www.co2online.de
- Tipps zu Klimaschutz im Bereich Ernährung und einen detaillierten Klimarechner rund ums Essen findest du hier:
  www.klimatarier.com
- Eindrücke aus unseren Klimaworkshops findest Du hier:
  www.klimachaos.de